本教材（编号：JC2021003）
由中国社会科学院大学教材建设项目专项经费支持

中华人民共和国经济史

郑有贵　主编

当代中国出版社
Contemporary China Publishing House

图书在版编目(CIP)数据

中华人民共和国经济史 / 郑有贵主编 . -- 北京：当代中国出版社, 2021.12

中华人民共和国史系列教材

ISBN 978-7-5154-1127-9

Ⅰ.①中… Ⅱ.①郑… Ⅲ.①中国经济史—教材 Ⅳ.①F129.7

中国版本图书馆 CIP 数据核字（2021）第 120886 号

出 版 人	冀祥德
责任编辑	陈　莎　周显亮
责任校对	贾云华
印刷监制	刘艳平
封面设计	任晴清　马　骥
出版发行	当代中国出版社
地　　址	北京市地安门西大街旌勇里 8 号
网　　址	http://www.ddzg.net　邮箱：ddzgcbs@sina.com
邮政编码	100009
编 辑 部	（010）66572264　66572154　66572132　66572180
市 场 部	（010）66572281　66572161　66572157　83221785
印　　刷	北京润田金辉印刷有限公司
开　　本	787 毫米 ×1092 毫米　1/16
印　　张	16.5 印张　280 千字
版　　次	2021 年 12 月第 1 版
印　　次	2021 年 12 月第 1 次印刷
定　　价	49.00 元

版权所有，翻版必究；如有印装质量问题，请拨打（010）66572159 联系出版部调换。

《中华人民共和国史系列教材》编委会

主　任：姜　辉

副主任：李正华　宋月红　冀祥德

委　员（按姓氏笔画排序）：

　　　　王巧荣　王爱云　李　文　张金才

　　　　张星星　武　力　欧阳雪梅　郑有贵

目 录

导 论 ·· 1
 一、中华人民共和国经济史的研究对象和学科性质 ······················ 1
 二、中华人民共和国经济史的主线与主题 ···································· 2
 三、学习中华人民共和国经济史的意义和方法 ···························· 4

第一章 社会主义经济制度的确立与国家工业化的启动（1949—1957） ······ 6
 第一节 新中国的经济起点与新民主主义经济体制的建立 ············· 6
  一、新中国的经济起点 ··· 6
  二、新民主主义经济体制的建立 ··· 7
  三、国民经济的迅速恢复 ··· 12
 第二节 国家工业化战略的确立与社会主义改造的基本完成 ········· 14
  一、重工业优先的工业化战略 ·· 14
  二、农业生产合作化的实现 ··· 15
  三、公私合营的全面推进 ··· 17
  四、个体手工业的社会主义改造 ··· 20
  五、社会主义改造的重要意义 ·· 22
 第三节 社会主义计划经济体制的建立 ·· 23
  一、以统购统销为核心的物资管理制度的形成 ······················ 23
  二、生产要素价格的集中管理 ·· 25
  三、国营企业行政性管理方式的形成 ··································· 26
  四、计划的编制与计划管理机构的建立 ······························· 28
 第四节 经济发展与产业结构的显著变化 ······································ 29
  一、"一五"计划的启动与实施 ·· 30
  二、国民经济的增长和产业结构的变化 ······························· 32
  三、独立探索社会主义经济建设道路的良好开端 ·················· 33
 思考题 ·· 36

第二章 经济建设的"大跃进"与国民经济调整（1958—1965） … 37
第一节 社会主义建设总路线的确定与"大跃进"运动的开展 … 37
一、社会主义建设总路线的确定 … 37
二、"大跃进"运动的开展 … 39
三、人民公社体制的建立 … 41
四、经济管理权的下放 … 44
第二节 国民经济遭受严重破坏 … 46
一、"左"倾错误的初步纠正 … 46
二、庐山会议后的继续"跃进" … 48
三、国民经济的严重困难 … 50
第三节 国民经济的调整 … 51
一、"八字方针"的初步实施及农村政策的调整 … 52
二、国民经济的全面调整 … 53
三、加强经济管理和组织制度新探索 … 56
四、"四个现代化"战略目标的确立 … 60
第四节 经济建设的进展和对经济规律认识的深化 … 61
一、经济建设的进展 … 62
二、对经济建设规律认识的深化 … 64
思考题 … 67

第三章 "文化大革命"时期国民经济的波动发展（1966—1976） … 68
第一节 社会生产力发展推动力的确定与经济发展计划的制订 … 68
一、试图把"文化大革命"作为社会生产力发展的强大推动力 … 68
二、在战备中安排生产布局和制定两个五年发展计划 … 70
三、"四个现代化"宏伟目标的重申与"国民经济十年规划纲要"的形成 … 72
第二节 经济管理体制的变动 … 73
一、"文化大革命"初期对经济体制的冲击 … 73
二、经济管理权的再次下放 … 75
三、两次整顿中对经济体制的调整 … 79
第三节 经济建设的开展与成套设备的引进 … 81
一、大规模经济建设的开展 … 82
二、国防科技事业的新突破 … 87

三、"四三方案"的实施与对外经济交往的拓展 ········· 88

第四节 国民经济的波动与调整 ········· 90
一、"文化大革命"初期国民经济遭受严重干扰和破坏 ········· 90
二、1969年至1973年经济建设的"冒进"与调整 ········· 92
三、"批林批孔"运动对国民经济的冲击与1975年整顿 ········· 93
四、1976年"批邓、反击右倾翻案风"使国民经济再遭挫折 ········· 95

思考题 ········· 97

第四章 在徘徊中前进与改革开放的起航（1976—1984） ········· 98

第一节 经济工作指导思想的历史性转变 ········· 98
一、经济领域的拨乱反正和政策的恢复调整 ········· 98
二、改革开放和以经济建设为中心的决策 ········· 100
三、有中国特色社会主义经济理论的初探 ········· 103

第二节 追求国民经济的过快增长与国民经济的调整 ········· 104
一、超越国力的高指标和大规模引进计划 ········· 105
二、按照"调整、改革、整顿、提高"方针对国民经济进行调整 ········· 106
三、"六五"计划的制定与小康目标的提出 ········· 109

第三节 改革开放的初步展开 ········· 111
一、农村改革的率先突破 ········· 111
二、经济特区的创立与对外开放的开拓 ········· 115
三、开始城市改革试点 ········· 119

第四节 经济增长方式与城乡关系的变化 ········· 122
一、经济增长方式的转变 ········· 122
二、乡村治理结构的重新构建与城乡关系的初步调整 ········· 124

思考题 ········· 127

第五章 经济体制改革的全面推进与国民经济的治理整顿（1984—1991） ········· 128

第一节 "三步走"战略的形成与经济体制改革理论的重大突破 ········· 128
一、"三步走"战略的确立与"七五"计划的制定 ········· 128
二、有计划的商品经济的提出 ········· 130
三、社会主义初级阶段及其经济改革发展指导思想 ········· 132

第二节 发展有计划的商品经济 ········· 133

一、缩小指令性计划范围，扩大指导性计划范围 ………………………… 134
　　二、全民所有制和多种成分经济的改革和发展 …………………………… 137
　　三、扩大对外开放地域和对外贸易行业范围 ……………………………… 140
　　四、经济的快速增长与价格双轨制问题的显现 …………………………… 142

第三节　国民经济的治理整顿与改革的深化 ……………………………………… 144
　　一、推进"价格闯关"改革 …………………………………………………… 144
　　二、对国民经济进行治理整顿 ……………………………………………… 146
　　三、在治理整顿中推进改革的深化 ………………………………………… 149

第四节　五年计划的完成与经济增长新因素 ……………………………………… 150
　　一、"七五"计划的完成 ……………………………………………………… 150
　　二、经济增长的新因素 ……………………………………………………… 151
　　三、初步进入国际分工格局 ………………………………………………… 152
　　四、"八五"计划的开局 ……………………………………………………… 154

思考题 …………………………………………………………………………………… 155

第六章　建立社会主义市场经济体制与扩大开放（1992—2002）………… 156

第一节　建立社会主义市场经济体制 ……………………………………………… 156
　　一、邓小平南方谈话作出计划和市场都是经济手段的论断 …………… 156
　　二、作出建立社会主义市场经济体制的决定 …………………………… 158
　　三、发挥市场对资源配置的基础性作用与构建宏观调控体系 ………… 159
　　四、改革个人收入分配制度与建立社会保障制度 ……………………… 161
　　五、全面对外开放新格局的确立与加入世界贸易组织 ………………… 163

第二节　促进公有制为主体、多种所有制经济共同发展 ………………………… 166
　　一、确立基本经济制度与提出公有制实现形式多样化论断 …………… 166
　　二、国有企业改革攻坚与国有资产管理体制探索 ……………………… 167
　　三、农村改革的进一步深化 ………………………………………………… 169
　　四、非公有制经济的迅速发展 ……………………………………………… 171

第三节　抓住经济发展机遇与"软着陆" ………………………………………… 172
　　一、制定"九五"计划和2010年远景目标 ………………………………… 173
　　二、加强宏观调控实现经济"软着陆" …………………………………… 174

第四节　应对亚洲金融危机实现经济持续快速健康发展 ………………………… 176
　　一、成功抵御亚洲金融危机冲击 …………………………………………… 177

二、推进经济结构战略性调整 ··· 178
　　三、实施西部大开发战略与加快民族地区建设 ······················· 181
　　四、完善宏观调控保障经济持续快速健康发展 ······················· 182
思考题 ··· 185

第七章　全面建设小康社会与转变经济发展方式（2002—2012）······· 186
第一节　转变经济发展方式的提出和实施 ································ 186
　　一、转型发展的新理念和新战略 ······································ 186
　　二、"十一五"时期经济布局、发展目标与完成情况 ··················· 189
　　三、"十二五"时期主题主线、经济布局与发展目标 ··················· 191
第二节　完善社会主义市场经济体制 ···································· 193
　　一、坚持和完善基本经济制度 ·· 194
　　二、健全市场体系 ·· 195
　　三、完善宏观调控体系 ·· 197
　　四、建立城乡一体化发展的体制机制 ································· 198
第三节　推进统筹协调发展 ·· 201
　　一、统筹城乡发展与社会主义新农村建设 ····························· 201
　　二、统筹区域发展与区域发展战略实施 ································ 203
　　三、"走出去"和"引进来"并举 ·· 206
　　四、应对国际金融危机 ·· 207
第四节　转型发展实现新跨越 ·· 210
　　一、农业综合生产能力显著提高 ······································ 210
　　二、工业经济全球影响力大幅提升 ···································· 211
　　三、基础设施和基础产业实现新飞跃 ································· 212
　　四、人民生活水平持续提高 ··· 212
思考题 ··· 213

第八章　新时代的经济改革发展（2012—2020）························· 214
第一节　开启经济强起来的征程 ··· 214
　　一、对全面建成小康社会提出新的目标要求 ·························· 214
　　二、新发展理念的提出 ·· 215
　　三、中国经济转向高质量发展阶段的重大判断 ······················· 216

四、推进供给侧结构性改革和构建新发展格局 …………………… 217
五、建设现代化经济体系 …………………………………………… 219

第二节 完善中国特色社会主义基本经济制度 ……………………………… 220
一、坚持"两个毫不动摇" …………………………………………… 220
二、坚持和完善社会主义分配制度 ………………………………… 222
三、使市场在资源配置中起决定性作用和更好发挥政府作用 …… 223

第三节 高水平对外开放的积极推进 ………………………………………… 225
一、共建"一带一路"倡议的提出与实施 ………………………… 225
二、自由贸易区战略的实施 ………………………………………… 227
三、开放型经济新体制的构建 ……………………………………… 228

第四节 现代化经济体系建设 ………………………………………………… 231
一、加快建设制造强国 ……………………………………………… 231
二、新产业、新业态、新商业模式迅速成长 ……………………… 232
三、乡村振兴战略与脱贫攻坚战 …………………………………… 233
四、区域协调发展战略的实施 ……………………………………… 235

第五节 推进生态文明建设 …………………………………………………… 237
一、提出和贯彻"绿水青山就是金山银山"理念 ………………… 237
二、坚持和完善生态文明制度体系 ………………………………… 238
三、坚决打赢污染防治攻坚战 ……………………………………… 239
四、推动形成绿色发展方式和生活方式 …………………………… 240
五、深度参与全球气候治理 ………………………………………… 241

第六节 促进经济高质量发展 ………………………………………………… 243
一、综合国力和国际影响力显著提升 ……………………………… 243
二、供给体系更好满足人民美好生活需要 ………………………… 244
三、中国开放的大门越开越大 ……………………………………… 246
四、"十三五"规划的完成和"十四五"规划的制定 …………… 246

思考题 ……………………………………………………………………………… 247

阅读文献 …………………………………………………………………………… 249

后　记 ……………………………………………………………………………… 251

导 论

一、中华人民共和国经济史的研究对象和学科性质

本教材的研究对象是中华人民共和国史学科体系中的中华人民共和国经济史。中华人民共和国的经济发展，无论是影响它的国家社会制度和国际政治经济环境，还是本身的经济制度、科学技术、产业结构，所经历的变迁都是复杂而巨大的。这使得对中华人民共和国经济史的梳理概括和简要呈现较为困难。鉴于此，本教材从以下两个方面来把握中华人民共和国经济史：

第一，按照唯物史观要求，把握中华人民共和国经济史研究的基本问题。马克思主义从生产力与生产关系、经济基础与上层建筑的矛盾运动出发，探讨制度变迁和经济社会发展规律。基于马克思主义原理，中华人民共和国经济史研究的基本问题，是生产力与生产关系、经济基础与上层建筑的关系，以及与这种关系对应的生产、分配、流通、消费的变迁。

第二，在厘清国史、党史、经济各学科体系下经济史研究重点和视角异同的基础上，把握中华人民共和国史学科体系中经济史研究的重点。国史与党史在中华人民共和国经济史的研究上，相同之处是都研究作为执政党的中国共产党的经济决策、决策的实施及其绩效，不同之处是前者不仅把中国共产党的经济活动纳入整个国家经济活动进行考察，还研究其他经济主体、社会各阶层、国家各区域的经济活动。国史研究与经济学研究都把中华人民共和国的经济制度和经济运行纳入研究对象，不同之处是前者较注重从国家行为视角研究，后者较注重从经济运行视角研究。

基于以上认识，并跟随实践和学科发展，中华人民共和国史学科体系中的经济史研究对象，是以1949年10月1日中华人民共和国成立之日起为上限，以生产力与生产关系、经济基础与上层建筑的关系及其对应的生产、分配、流通、消费为基本问题，以政治经济史为主，同时纳入社会经济史、国民经济史的因素及其研究视角，并有机统一起来，兼顾党史研究偏重中国共产党的经济决策活动，兼顾中央领导文献研究偏重人物的经济思想，兼顾经济学从经济效益和学理视角对经济制度和经济运行进行探讨。具体来讲，中华人民共和国史学科体系中的经济史研究对象，以基于生产方式的矛盾运动展开对中国特色社会主义经济发展道路形成和不断完善的历史轨迹为主线，主要包括中国共产党的经济思想、国家的

经济决策、国家的经济发展战略、国家的经济方针、国家的经济制度、国家的经济政策、国民经济运行与绩效等国家的经济生活，同时也纳入影响国家经济生活的因素如国家的政治生活、文化生活、社会生活、对外交往与合作及国际环境等。其中，还需要把握两点：一是基于中国共产党是执政党的事实，在研究国家的经济决策时，要以中国共产党的经济决策为重点，并研究国家经济决策与基层诉求与创新的互动，从而才可能全面和深刻地反映国家经济决策成因、形成过程、实施、绩效等；二是以人为中心，避免把经济生活作为冷冰冰的资源分配的选择逻辑，而是把经济生活还原成有情感、有道德的人创造财富的行为，以探究经济发展的原动力，这样才可能科学客观地再现和解读中国经济跨越发展奇迹的历史。

二、中华人民共和国经济史的主线与主题

全面系统地反映中国特色社会主义经济发展道路探索、形成和不断完善的历史轨迹这一主线，是本教材的重点。工业化乃至整个现代化是社会发展的必然趋势，成为世界各国追求的发展目标，而体现各国差异的，是各国选择了实现工业化、现代化的不同路径，这就形成了各具特色的发展道路。这条道路的演变轨迹也就成了一国经济发展史主线的特色。中华人民共和国经济史的主线，是从国情和在国际上所处位势及所面临的环境出发，形成了中国特色社会主义经济发展道路。这条道路特有的内涵是坚持中国共产党的领导，坚持以人民为中心，以实现国家工业化、社会主义现代化强国为宏大目标，以全体人民共同富裕为方向，实行公有制为主体、多种所有制经济共同发展和按劳分配为主体、多种分配方式并存，实行社会主义市场经济体制。这条道路是中国共产党团结带领全国人民，接续推进马克思主义中国化，克服因实践不足和认识偏差所产生的艰辛困惑，经历曲折而探索形成和不断完善的。它适应了社会主义初级阶段生产力发展的要求，是实现国家工业化、现代化和满足人民日益增长的美好生活需要的必由之路；回答了作为多方面发展不平衡的纷繁复杂的大国，在主要依靠自身力量的情况下，如何从生产力水平较低的发展中国家，通过加快发展，以实现国家工业化、现代化这样一个人类文明的重大历史性命题。在这条道路前行的过程中，中国还制定和运用计划或规划，以及价格、财税、金融、资本、劳动、土地、知识、技术、管理、数据等政策和法规对经济增长波动、经济结构进行调控，以实现发展目标。

厘清中国用几十年时间走完发达国家几百年走过的工业化历程的跨越发展这一主题是本教材承担的责任。中华人民共和国成立之初的产业以农业为主。这种国情决定了中国必然要选择奋起直追，以实现赶超工业化、现代化先行国。中国

在这一进程中实现的快速发展,呈现复杂的波浪式发展的特征。尽管如此,从自身纵向比较和国际横向比较,都不可否认中国在工业化、现代化进程中实现跨越发展这一客观事实。从中国经济总量来看,国内生产总值由1952年的679亿元增加到2019年的99.09万亿元,按不变价计算,年均增长8.1%。[①] 改革开放以来,中国在1949年至1978年快速奠定物质技术基础的条件下,1979年至2018年国内生产总值年均增长9.4%,比同期世界经济年均增长2.9%左右高出两倍多,成功实现了经济总量由1978年的居世界第11位,至2010年起居世界第2位的跃升,经济总量占世界的份额也随之由1978年的1.8%提高到2020年的超过17%。中国还成为制造业第一大国、货物贸易第一大国、商品消费第二大国、外资流入第二大国,外汇储备连续多年位居世界第一。中华民族在富起来、强起来的征程上迈出了决定性的步伐。中国经济的发展,在现代化进程中实现了质的飞跃:首先,中国作为落后的发展中国家,仅用几十年的时间就走完了发达国家几百年才走过的工业化历程,在较短时间内建立起了完整的现代工业体系,成功地实现了从以农业为主到以工业为主的转变,实现由农业社会向工业社会转型的跨越。其次,中国经济成功地突破在国际上的弱势窘境,向优势跨越发展反转,由低速增长到高速增长再进入高质量发展阶段,创造了世所罕见的经济快速发展奇迹,实现在全球发展中的位势由跟跑追赶向世界经济增长第一大引擎转变的跨越,实现由低收入国家向上中等收入国家的攀升。这是新中国71年跨越发展的内涵及其光耀的历史地位。新中国实现的历史性跨越发展,是对旧中国长久陷入徘徊的历史发展趋势、发展起点的现实困境、作为后发国家在国际体系中面临的弱势窘境对发展空间锁定等既有发展趋势的成功地突破。中国经济的优势跨越发展,使全国人民的生活实现了从温饱问题尚未得到根本解决,到建成全面小康社会的历史性跨越,中华民族伟大复兴向前迈出了新的一大步。这就是1949年以来中国经济发展的主题。

中国经济跨越发展辉煌成就的取得,缘于中国特色社会主义经济发展道路探索形成和不断完善所提供的根本保障和强大动力。坚定不移地为中国最广大人民谋利益,具有历史责任感和使命感,能够站在时代前沿谋划长远全局和制定发展战略,并付诸实施的中国共产党及其领导,是优势跨越发展的政治保障;构建起平等社会,避免社会的对抗,调动生产力中最活跃的人的积极性,是优势跨越发

[①] 本书所用公开发布或现已公开的中央文件、法律法规和国家统计局的数字,一般不加注,以节省篇幅。

展的社会基础;实行公有制为主体、多种所有制经济共同发展,按劳分配为主体、多种分配方式并存,社会主义市场经济体制等社会主义基本经济制度,调动各方面协同推进经济发展的积极性、主动性和创造性,国家也可以通过公有制经济实现对经济命脉的控制来保障国家主权和中华民族利益的最大化,是优势跨越发展的制度保障;政府从国家和人民长远利益出发及能够实施中长期发展战略、计划或规划,是资源配置更加有利于国家工业化、现代化和人民利益根本实现的保障。这些因素的共同作用,发挥好社会主义的制度优势,使生产关系与生产力、上层建筑与经济基础相适应,极大地解放和发展了社会生产力,经济的发展由此焕发出勃勃生机和旺盛活力,形成快、活、稳统一的优势跨越发展路径,实现由弱势窘境向优势跨越发展转变①,从而使中国能够抓住发展的战略机遇期,在工业化、现代化进程中创造出优势跨越发展的奇迹。中国特色社会主义经济发展道路是成功的,而且越走越宽广。这正是中国特色社会主义道路自信、理论自信、制度自信、文化自信不断增强的历史逻辑。

中国经济发展也经历了曲折,对此要从全面系统的视域加以分析,而不能孤立地、碎片化地片面评断。首先,应当看到,中国经济发展中的曲折,并非总体呈负增长态势,而是一种波浪式发展。其次,这种曲折,特别是改革开放前经济所经历的大幅波动,工作失误是重要因素,但总体而言是由于实施赶上世界工业化、现代化步伐的举措导致一些不协调,从而进行必要的调整。实践证明,这是作为后发国家突破弱势窘境的历史性命题所进行的一种试错中可能付出的成本。当然,这一赶超进程也付出了诸如民生改善滞后于经济发展、城乡发展失衡、生态环境破坏等成本,其实也可以降低这些成本,但不能因为这种曲折和一些结构性问题的发生而否定在工业化、现代化赶超进程中实现综合国力快速提高的基本事实。最后,改革开放之前近30年的经济发展速度低于改革开放以来的发展速度,但前一个历史时期经济在总体上也是发展的。前一个历史时期经济建设取得的成就,为后一个历史时期的经济改革和发展积累了物质技术基础和丰富的经验教训,两个历史时期之间在实践和理论上没有断裂,而是内在统一的接续创新发展。

三、学习中华人民共和国经济史的意义和方法

学习中华人民共和国经济史,对于完善知识结构,深化对中华人民共和国史和中国经济发展规律的认识具有重要意义。第一,中华人民共和国经济史是中华

---

① 参见郑有贵:《集中力量办大事与中国的历史性跨越发展》,《中共党史研究》2020年第3期。

人民共和国史的重要方面。鉴于生产力与生产关系、经济基础与上层建筑的矛盾运动规律，如果不了解新中国成立以来经济发展和经济制度变迁的历史，就很难对中华人民共和国的历史有全面、深入的理解。第二，当代中国经济与世界经济紧密联系在一起，中国经济对世界经济的影响力也在逐渐上升。学习中华人民共和国经济史，对于学习世界经济史也十分有益。第三，中华人民共和国经济发展路径是基于经济社会发展阶段和所处国际环境不断完善的过程，学习和研究中华人民共和国经济史，对理解中国经济发展现状，解决中国经济发展的现实问题也是有帮助的。

学好中华人民共和国经济史课程，要掌握正确的方法：

一要坚持马克思主义唯物史观。这是学习和研究整个中华人民共和国史的根本世界观和方法论。唯物史观认为，生产力和生产关系、经济基础和上层建筑的矛盾运动是社会发展的根本动因。只有从这个基本观点出发，才能正确认识和全面理解中华人民共和国经济发展的历史。

二要坚持实事求是的态度。学习历史，首先必须了解和认识历史事件和历史过程。理解具体的历史事件，必须结合当时的历史条件。只有以历史事实为依据，以社会实践为准绳，全面辩证地分析历史场景和历史逻辑，才能得出正确的判断和结论。认真学习历史文献和基础史料，包括重要的决议、领导人的重要讲话、相关的档案资料等，是把握史实的重要方法。掌握和运用这些文献和史料，能够为今后的学习和研究打下坚实基础。

三要借鉴相关历史知识和经济学理论知识。学习中华人民共和国经济史，要吸收和借鉴中华人民共和国史学科体系中的其他分支学科、中共党史、中国古代经济史、中国近代经济史、世界经济史的知识，避免产生片面的理解和认识。而且，还要了解和运用相关的经济学理论，尝试用它们来分析新中国经济发展进程中的现象和问题，使中华人民共和国经济史的学习更加深入。

本教材在注重梳理历史事件及其逻辑关系的同时，探索构建以发展目标、实现路径、绩效互为演变条件的研究框架，努力做到历史逻辑与理论逻辑的内在统一。具体框架是，每章阐述一个历史阶段，内容大体一致，主要包括：每个历史阶段国家要实现的发展目标及实现目标的指导思想、理论创新、总体布局；为实现每个历史阶段发展目标而进行的制度和政策安排，突出基本经济制度的建立和改革完善，突出重大政策的制定和实施；对每个历史阶段制度和政策下的经济运行，重点描述经济运行的阶段特征和经济发展的动因；每章末尾简要概括和总结该历史阶段经济发展的主要特征和经验教训。

第一章　社会主义经济制度的确立与国家工业化的启动（1949—1957）

鸦片战争以来的中国历史是一部中国人不断面临发展道路选择、前赴后继为中华民族的独立和富强而奋斗的历史。从洋务派"师夷长技"的实践，到康有为将中国定为"工国"的设想，再从孙中山的《实业计划》，到新中国成立初期的过渡时期总路线，工业化承载着几代中国人的梦想。在无数中国人的眼里，工业化成为现代化的一个载体和象征，成为中国由传统走向现代的一条必经之路。为了加快实施国家工业化战略，高度集中的计划经济体制逐步建立，新中国的经济开始按照一种不同于以往的全新方式运行。

第一节　新中国的经济起点与新民主主义经济体制的建立

面对十分薄弱的经济基础，新中国在成立初期采取措施迅速恢复国民经济，并在发展战略与路径上开始了新的探索。

一、新中国的经济起点

鸦片战争后长期处于半殖民地半封建社会的中国在帝国主义列强不断的侵略下，经济发展受到了严重破坏。旧中国的生产力水平十分低下，新式工业发展缓慢，原煤、原油、钢、生铁等主要工业品的产量和同期的美国、英国以及邻国日本相比不可同日而语。如果将人口因素考虑在内，中外之间的差距更为悬殊。在全面抗日战争爆发前的1936年，苏联、美国、英国的发电量、原煤、生铁和钢的人均产量都是中国人均产量的几十倍甚至数百倍之多。中国的落后生产力水平不只体现在工业上，农业生产也遭受长期战争的破坏，不仅主要农作物的总产量多年徘徊不前，粮食的单产也明显低于其他国家。

就产业结构而言，当时的中国是一个典型的农业国家。在1949年中国的国民收入总额中，12.6%来自工业，68.4%来自农业。到1952年，在第一产业中就业的人员占中国总经济活动人口的比例高达83.5%，在第二产业中就业的人员所占的比重仅有7.4%。除了原煤、纺织等工业还稍有基础外，新中国成立之初，几乎在工业生产的各个领域都乏善可陈。毛泽东曾发出这样的感叹："现在我们能造什么?能造桌子椅子,能造茶碗茶壶,能种粮食,还能磨成面粉,还能造纸,但是,一辆汽车、一架飞机、一辆坦克、一辆拖拉机都不能造。"[①]

城乡之间、区域之间的发展还极度不平衡。这种失衡表现在诸多方面,最为突出的是工业布局不合理,工业生产大多集中在东部沿海地区。半数以上的工厂集中在上海、天津、青岛、广州等少数几个城市,而广大农村地区则处于自然经济或是半自然经济的落后状态。在城市,经济凋敝,困顿失业的底层劳动者大量存在;在农村,生产资料与资金匮乏,很多农民不得不依靠借贷维持基本的生活和简单再生产。

二、新民主主义经济体制的建立

为了促进国民经济的恢复,新中国成立之后,在新民主主义社会制度条件下,对于发展经济采取了更为稳健的举措,调动各种积极因素,允许有利于国计民生的私人资本主义经济和个体经济继续发展。新民主主义经济是中国共产党对中国发展道路作出的一次有益探索。

(一)实行农民的土地所有制

中国共产党从1921年成立到1949年建立新中国,一直高度关注与农民利益密切相关的土地问题,并在不同时期推行了不同的土地政策,以调动广大农民的革命热情。1947年10月10日,中共中央公布全国土地会议通过的《中国土地法大纲》(以下简称《土地法大纲》),这一具有里程碑意义的文件宣布"废除一切地主的土地所有权",按照人口平分一切乡村土地,解放区的土地改革由此加速。经过后来不断总结和完善,土地改革的原则、路线、政策日益明确。新中国成立后,1950年召开的中共七届三中全会审议通过了《中华人民共和国土地改革法》(以下简称《土地改革法》)。

在汲取了以往工作经验和教训的基础上,《土地改革法》对于地主、富农、中农的政策与原来的《土地法大纲》有所差异。《土地改革法》提出,对于地主,要"没收地主的土地、耕畜、农具、多余的粮食及其在农村中多余的房屋。但地主的其他财产不予没收"。对于富农,要"保护富农所有自耕和雇人耕种的土地及其他财产,不得侵犯"。对于中农,要"保护中农(包括富裕中农在内)的土地及其他财产,不得侵犯"。而"所有没收和征收得来的土地和其他生产资料,除本法规定收归国家所有者外,均由乡农民协会接收,统一地、公平合理地分配给无地少地

[①] 《毛泽东文集》第6卷,人民出版社1999年版,第329页。

及缺乏其他生产资料的贫苦农民所有,对地主亦分给同样的一份"。[1]从 1950 年下半年开始,华东、中南、西北、西南等新解放区的土地改革拉开帷幕。

土地改革具有重要的历史意义。首先,它改变了原有的封建土地占有关系。到 1952 年底,除了一部分少数民族地区和台湾地区之外,全国农村的土地改革基本完成,封建土地制度被废除。土地改革前,占全国总人口 4.75% 的地主拥有全国 38.26% 的耕地,而占全国总人口约 52% 的贫雇农所占有的耕地仅占 14.28%,平均每户贫雇农拥有的耕地为 3.55 亩,地主平均每户拥有耕地 144.11 亩。土地改革完成后,这一局面彻底改变,贫雇农占有的耕地比重上升到 47.1%。在整个土改过程中,约有 7 亿亩(约合 4700 万公顷)土地被没收和征收,并被分给约 3 亿无地和少地的农民。[2]这就使得土地这一最基本的生产资料与农业劳动力很好地结合起来,从而极大地解放了生产力。

其次,土地改革的完成改善了大多数农民的生活,促进了农业生产的恢复。土地改革进行过程中,爱国丰产运动也在各地农村广泛开展,极大地调动了广大农民的生产热情。根据统计数据,从 1949 年开始,直到农业社会主义改造完成,耕地面积一直处于上升的状态,土地改革时期增速最快。1952 年,中国耕地面积为 10792 万公顷,比 1949 年的 9788 万公顷增长了 10.3%。从 1949 年到 1952 年,粮食产量年均增长 12.6%,棉花产量年均增长 43.1%,[3]农业生产的恢复和发展使城市的粮食和工业原料供应状况都得以改善。

最后,更为重要的是,土地改革既是一场深刻的经济变革,也是一场深刻的社会和政治变革。它的完成不仅调动了农民的生产积极性,还最大限度地增加了中国共产党在广大基层的凝聚力和号召力,为农村基层人民政权的建立和巩固发挥了重要的作用。

(二)国营经济领导下的多种经济成分的发展

在国营经济领导下多种经济成分并存,是新中国成立初期经济的重要特点。1949 年 9 月,"以公私兼顾、劳资两利、城乡互助、内外交流的政策,达到发展生产、繁荣经济之目的"被作为新中国新民主主义经济建设的根本方针写进了《中国人民政治协商会议共同纲领》。国营经济、合作社经济、农民和手工业者的个体

---

[1] 参见《建国以来重要文献选编》第 1 册,中央文献出版社 1992 年版,第 336—338 页。
[2] 参见吴承明、董志凯主编:《中华人民共和国经济史(1949—1952)》,社会科学文献出版社 2010 年版,第 178 页。
[3] 参见当代中国研究所:《中华人民共和国史稿》第 1 卷,人民出版社、当代中国出版社 2012 年版,第 62 页。

经济、私人资本主义经济和国家资本主义经济,各种社会经济成分将"在国营经济领导之下,分工合作,各得其所,以促进整个社会经济的发展"①。这一方针在新中国成立后被迅速付诸实践。

从解放战争后期开始,中国共产党就已经在一些地方没收和接管国民党政府的官僚资本和官营企业,这些企业涉及工业、商业、交通运输、金融等方方面面。针对不同的接管对象和问题,一系列具体政策和办法也相继出台。1949年1月,中共中央发出《关于接收官僚资本企业的指示》,提出在接收官僚资本企业的过程中,"必须严格地注意到不要打乱企业组织的原来的机构",对于被接收企业的厂长、矿长、局长及工程师和其他职员,"只要不是破坏分子,应令其担负原来职务,继续工作","对于企业中的各种组织及制度,亦应照旧保持,不应任意改革及宣布废除"等重要原则。②同年4月25日发布的毛泽东起草的《中国人民解放军布告》提出:"凡属国民党反动政府和大官僚分子所经营的工厂、商店、银行、仓库、船舶、码头、铁路、邮政、电报、电灯、电话、自来水和农场、牧场等,均由人民政府接管。其中,如有民族工商农牧业家私人股份经调查属实者,当承认其所有权。"③

数量庞大的官僚资本企业的收归国有,连同在解放区公营经济基础上组建起来的国营金融体系和国营商贸体系,为新中国国有经济体系的快速形成奠定了坚实基础。1949年,新中国的国有经济已经在金融和现代工业、交通等领域占主导地位。在工业方面,国有企业的产量在全国总产量中所占的比重为:发电机容量占73%,煤炭占70%,铁占60%,钢占90%,水泥占60%,工作母机占50%左右,纱锭占43%。综合起来,国有经济在现代主要工业中所占的比重约为50%,而在金融、铁路、港口、航空等产业,国有经济则占绝对优势。④

除此之外,根据《中华人民共和国与苏维埃社会主义共和国联盟关于中国长春铁路、旅顺口及大连的协定》,苏联将"中国长春铁路的一切权利以及属于该路的全部财产无偿地移交中华人民共和国政府"⑤。政府还通过征用、转让等方式接收了其他一些外资企业。同时,政府大力推动合作社经济的发展。这些举措使公私营

---

① 《建国以来重要文献选编》第1册,中央文献出版社1992年版,第7页。
② 参见《共和国走过的路——建国以来重要文献专题选集(1949—1952)》,中央文献出版社1991年版,第43页。
③ 《1949—1952中华人民共和国经济档案资料选编·工商体制卷》,中国社会科学出版社1993年版,第106页。
④ 参见中财委:《一九四九年中国经济简报》(1950年),转引自武力主编《中华人民共和国经济史》(增订版)上卷,中国时代经济出版社2010年版,第82页。
⑤ 中华人民共和国外交部编:《中华人民共和国条约集·第一集(1949—1951)》,法律出版社1957年版,第3页。

企业的力量对比发生了快速的变化,以工业产值为例,1949年国营工业企业的产值占全国工业总产值的比重为34.2%,1952年这一比重已经上升到52.8%,合作社营与公私合营企业产值1952年合计占8.2%,纯私营企业产值所占比重由1949年的63.3%下降至1952年的39%。[1]1949年国营工业企业仅有2858个,1952年增至9517个;1950年国营商业饮食业企业有7638个,1952年增至31444个。[2]

（三）统一财经工作的完成

新中国成立前后,整个社会的经济形势并不稳定,上海等重要城市在物资供应、物价平抑、人民币流通等诸多方面都面临着重重困难。解放战争的不断推进和全国的基本统一,使中央政府需要承担的财政支出规模日益扩大,为了缓解巨大的支出压力,中央政府不得不一再增加货币发行量。1949年8月初,陈云在上海财经会议的讲话中提出,为了保证1949年秋季的支出,在"8至10月每月需发行1633亿元人民币"。而实际发行的货币远远超出了之前的设想,新中国的纸币发行量7月底为2800亿元,9月底为8100亿元,10月底为11000亿元,到11月中旬时已经达到16000亿元,短短几个月的时间里"发行增加近五倍,致使币值大跌,物价猛涨"。[3]

市场上很多商家通过囤积居奇、买空卖空牟取暴利,北京、天津、上海等地物价仍然波动剧烈,给经济恢复工作带来沉重打击。投机活动的猖獗和不断加大的通货膨胀压力,不仅使正常的生产经营无法进行,也严重影响了新生政权的巩固和稳定。中央财政经济委员会先后采取收缩银根、调运粮棉、抛售物资、回收货币等诸多举措,短期内取得了一定效果,但并不能从根本上解决财政赤字不断上升的问题。

统一全国财经工作之前,中国共产党领导下的财经工作基本上是战时财经,各解放区之间完全分散经营,各自发行货币、管理收支,这一局面的形成归因于解放区被分割的状态,直到1949年前后才开始在解放区之间"作少数军用品和物资的调拨"。解放战争在全国范围内的胜利,使人民币很快成为全国的通货,支出的机关随之统一,但"财政的收入并未规定统一管理的办法"。[4]按照当时的估

---

[1] 参见《1949—1952中华人民共和国经济档案资料选编·工商体制卷》,中国社会科学出版社1993年版,第976页。

[2] 参见《1949—1952中华人民共和国经济档案资料选编·工商体制卷》,中国社会科学出版社1993年版,第267、284页。

[3] 参见《1949—1952中华人民共和国经济档案资料选编·综合卷》,中国城市经济社会出版社1990年版,第114、116页。

[4] 参见《陈云文选》第2卷,人民出版社1995年版,第69—70页。

计，1950年全国军政公教脱离生产的人员有近900万人，占全国人口的比重约为2%[①]，国家支出的大部分由中央人民政府负责，公粮和税收却大多掌握在区、地、市、县各级地方政府手中。支出统一而收入分散，中央政府面临着巨大的财政压力。收支机关的脱节是造成财政收支失衡的主要原因之一，中央政府最初依靠增发货币来缓解财政压力，但由此引发的通货膨胀和市场波动却成为困扰政府的另一个难题，如果不寻求其他解决方法，新中国的经济很有可能陷入恶性循环。

通货膨胀、物资匮乏、金融波动、财政赤字、钞票发行过多等诸多问题，不断地挑战着政府与市场承受能力的极限。在这样的情况下，1949年12月，负责主持中财委工作的陈云提出"财政经济要统一管理"的主张。[②]1950年3月，政务院通过了《关于统一国家财政经济工作的决定》，决定在全国范围内统一编制、清查物资、厉行节约，该文件对当时政府最主要的财政收入来源作出明确规定："全国各地所收公粮，除地方附加粮外，全部归中央人民政府财政部统一调度使用"，"除批准征收的地方税收外，所有关税、盐税、货物税、工商税的一切收入，均归中央人民政府财政部统一调度使用"。[③]同月，政务院又发布《关于统一管理一九五〇年度财政收支的决定》，财政管理权限也一并集中在中央政府手中，国家的税收制度、财政收支、供给工资标准、行政人员编制均由财政部统一确定。[④]统一财经后，中央政府的财政收支迅速走向平衡，政府计划调拨、供售物资能力的增强则促进了当时金融和物价的稳定。在通货膨胀和市场波动得到控制之后，中央启动了第二套人民币的发行筹备工作。[⑤]

同一时期，为了贯彻《中国人民政治协商会议共同纲领》中"凡有利于国计民生的私营经济事业，人民政府应鼓励其经营的积极性，并扶助其发展"的方针，新中国政府又通过行政、税收、利率等手段，开始了对私营工商业的调整工作，以帮助私营工商业摆脱需求不足、商品积压、资金短缺、生产停滞的困境。调整主要围绕公私工商业之间的关系、劳资关系和产销关系三个方面进行。政府通过扩大国家对私营工业的加工订货和收购包销，调整公私商业的经营范围，改变价格、税收、

---

① 参见财政部办公厅编：《中华人民共和国财政史料·第二辑·国家预算决算（1950—1981）》，中国财政经济出版社1983年版，第2页。
② 参见《陈云文选》第2卷，人民出版社1995年版，第48—50页。
③ 财政部综合计划司编：《中华人民共和国财政史料·第一辑·财政管理体制（1950—1980）》，中国财政经济出版社1982年版，第31—36页。
④ 参见财政部综合计划司编：《中华人民共和国财政史料·第一辑·财政管理体制（1950—1980）》，中国财政经济出版社1982年版，第36—41页。
⑤ 1950年7月，陈云即向中央提交了关于筹印新币的方案。

信贷等政策拓展私营商业的发展空间；通过调整私营工商企业中的劳资关系缓和劳资矛盾；通过协调供求双方之间的关系解决产销失衡、流通不畅的问题。

在政府的大力调整下，各地私营工商业的经营状况明显好转。一方面，各城市私营工商业户，自1950年6月起，歇业户数逐月减少，而开业户数则逐月增加。其中尤以上海的变化为最大，其8月、9月、10月平均，工业申请开业户数较4月增加了28倍，商业申请开业户数亦有4月的17倍，而工商业合计之申请歇业户数，8月、9月、10月平均则仅及4月的12%。其他中小城市私营工商业户的开歇业变化，一般亦自1950年6月起，由3月、4月、5月的歇多开少，转变为开多歇少。另一方面，经济活跃起来，市场成交量大幅度增加。根据京、津、沪、汉四大城市面粉、大米、棉纱、棉布四种主要物资市场成交量的统计，10月较4月面粉增加54%，大米增加2.89倍，棉纱增加1.28倍，棉布增加1.33倍。私营工商业户的产值和利润都迅速增加。[①] 多种经济成分并存的格局由此逐步形成，政府对经济的调控能力在这一过程中也逐步增强。

为了克服国民经济运行中的各种困难和缓解抗美援朝背景下巨大的财政支出压力，中央还在全国范围内开展了增产节约运动。1951年12月，中共中央发出《关于实行精兵简政、增产节约、反对贪污、反对浪费和反对官僚主义的决定》。此后，中财委相继发出一系列文件和指示，要求国营企业通过清产核资、降低成本、杜绝浪费、生产竞赛等多种方式，加强对增产节约的计划。为了惩治和打击干部队伍中的贪污浪费和官僚主义，1952年1月，中共中央发出《关于立即抓紧"三反"斗争的指示》，一批贪污腐败人员在"三反"运动中受到严厉惩处。几乎同时，针对不法资本家的以反对行贿、反对偷税漏税、反对盗骗国家资财、反对偷工减料、反对盗窃国家经济情报为核心内容的"五反"运动也在各地展开。"三反""五反"运动的开展对打击当时社会经济中的不良现象发挥了不小的作用，但在快速推进的过程中也存在打击面过大和处理失当等问题，在一定程度上影响了一些资本家的预期和私营工商业的生产。1952年下半年，政府通过调整加工订货、税收、贷款等方式开始了对私营工商业的第二次调整。

三、国民经济的迅速恢复

新民主主义经济政策的实施调动了各方面的积极性，在1949年至1952年的

[①] 参见《1949—1952中华人民共和国经济档案资料选编·综合卷》，中国城市经济社会出版社1990年版，第776页。

短短3年时间里,在中国共产党领导下的人民当家作主的新政治经济社会秩序下,中国经济走出残破混乱的状态,国民经济恢复发展极为迅速。1949年中国国民收入总额为358亿元,到1952年时已增至589亿元。1950年、1951年和1952年3年的国民收入总额增速分别达到了19.0%、16.7%和22.3%。

工农业生产有了较快发展。按当年价格计算,全国农林牧渔业总产值由1949年的326亿元,增加至1952年的461亿元。粮食、棉花、油料、黄红麻等主要农作物的播种面积和总产量都有了大幅度的提高,以粮食为例,1949年全国粮食总产量为11318万吨,1952年增至16391.5万吨。这一时期政府启动了治理淮河的重大工程,对水利建设的大量投资推动了农业生产的恢复。在工业方面,1950年至1952年全国工业总产值的年平均增长速度达到了34.8%[①],纱、原油、原煤、钢、生铁、水泥、烧碱、切削机床等工业品的产量与1949年相比显著增加。随着工业生产的快速增长,工业和农业在工农业总产值中各自所占的比重也发生了细微的变化。

为了促进经济发展和商品流通,解决农村粮棉、土产等农副产品以及城市工业品滞销的情况,政府大力推动城乡之间的物资交流。中共中央发出必须恢复旧有的或开辟新的商业网、组织私商下乡进行购销、利用合作社大力推销土产、多组织群众性的物资交流、增设土产公司等指示。[②] 各级地方政府相继举办了各种形式的物资交流会、土产展销会,以疏通流通渠道和拓宽产品销路。据估计,各地土产在土产会议或展览会上销出的数量,一般都占当地土产销售总量的一半上下。[③] 这些措施对于活跃当时的城乡市场和经济发挥了重要作用。

而统一财经工作的完成明显改善了中央政府的财政收支状况。新中国实行高度集中、统收统支的财政管理体制后,中央财政收入的整体规模随之迅速提升,扭转了原来分区管理方式下中央政府入不敷出的局面。1950年全国财政收入占国民收入的比重仅为15.3%,次年上升至26.8%。从1952年开始,财政收入占国民收入的比重稳步上升,在"一五"期间,财政收入占国民收入的比重平均达到了33.6%。统一财经的意义还不仅仅在于促进市场物价以及金融秩序的稳定和财政赤字的消灭,它为一个独立、自主的财政体系的构建奠定了坚实基础,政府财政汲

---

① 参见《1953—1957中华人民共和国经济档案资料选编·工业卷》,中国物价出版社1998年版,第1147页。
② 参见《1949—1952中华人民共和国经济档案资料选编·商业卷》,中国物资出版社1995年版,第434—436页。
③ 参见《1949—1952中华人民共和国经济档案资料选编·商业卷》,中国物资出版社1995年版,第460—461页。

取能力的提升使新中国突破了原本无法解决的资金"瓶颈",为此后很快开始的大规模经济建设创造了条件。

第二节　国家工业化战略的确立与社会主义改造的基本完成

为了尽快改变贫穷落后的面貌,中国共产党和中央人民政府迅速确立了国家工业化战略,随之启动大规模经济建设。要在一个很低的经济起点上快速启动工业化,中国需要建立起计划经济体制,以确保国家拥有强大的资源动员和配置能力,使紧缺的资源能够配置到政府希望优先发展的产业中去。鉴于此,新中国开始了由新民主主义经济向社会主义经济的转型。

一、重工业优先的工业化战略

在鸦片战争后一个多世纪的时间里,为了实现救亡图存和国富民强的理想,中国人进行了实践与理论层面的不懈探索。如何才能走上自强和发展的道路,成为中国人最为关注的命题。抗日战争时期,毛泽东在陕甘宁边区的讲话中就曾说过:"共产党是要努力于中国的工业化的。中国落后的原因,主要的是没有新式工业。……消灭这种落后,是我们全民族的任务。"[1]

苏联的榜样和示范效应对新中国发展路径的选择产生了深刻的影响。与苏联一样,新中国选择了一条重工业优先的工业化战略。造成这一局面的原因是多方面的,而其中最根本的原因是中国的重工业基础过于薄弱。不仅如此,中国经济还缺乏独立性,20世纪30年代一些重要的经济部门包括钢铁、电力、航运等,都受到了外国资本的干预和控制。这使中国人发展重工业的愿望极为强烈。从着手编制新中国的第一个长期经济建设计划开始,这种指导思想就清晰地表现出来:"我们必须以发展重工业为大规模建设的重点……以有限的资金和建设力量(特别是地质勘查、设计和施工的力量),首先保证重工业和国防工业的基本建设,特别是确保那些对国家起决定作用的,能迅速增强国家工业基础与国防力量的主要工程的完成。"[2]

按照最初的构想,新中国的社会主义改造不会很快开始,在此之前会有一个

---

[1]《毛泽东文集》第3卷,人民出版社1996年版,第146—147页。
[2]《建国以来重要文献选编》第3册,中央文献出版社1992年版,第449页。

比较长的新民主主义建设时期。但是，国内外形势的改变使得这一进程提前。从国内来看，国民经济的较快恢复、国营工商业与私营工商业产值比重的明显变化，以及广大农村互助合作事业的发展，都促使新中国的最高决策者对未来的发展进行新的考量和审视。1952年秋，毛泽东就曾征求斯大林关于中国向社会主义过渡的问题的意见。[①] 国有经济体系的快速建立与成长在这一转变中发挥了不容忽视的作用，国营经济在工业、商业、金融、对外贸易等领域所取得的绝对优势，意味着社会主义因素的增长和政府干预经济能力的增强。这一变化是政府即将全力推动的经济建设的必备前提。

从国际情况来看，新中国选择了"一边倒"的外交政策，加入了以苏联为首的社会主义阵营。1949年底，毛泽东访问苏联。作为这次出访的一个重要成果，《中苏友好同盟互助条约》于1950年2月14日签订。很快，中国的经济建设开始在苏联的指导和帮助下进行。中国走上了一条独立自主地快速推进工业化的道路。这一发展战略的选择不是单纯的经济行为，它是政治、外交、国际环境、历史传统等多种因素共同作用的结果。

1953年9月，中央正式确定过渡时期总路线，即"从中华人民共和国成立，到社会主义改造基本完成，这是一个过渡时期。党在这个过渡时期的总路线和总任务，是要在一个相当长的时期内，逐步实现国家的社会主义工业化，并逐步实现国家对农业、对手工业和对资本主义工商业的社会主义改造"[②]。同年，第一个五年计划启动，重工业的发展被摆在了突出的位置上。重工业优先的工业化战略的确立与迅速推进，直接影响和决定了中国在随后几十年中的经济运行方式和发展轨迹。要使中国在缺乏积累的前提下启动工业化，并在相当短的时期内完成工业体系的初步构建，政府必须具有强大的调动和配置资源的能力，而对农民、企业等经济主体的社会主义改造是政府获取这种能力，并重塑整个社会的经济运行机制和经济结构最为直接和有效的途径。

二、农业生产合作化的实现

在进行土地改革的同时，全国的互助合作运动稳步推进，农业生产互助组由1950年的272.4万个增至1952年的802.6万个。同一时期的农业生产合作社基本上处于试办阶段，数量很少，1952年全国的初级农业生产合作社只有0.4万个，

[①] 参见逄先知、金冲及主编：《毛泽东传（1949—1976）》，中央文献出版社2003年版，第240—244页。
[②] 《建国以来重要文献选编》第4册，中央文献出版社1993年版，第700—701页。

高级社仅有10个。① 农业生产合作化运动在不断调整中进行。

1953年上半年，一些地方在试办农业生产合作社的过程中发生急躁冒进倾向，使农民出现了消极抵触的情绪。针对这一情况，不少地方及时进行了整顿。3月，华北局发出《关于纠正农业生产合作社发展中的盲目冒进偏向的指示》。10月，中共中央批转了华北局《关于纠正农业生产互助合作运动中急躁冒进倾向后的情况及当前工作任务向中央的报告》。批示中肯定了华北局提出的当前农业生产互助合作运动应以发展和巩固互助组为中心环节的主张，并强调指出：“在过渡时期内，党在农村的基本任务乃是完成对农业经济的社会主义改造。这个任务是绝对不能放松的，否则即会产生右的自流主义错误；但在执行这一基本任务时，又必须从长期存在的小农经济这一基本情况出发，逐渐地、稳步地前进，否则即会产生'左'的急躁冒进错误。"②

过渡时期总路线、统购统销等政策的出台加快了农业生产合作化的进程。1953年10月底，中共中央召开全国第三次农业互助合作会议。会议期间，毛泽东于11月4日就农业互助合作问题同陈伯达、廖鲁言谈话，在谈话中强调："发展农业生产合作社，现在是既需要，又可能，潜在力很大。""不靠社会主义，想从小农经济做文章，靠在个体经济基础上行小惠，而希望大增产粮食，解决粮食问题，解决国计民生的大计，那真是'难矣哉'！"③ 1953年12月，中共中央发布的《关于发展农业生产合作社的决议》指出，为进一步提高农业生产力，"逐步实行农业的社会主义改造，使农业能够由落后的小规模生产的个体经济变为先进的大规模生产的合作经济，以便逐步克服工业和农业这两个经济部门发展不相适应的矛盾"是党在农村中工作的最根本的任务。④

此后，全国农业生产互助合作运动以较快的速度发展起来，1954年3月，各地农村已经建立和正在建立的初级社达到7万余个，到1955年初，达48万个。由于推进过快，合作社的质量参差不齐，各地农民变卖农具、宰杀牲畜、要求退社的现象时有发生。⑤ 为此，1955年1月，中共中央发出《关于整顿和巩固农业生产合作社的通知》指出，"当前的合作化运动，应基本上转入控制发展、着重巩固

---

① 参见《中国农业年鉴（1980）》，农业出版社1981年版，第4页。
② 《中共中央文件选集（1949年10月—1966年5月）》第14册，人民出版社2013年版，第17页。
③ 《毛泽东年谱（1949—1976）》第2卷，中央文献出版社2013年版，第189页。
④ 《中共中央文件选集（1949年10月—1966年5月）》第14册，人民出版社2013年版，第443—444页。
⑤ 参见《当代中国的农业》，当代中国出版社1992年版，第100—102页。

的阶段",并针对不同地区的具体情况,提出了停止发展、适当收缩等要求。① 此后的 3 个多月,农业生产合作化运动一直以毛泽东、刘少奇等领导人多次强调的"停、缩、发"三字方针为指导思想,浙江等省份都进行了力度较大的整顿和巩固工作。事实上,在 1955 年以前,全国组织起来的农户绝大部分只是加入了农业生产互助组,而不是农业生产合作社。

1955 年 5 月中旬,毛泽东在 15 省市委书记会议上强调"停、缩、发"三字方针总的精神应该为"基本是发"。同年 7 月底 8 月初召开的全国省市委书记会议上,毛泽东在《关于农业合作化问题》的报告中,批评了邓子恢及其领导下的中共中央农村工作部不积极地、快速地推进农业生产合作化的态度,指责其为"小脚女人"。毛泽东指出,必须看到,"农村中不久就将出现一个全国性的社会主义改造的高潮,这是不可避免的"②。在 10 月召开的中共七届六中全会上,关于农业生产合作化的速度问题达成了一致。此后,农业生产合作化开始突飞猛进,与此相伴随的是农业生产互助合作组织规模的日益增大。1955 年以后,高级农业生产合作社快速发展。1955 年,全国的高级农业生产合作社只有 1000 个左右,1956 年数量达到 54 万个。截至 1956 年 3 月,参加农业生产合作社的农户占全国农户总数的 90%,参加高级社的农户占全国农户总数的 55%。③1956 年底,全国农村的高级社共有 54 万个,入社农户占农户总数的比重为 87.8%。1957 年底,全国农村的高级社达 75.3 万个,入社农户占农户总数的比重已经达到 96% 以上。④

三、公私合营的全面推进

(一)国家资本主义的初步发展

在国民经济恢复时期,为了支持和促进私营工商业的发展,政府采取了加工、订货、包销等措施调整工商业,这些举措在帮助私营工商业度过困境的同时,客观上也发挥了引导私营工业向国家资本主义发展的作用。1953 年中国共产党过渡时期总路线颁布前,公私合营已经有所发展。截至 1953 年底,全国公私合营企业有 1000 余户,而私营工业企业还有 15 万余户,公私合营企业产值在全国工业总产值中的比重由 1949 年的 2% 增至 1953 年的 6%,1953 年国营及地方国营企业产

---

① 《中共中央文件选集(1949 年 10 月—1966 年 5 月)》第 18 册,人民出版社 2013 年版,第 32 页。
② 《毛泽东文集》第 6 卷,人民出版社 1999 年版,第 418、424、438 页。
③ 参见《人民日报》1956 年 4 月 30 日。
④ 参见《当代中国的农业》,当代中国出版社 1992 年版,第 110 页。

值在全国工业总产值中的比重为57%。①如果以公私合营及私营工业的产值总和为100，那么1953年公私合营工业产值在两者总产值中的比重仅为13.3%，私营工业产值（完全的自产自销部分）所占比重为33.1%，其余是政府对私营工业进行加工、订货、包销、收购部分的产值。②这说明在大规模的工业建设开始之前，国家资本主义的高级形式还只占很少的一部分。

1953年9月7日，毛泽东就私营工商业社会主义改造问题同民主党派和工商界人士谈话，提出"将全国私营工商业基本上（不是一切）引上国家资本主义轨道，至少需要三年至五年的时间，因此不应该发生震动和不安"③。随着过渡时期总路线的全面实施，对私营工商业的社会主义改造也逐步推进，相比于国民经济恢复时期，改造的进程有所加快。就产值而言，1955年私营工业中完成公私合营的和尚未完成公私合营的各占一半。④而同年在煤炭开采、钢铁冶炼、化学加工、橡胶、火柴、造纸、日用纺织品、食盐、烟草制造业等诸多工业领域，公私合营工业的产值已超过或远远超过了私营工业的产值。同时，全国有近半数的私营商业分别纳入了各种形式的国家资本主义轨道。在城市的商品零售总额中，社会主义性质和国家资本主义性质的商业所占的比重已经达到3/4。在整个社会商品零售总额中，国营零售商业（包括城市消费合作社）占52%，各种形式的国家资本主义商业占23%，私营商业只占25%。按行业来说，粮食、油脂、布匹等国家统购统销的商品已经实行了全行业经销、代销，百货、文化教育用品、肉类、烟、酒、西药、茶叶、石油、煤炭等关系国计民生的行业，也已经全部或大部分成为国营公司的经销、代销店。⑤这与过渡时期总路线颁布之前相比，发生了根本性的变化。

（二）公私合营的高潮

农业生产合作化高潮的到来，加快了对私营工商业的社会主义改造进程。毛泽东在为《中国农村的社会主义高潮》所写的"序言"中提出："中国的手工业和资本主义工商业的社会主义改造，也应当争取提早一些时候去完成，才能适应农

---

① 参见《1953—1957中华人民共和国经济档案资料选编·工业卷》，中国物价出版社1998年版，第294、325页。
② 参见《1953—1957中华人民共和国经济档案资料选编·工业卷》，中国物价出版社1998年版，第813页。
③ 《毛泽东年谱（1949—1976）》第2卷，中央文献出版社2013年版，第160页。
④ 参见《1953—1957中华人民共和国经济档案资料选编·工业卷》，中国物价出版社1998年版，第327页。
⑤ 参见《1953—1957中华人民共和国经济档案资料选编·商业卷》，中国物价出版社2000年版，第525—526页。

业发展的需要。"①1955年下半年，北京、天津、上海、辽宁、黑龙江、山东、浙江、河南、四川、陕西、云南等省市开始了对某些行业的私营工商业进行全行业公私合营的尝试，但范围有限。1955年10月，毛泽东两次约见工商界代表，鼓励大家走社会主义道路。此后不久，对私营工商业的社会主义改造就在全国范围内掀起了高潮。

事实上，在对私营工商业的社会主义改造高潮到来之前，大部分生产较集中的大工厂早已完成了公私合营，而尚未合营的私营工业相对分散，并且企业规模较小。换言之，尽管从整体上看，1955年公私合营工业的产值和私营工业的产值还旗鼓相当，两者在全国工业总产值中所占的比重均为16%，而其余的68%由国营及地方国营工业完成，但是，在规模、实力相对较大的企业中，公私合营工业的经济力量已经明显超过私营工业。以职工规模超过500人的大厂为例，1952年公私合营工业总产值已占公私合营工业加上私营工业总和的36%，1953年占43%，1954年占82%，1955年所占比重达97%。1955年，除了国营工业企业之外，全国职工超过500人的工业企业共有366户，其中公私合营工业企业有330户，职工总数达46.2万人，而私营工业企业仅有36户，职工总数为2.5万人。②这意味着在1955年底之前，绝大部分规模较大的、重要的私营工业企业都实现了国家资本主义的高级形式，此后全行业公私合营的快速实现并不缺乏基础。

1956年1月，开始于北京市的私营工业的社会主义改造热潮很快席卷全国，仅一个月内，全国实行公私合营的企业就达到了5.54万户，上海、北京、天津等118个大中城市的私营工业企业，几乎都在这一个月内实现了公私合营。③1月下旬，中共中央颁布《对目前资本主义工商业改造应注意的问题的指示》，允许"对公私合营工作有了相当准备的地方"仿效北京市的做法，同时也指出公私合营过程中必须注意的一些问题，比如对于原有制度及经营技术不能不加分析地全盘否定等。④2月，中共中央颁布的《关于资本主义工商业改造问题的决议》中，明确提出"把对资本主义工商业的改造工作推进到一个新的阶段，即从原来在私营企业中所实行的由国家加工订货、为国家经销代销和个别地实行公私合营的阶段，

---

① 《毛泽东年谱（1949—1976）》第2卷，中央文献出版社2013年版，第503页。
② 参见《1953—1957中华人民共和国经济档案资料选编·工业卷》，中国物价出版社1998年版，第336页。
③ 参见《1953—1957中华人民共和国经济档案资料选编·工业卷》，中国物价出版社1998年版，第340页。
④ 《中共中央文件选集（1949年10月—1966年5月）》第22册，人民出版社2013年版，第135页。

推进到在一切重要的行业中分别在各地区实行全部或大部公私合营的阶段"。《决议》要求各部门和各级党组织"按照私营工商业的不同地方和不同行业的具体情况,提出关于把一切重要行业的私营工商业逐行逐业,分批分期,纳入公私合营的全面规划"①。这些都加快了工商业改造的步伐。1956年第一季度内,全国省辖市以上的私营商业也基本上实行了公私合营,或组成合作商店(小组),广大农村的私营商业也有60%以上纳入了各种国家资本主义或合作化轨道。②同年7月28日,国务院发出《关于对私营工商业、手工业、私营运输业的社会主义改造中若干问题的指示》,按照这一指示,作为合营资产的补偿,所有公私合营企业中资本家每年可以拿到5厘定息。③

1956年底,全国私营工商业全行业的公私合营基本实现,私营工业的改造面达到99%。④在1956年全国商业机构的商品零售总额中,国营商业和供销合作社占68%,公私合营商业占17%,合作商店和合作小组占12%,私营商业所占的比重仅剩3%。⑤

四、个体手工业的社会主义改造

1949年,个体手工业产值在全国工农业总产值中的比重为6.9%,经过恢复和发展,到1952年有所提升,达到8.8%⑥,这一经济份额决定了对个体手工业的社会主义改造并不像私营工商业的社会主义改造那样受关注。但是,个体手工业却与很多普通中国人的生活密切相关。它们的规模小而分散,技术水平相对落后,生产能力也十分有限。

新中国成立后,个体手工业的合作一直在平稳推进。国民经济恢复时期,中华全国合作社联合总社先后召开了两次全国手工业生产合作会议,推动各地手工业合作组织的发展。过渡时期总路线出台不久,第三次全国手工业生产合作会议

---

① 《中共中央文件选集(1949年10月—1966年5月)》第22册,人民出版社2013年版,第267、275页。
② 参见《1953—1957中华人民共和国经济档案资料选编·商业卷》,中国物价出版社2000年版,第534页。
③ 参见《建国以来重要文献选编》第8册,中央文献出版社1994年版,第457页。
④ 参见《1953—1957中华人民共和国经济档案资料选编·工业卷》,中国物价出版社1998年版,第814页。
⑤ 参见《1953—1957中华人民共和国经济档案资料选编·商业卷》,中国物价出版社2000年版,第545页。
⑥ 参见董志凯、武力主编:《中华人民共和国经济史(1953—1957)》(上),社会科学文献出版社2011年版,第227页。

于 1953 年底召开。这次会议明确地提出了手工业社会主义改造的原则、方针和步骤。按照会议的精神，手工业合作化将主要通过三种形式推进：其一，低级形式是手工业生产小组。主要是从供销方面把手工业劳动者组织起来，有组织地向供销、消费合作社或国营企业购买原料，推销成品，或为供销、消费合作社和国营企业加工。其二，手工业供销生产合作社。合作社由若干个体手工业劳动者或几个手工业生产小组为解决原料采购和产品推销的共同困难而组织起来，有可能以自己业务经营中的积累来购置公有的生产工具，进行部分的集中生产。其三，社会主义改造的高级形式是手工业生产合作社。完全社会主义性质的生产合作社将实现生产资料归集体所有，并统一经营、按劳分配。① 随后的两年中，手工业合作化在更大范围内铺开。到 1955 年，手工业合作组织的人数由 1952 年的 25.25 万人增至 220.58 万人，其占手工业总人数的比重由 1952 年的 3.9% 上升至 29.1%。② 尽管有如此明显的增长，但实现社会主义改造高级形式的合作组织所占的比重不足一半。这个速度在毛泽东看来还是"慢了一点"③。

对个体手工业的社会主义改造也在农业生产合作化的高潮到来之后加速。1955 年 12 月下旬召开的第五次全国手工业生产合作会议，进一步提出在第一个五年计划期间要基本完成对手工业社会主义改造的全面规划，规划的总要求是：1956 年组织起来的社（组）员达到全国手工业人员总数的 70%，1957 年达到 90%，1959 年至 1960 年全部组织起来。④

对手工业进行社会主义改造的实际速度超过了这一规划。1956 年 1 月，北京市采取了全市按行业一次批准合作化的办法，全市手工业者基本上实现合作化。天津、南京、武汉、上海等大城市相继在几天之内完成了手工业合作化。2 月 20 日，全国有 143 个大中城市（约占全国大中城市的 88%）和 691 个县的手工业全部或基本上实现了合作化。到 1956 年 6 月，除一些边远地区外，全国基本上实现了手工业合作化。⑤

---

① 参见《建国以来重要文献选编》第 5 册，中央文献出版社 1993 年版，第 327—329 页。
② 参见《1953—1957 中华人民共和国经济档案资料选编·工业卷》，中国物价出版社 1998 年版，第 934 页。
③ 《毛泽东年谱（1949—1976）》第 2 卷，中央文献出版社 2013 年版，第 542 页。
④ 参见《共和国走过的路——建国以来重要文献专题选集（1953—1956）》，中央文献出版社 1991 年版，第 106 页。
⑤ 参见国家经济贸易委员编：《中国工业五十年·第 2 部（1953—1957）》上卷，中国经济出版社 2000 年版，第 81 页。

五、社会主义改造的重要意义

社会主义改造通过对农民、企业等经济主体的重塑，为即将开始的国家主导的工业化建设创造了条件。就农业生产合作而言，这一时期的农业生产合作化实现了农民对土地、农具等生产资料私有权的摒弃。从互助组到初级社，再到高级社，农民土地、农具等生产资料的归属有着本质的不同。互助组是一种完全建立在生产资料私有基础上的松散型合作，初级农业生产合作社在私有的基础上实行土地入股、统一经营，并开始更多地强调公共积累，而高级农业生产合作社同初级农业生产合作社的根本区别在于实行主要生产资料的集体所有制，同时弱化了农民对农业剩余的支配权。这是新中国迫切希望短期内迅速推进工业化的一个必然结果，当分散的个体小农的经营方式不能提供工业化进程快速启动所必需的农业剩余时，将农民有效地组织起来使这一问题得以解决。

对私营工商业和手工业的社会主义改造实现了对旧的生产方式的重新建构。改造私营工商业的根本原因在于它们不能与国家的计划经济建设保持完全的步调一致。"有些为国家需要和可能增产的产品而私营工业不能生产，私营工业能够生产的产品也大多为原料所限制或为国家所不需要。"[①] 从工业的角度来看，一旦私营企业开始公私合营，企业从原料供应到生产再到销售，包括其日常管理，其运转的各个环节都开始与国家计划发生密切的联系。1956 年，在全国工业总产值中，私营工业和个体手工业合占比重为 1.24%，其余产值均来自国营工业、合作社工业和公私合营工业。[②] 同一时期，国营与合作社商业的网点已由 1950 年的 5.1 万个增加到 33.6 万个，从业人员由 1950 年的 39.3 万人增加到 224.3 万人，商品销售额在全社会纯商业机构批发总额中所占的比重，由 1950 年的 23.8% 上升到 94.8%。社会主义商业不仅全部掌握了全国商品流通的批发环节，而且在零售市场中也已占据了绝对优势。[③] 所有这些都表明，到 1955 年，社会主义经济成分已经取得了不容置疑的优势地位。

在过渡时期总路线出台前后，毛泽东曾经指出："党在过渡时期的总路线的实质，就是使生产资料的社会主义所有制成为我国国家和社会的唯一的经济基础。

---

① 《1953—1957 中华人民共和国经济档案资料选编·工业卷》，中国物价出版社 1998 年版，第 324 页。
② 参见《1953—1957 中华人民共和国经济档案资料选编·工业卷》，中国物价出版社 1998 年版，第 798 页。
③ 参见《1953—1957 中华人民共和国经济档案资料选编·商业卷》，中国物价出版社 2000 年版，第 528 页。

我们所以必须这样做，是因为只有完成了由生产资料的私人所有制到社会主义所有制的过渡，才利于社会生产力的迅速向前发展。"①到1956年底，社会主义改造取得了决定性胜利。社会主义改造的完成意味着社会主义生产资料公有制的全面建立。

很快，在中国的国民收入中，各种经济成分的比重发生了巨大的变化。1952年，个体经济在国民收入中的比重高达71.8%，5年后降至2.8%；上升最为明显的是合作社经济，1952年仅占1.5%，1957年为56.4%；公私合营经济所占的比重由0.7%上升至7.6%；国营经济由19.1%上升至33.2%；资本主义经济在国民收入的比重1952年为6.9%，而到了1957年，这种经济成分基本上已不存在。于是，全民所有制和集体所有制在整个国民经济中占据了绝对优势的地位。对农业、手工业、资本主义工商业社会主义改造的完成，重塑了社会主义中国的微观经济主体。

社会主义改造的过程中也存在缺点和偏差，比如1955年夏季以后，农业合作化以及对手工业和个体商业的改造要求过急，工作过粗，改变过快，形式也过于简单划一；1956年资本主义工商业改造基本完成以后，对于一部分原工商业者的使用和处理也不很适当。②过急过快的改造过程和市场调节机制的缺失，为日后经济运行中许多问题的产生埋下了伏笔。

第三节 社会主义计划经济体制的建立

1953年，中国启动了第一个五年建设计划，其基本任务是"首先集中主要力量发展重工业，建立国家工业化和国防现代化的基础"③。"一五"时期，为了推进国家工业化战略，新中国进行了全方位的"制度准备"。社会主义改造重塑了农民、企业等经济主体，与此相配套的是宏观层面的管理方式和机制的重构，计划经济体制由此逐步确立。

一、以统购统销为核心的物资管理制度的形成

一切都需要为高速工业化的总目标服务。中国计划经济的许多标志性事件都

---

① 《建国以来毛泽东文稿》第4册，中央文献出版社1990年版，第405—406页。
② 参见《三中全会以来重要文献选编》下册，人民出版社1982年版，第800—801页。
③ 《建国以来重要文献选编》第4册，中央文献出版社1993年版，第353页。

以 1953 年为起点：过渡时期总路线出台、第一个五年计划启动、粮食统购统销政策开始实施。所有这些决策和事件之间有着紧密的联系并相互促进，构成了一个有机整体。

新中国成立之初，中央政府并没有封闭自由市场，征收公粮和市场收购是政府获取粮食的两个重要渠道。然而，随着经济的逐步恢复和大规模经济建设的展开，城乡粮食供求缺口越来越大。为了尽快摆脱粮食供求难以平衡的困境，中共中央在经过反复研究和斟酌之后，于 1953 年 10 月 16 日作出《关于实行粮食的计划收购与计划供应的决议》；同年 11 月 19 日，政务院通过《关于实行粮食的计划收购和计划供应的命令》，详细规定了粮食统购统销的具体办法，粮食统购统销制度正式确立。粮食统购统销的核心内容是：第一，在农村向余粮户实行粮食计划收购（简称"统购"）的政策，统购价格及统购粮种均由中央统一规定；第二，对城市人民和农村缺粮人民，实行粮食计划供应（简称"统销"）的政策；第三，由国家严格控制粮食市场，对私营粮食工商业进行严格管制，并严禁私商自由经营粮食；第四，在中央统一管理之下，由中央与地方分工负责，除拨给各大区的粮食以外，其他粮食包括各大区间的调剂粮、出口粮、储备粮、全国机动粮、全国救灾粮等，统归中央统筹安排。①

在执行过程中，农产品统购统销的品种不断增加。1953 年 11 月，中共中央批准了中财委关于在全国实行计划收购油料的决定，次年 9 月，政务院公布了《关于实行棉花计划收购的命令》。除了粮、棉、油三种最重要的农产品之外，烤烟、黄洋麻、家蚕茧、茶叶、生猪、水产品等都被纳入统购统销的范围，一个庞大的统购统销体系逐渐形成。

除对农产品实行统派购制度外，为配合第一个五年计划的实施，国家还开始了对重要生产资料在全国范围内的统一平衡分配管理。按照不同生产资料的重要程度和产销特点，重要物资大体上被分为三类：第一类是国家统一分配物资，简称"统配物资"，全部由国家计委统一分配。第二类是中央各部门统一分配物资，简称"部管物资"，由中央各部在全国范围内统一分配。第三类是地方管理物资，通称"三类物资"。除了统配物资、部管物资和商业部统一经营的一类、二类商品以外的生产资料，统称"地管物资"。国家统配物资和部管物资的种类，1953 年分别为 112 种和 115 种，1957 年分别上升到了 231 种和 301 种。② 这些物资的统一分

---

① 参见《建国以来重要文献选编》第 4 册，中央文献出版社 1993 年版，第 478 页。
② 参见中国物资经济学会编：《中国社会主义物资管理体制史略》，中国物资出版社 1983 年版，第 1—5、91 页。

配为工业生产的进行提供了保证。

作为一种计划经济的物资管理方式,统购统销制度对中国计划经济体制的形成和演进,以及社会经济发展和社会结构变迁都产生了重要的影响。从经济运行来看,统购统销制度是计划经济体制不可分割的组成部分,也堪称计划经济体制最早的尝试之一,其所引发的要素市场价格的固化、对微观主体市场自主权的限制、国家对粮食等重要物资产销的严格的宏观经济控制等,为中国的计划经济奠定了基础。从国家战略的实施来看,统购统销制度以及对重要物资统一分配的管理体制是中国优先发展重工业战略不可分割的一部分,正是由于这种管理方式,国家才有可能从农业部门获得大量的资源和剩余,才有可能实现对重要商品生产及流通过程的控制,才有可能支撑迅速的工业化进程,为工业化提供巨额的资本积累和低成本原料。

二、生产要素价格的集中管理

在对农副产品的购销和主要生产资料的分配、使用进行管理的同时,政府也开始了对价格的管理。在对私营商业进行社会主义改造时,采取了商业部和供销合作社分别管理城乡市场物价的方式。1955年召开的第五次全国物价工作会议明确提出了商业部在全国物价确定与管理中的职责,以下三项是重点:一是掌握全国物价总水平,领导和管理全国国内市场物价;二是确定进销差价、地区差价、批零差价、质量差价、季节差价及商品比价的掌握原则;三是制定和调整全国各主要产、销市场关系国计民生重要的大宗商品的标准规格的收购和批发销售牌价,主要进口物资的国内批发销售牌价,重要市场的统购、统销商品价格和主要商品、主要市场的零售价格,并制定加工、订货、收购、包销产品的工缴货价掌握原则。而各省商业厅,则根据商业部指示的全国物价总水平,负责掌握本省物价总水平。[①]

社会主义改造完成后,私营商业所占的比重已经微乎其微。1957年8月,国务院发出了《关于各级人民委员会应即设立物价委员会的通知》,要求各级政府成立物价委员会,并对中央与地方在物价确定中的权属作出明确分工:农副产品中统购和统一收购物资的收购价格和销售价格由中央管理审批工作。农副产品中小土产(即第三类物资)的价格,由各省、区、市根据地方具体情况加以掌握。国务院对全国小土产的价格水平,每年规定一次。工业品和手工业品中若干种主要

---

① 参见商业部物价局编:《物价文件汇编·综合部分》上册,1981年,第1036—1037页。

商品和主要市场的销售价格，由中央掌握，其他市场以及次要商品的销售价格，由各省、区、市掌握。①

对农副产品和统购物资价格的控制确保了工业生产原材料价格的低廉和稳定。要启动大规模的经济建设，还有两种生产要素必不可少。一个是劳动力。作为必须支付的劳动力成本，工资是经济发展中必须考虑的因素。"一五"时期中国工资制度变化的趋势是走向集中化和统一化。② 为了调动广大职工的生产积极性，这一时期的国家机关和国营企事业单位的职工工资有明显提升，而且重工业部门的工资标准和提升幅度都明显高于轻工业部门，这与国家的发展战略相一致。但从长期来看，工资的增速并不快。为了确保高积累率，政府一直维持着较低的工资水平，而且不同群体、不同区域之间的分配非常平均。分配上的高度平均与低收入水平的维系压低了工业化的成本。

另一个必需的生产要素是资金。与轻工业不同，重工业是资本密集型产业，且建设周期长。对于一个像中国这样在经济发展水平极低的情况下开始工业化，又选择了重工业作为优先发展对象的国家而言，资金的重要性显而易见，可这恰恰是中国最稀缺的资源之一。统一财经工作的完成，使政府特别是中央政府掌握了较多的财政资源，使巨额的建设投资成为可能。而新中国成立后私营银钱业很快退出历史舞台，先是完成了公私合营，然后被纳入中国人民银行统一管理。"一五"计划开始实施不久，中国人民银行就提出了"银行的主要任务是在国家统一的政策计划下，与财政部门密切联系，使预算与信贷结合，努力为国家积累建设资金"。此后，银行的信贷计划一直与国民经济计划和国家预算密切相关，信贷资金的分配与管理充分配合国家的各项政策。③ 对于生产要素价格的管理，有效地确保了稀缺资源能够优先配置到政府希望尽快发展的工业部门中去。

三、国营企业行政性管理方式的形成

随着工业化进程的启动，投资、建设、生产、积累几乎成为中国经济发展过程中最核心的要素。在1978年以前所进行的四个五年计划中，积累率最低的是"一五"时期，为24.2%，其余三个五年计划的积累率都在25%以上。如此高的积

---

① 参见商业部物价局编：《物价文件汇编·综合部分》上册，1981年，第1055—1056页。
② 参见董志凯、武力主编：《中华人民共和国经济史（1953—1957）》（下），社会科学文献出版社2011年版，第823页。
③ 参见《1953—1957中华人民共和国经济档案资料选编·金融卷》，中国物价出版社2000年版，第3、119页。

累率是1949年以前的中国经济远不可比拟的。高积累是通过政府对工业生产的严格控制实现的。中国的计划管理方式从国民经济恢复时期开始逐步确立。1950年6月，中央重工业部计划司在《国营工业经济计划工作的组织与方法》中就已经明确提出了工业经济计划需要包括七个部分，强调"所有一切与生产及建设相关的全部经济内容都包括在内"。政务院先后成立了重工业部、燃料工业部、纺织工业部、轻工业部、第一机械工业部、第二机械工业部等工业管理部门，这些部门的设立为各个行业的集中管理奠定了基础。

社会主义改造完成之后，单一公有制的基本实现使施行计划管理的范围扩大。在"一五"期间，接受政府指令性计划管理的国营企业数量不断上升，对于国营企业的总产值、主要产品产量、新种类产品试制、重要的技术经济定额、成本降低率、成本降低额、职工总数、年底工人人数、工资总额、平均工资、劳动生产率和利润12项内容，都由政府直接下达指令性生产指标。由国家计划委员会统一管理、直接下达计划指标的产品由1953年的115种增加到1956年的380余种。[①] 而"计划一经批准，一般不予修改"[②]，以免整个国民经济的平衡因此受到影响。

除了生产环节的全程控制，国营企业的财务也受到政府的严格管理。国营企业日常生产经营中所需的各项资金，多由各级财政支付。1953年10月，财政部下发《关于编制国营企业一九五四年财务收支计划草案各项问题的规定》，明确规定燃料、重工业、一机、二机、纺织、轻工业、交通、铁道、民航等各个部门所属的国营企业"基本建设支出，技术组织措施费，新产品试制费，零星固定资产购置及各项事业费，均属经济拨款之范围，应悉数列入财务收支计划'预算拨款'的有关项目内"[③]。在具体实践中，1951年至1954年，国营企业的定额流动资金由财政和银行分别供应，1955年至1957年则实行国营企业自有流动资金计划定额全部由财政拨款的制度。[④] 国营企业从原料供应、要素价格、生产过程、财务制度等方方面面都受到了政府的严格控制。

---

① 参见董志凯、武力主编：《中华人民共和国经济史（1953—1957）》（上），社会科学文献出版社2011年版，第436—437页。
② 《1953—1957中华人民共和国经济档案资料选编·工业卷》，中国物价出版社1998年版，第46页。
③ 财政部工业交通财务司编：《中华人民共和国财政史料·第五辑·国营企业财务（1950—1980）》，中国财政经济出版社1985年版，第195—196页。
④ 参见财政部工业交通财务司编：《中华人民共和国财政史料·第五辑·国营企业财务（1950—1980）》，中国财政经济出版社1985年版，第32—35页。

四、计划的编制与计划管理机构的建立

从国民经济恢复时期开始，中国经济的计划因素逐步增加。1951年11月，由中财委召开的全国计划会议提出了编制长期建设计划的任务。1952年7月，第一个五年计划的轮廓草案基本形成。同年底，中共中央发出《关于编制一九五三年计划及五年建设计划纲要的指示》，就编制计划中若干应注意的问题作了指示。此后，"一五"计划的轮廓草案在多个相关部门的配合和苏联国家计委以及苏联顾问的建议下，多次充实修改调整，数易其稿，历时近4年，到1955年，计划正式被人民代表大会审议通过。同时，还开始了国民经济年度计划的编制工作。1952年7月，政务院财政经济委员会布置了编制1953年国民经济计划的主要控制数字的工作，9月召集中央财经各部讨论，10月向各部颁发了工业、农业、交通运输与基本建设的控制数字，向各大区颁发了地方国营工业、城市公用事业的控制数字，在经过各部门和各地区的意见反馈后，于1953年3月最后定稿。《一九五三年度国民经济计划提要》是"一五"期间的第一个年度计划，内容涵盖了工业生产、农业生产、基本建设、交通运输与邮电事业、贸易、劳动工资及干部培养、成本、文教卫生事业、国民经济拨款等各个方面，对于每一项内容都提出了明确具体的数字指标。[1]

为了统筹安排即将开始的大规模经济建设，1952年11月，国家计划委员会成立。1953年1月至5月，国家计划委员会在中财委计划工作的基础上，参考苏联计划机构的经验，成立了16个工作部门，主要工作就是编制计划。[2] 其间，中共中央于1953年2月下发了《关于建立计划机构的通知》，要求"中央一级各国民经济部门和文教部门，必须迅速加强计划工作，建立起基层企业和基层工作部门的计划机构。各大区行政委员会和各省、市人民政府的财经委员会应担负计划任务，其有关计划业务，应受国家计划委员会指导"。此外，"为适应计划工作的需要，在建立和健全计划机构的同时，必须建立和健全统计机构"。[3]

1954年2月，中共中央发出《关于建立与充实各级计划机构的指示》，强调"中央人民政府所属各国民经济部门和文教部门，必须建立和健全计划机构，并应

---

[1] 全文参见国家经济贸易委员会编：《中国工业五十年·第2部（1953—1957）》下卷，中国经济出版社2000年版，第1113—1138页。

[2] 参见《1953—1957中华人民共和国经济档案资料选编·综合卷》，中国物价出版社2000年版，第354页。

[3] 《1953—1957中华人民共和国经济档案资料选编·综合卷》，中国物价出版社2000年版，第347—348页。

把计划机构逐级建立到基层工作部门及基层企业单位"。这些计划机构的主要任务是根据直属主管上级的指示，编制年度的和长期的生产、基本建设、事业、财务等各个方面的计划，并检查计划执行情况。同时，"各大区行政委员会，各省（市）、省属市及县（旗）人民政府"也应设立计划委员会，各个层级的计划委员会负有编制本地区国民经济综合计划、制定各种必要措施以确保国家计划完成、检查本地区所属经济与文教等部门计划执行情况等责任。[①] 到1957年，全国有28个省、市、自治区，都成立了计划委员会（西藏为计划局），全国132个省属市有126个成立了计划委员会，全国191个专署有153个成立了计划委员会，全国2311个县或相当于县的行政单位有1835个设置了计划委员会。[②] 各级计划管理机构的成立和发展为国家计划的上传下达和贯彻执行提供了保障。

1956年5月，全国人大常委会通过了关于调整国务院所属组织机构的决议，决定增设国家经济委员会。国家经济委员会最主要的任务之一就是"根据党在过渡时期的总任务，在五年计划和长远计划的基础上，商同各部和各省、市人民委员会编制发展国民经济的年度计划草案，主要生产资料供应（物资平衡）计划草案"[③]，而国家计划委员会主要负责中长期经济发展计划的编制。

以统购统销为核心的物资管理体制的形成、政府对生产要素价格的控制、工业生产及管理方式的重构、计划管理机构的建立以及经济发展计划的编制，所有这些都标志着中国高度集中的计划经济体制的确立。这些具有内在的逻辑一致性的政策和制度，从总体上都服务于加速实现工业化和赶超发展的目标。

第四节 经济发展与产业结构的显著变化

随着大规模经济建设的启动，中国的经济发展速度非常快。1949年中国的国民收入总额为358亿元，1952年为589亿元。经过"一五"时期，1957年国民收入总额增加到908亿元，人均国民收入由1949年的66元增至1957年的140元。在国民收入的主要构成中，工业部门的产值增长最快，产业结构发生了明显的变

---

① 参见《1953—1957中华人民共和国经济档案资料选编·综合卷》，中国物价出版社2000年版，第350—351页。
② 参见国家经济贸易委员会编：《中国工业五十年·第2部（1953—1957）》下卷，中国经济出版社2000年版，第1435页。
③ 《1953—1957中华人民共和国经济档案资料选编·综合卷》，中国物价出版社2000年版，第133—134页；刘国光主编：《中国十个五年计划研究报告》，人民出版社2006年版，第25页。

化。而在经济快速发展的过程中，第一代中央领导集体也开始了对高度集中的计划经济体制的反思。

一、"一五"计划的启动与实施

（一）基本建设投资的迅猛增长

"一五"计划的实施是在苏联的帮助下进行的。1953年5月15日，中苏两国在莫斯科签订《关于苏维埃社会主义共和国联盟政府援助中华人民共和国中央人民政府发展中国国民经济的协定》，规定苏联将在1959年前帮助中国新建和改进141个建设项目。1954年10月12日，中苏两国签订《关于苏联政府帮助中华人民共和国政府新建15项工业企业和扩大原有协定的141项企业设备的供应范围的议定书》，使项目增加为156项。"一五"时期的基本任务就是"集中主要力量进行以苏联帮助我国设计的156个单位为中心的、由限额以上的694个建设单位组成的工业建设，建立我国的社会主义工业化的初步基础"。而由苏联援助建设的第一批50个单位早在1950年就已经确定并陆续进入了施工阶段[①]，其余援建项目在"一五"时期相继开工或投产。

在"一五"时期中国的基本建设投资总额中，工业部门的基本建设投资占到了一半以上。大量重要建设项目全部投产或部分投产，"一五"时期施工的工矿建设单位达1万个以上，其中黑色金属312个，电力599个，煤炭600个，石油22个，金属加工1921个，化学637个，建材831个，造纸253个，纺织613个，食品和其他约5000个。在这1万多个工矿建设单位中，限额以上有921个（比"一五"计划规定的单位数增加227个），到1957年底，全部投产的有428个，部分投产的有109个。其中，苏联援建的施工项目有146个，全部投产的有30个，部分投产的有38个。在全部投产的30个建设项目中，煤炭7个，电力9个，钢铁2个，有色金属3个，化学2个，机械6个，轻工1个。这些建设项目的投产，直接推动了飞机制造业、汽车制造业、新式机床制造业、发电设备制造业、冶金和矿山设备制造业，以及高级合金钢、重要有色金属冶炼业等新的工业部门的建立。

许多重要工业产品生产能力有了大幅度增长。除了少数产品以外，大部分产品的新增生产能力都超过了计划规定的指标。[②] 从整体上看，到1957年，"一五"

---

① 参见李富春：《关于发展国民经济的第一个五年计划的报告》，《人民日报》1955年7月8日。
② 参见国家经济贸易委员会编：《中国工业五十年·第2部（1953—1957）》上卷，中国经济出版社2000年版，第99页。

计划超额完成，基本建设、工业产值、交通运输、科技教育等方面取得的成绩都超过了原定计划。"一五"时期，为了改善区域经济发展失衡、工业布局不合理的状况，中央还提出了"在沿海地区的工业一般不扩建不新建"的方针，从而将更多的投资向内地倾斜。在整个"一五"时期，对于内地的基本建设投资在投资总额中的比重不断上升，除了1953年为46%之外，其余年份都在50%以上。[①] 这种倾斜推动了内地工业的快速发展。

（二）技术引进与设备更新

20世纪50年代是中国进行大规模技术和设备引进的一个时期。由于政治上的"一边倒"和西方国家的封锁禁运，中国的技术引进主要来自苏联和东欧各国。在1950年至1959年中国订购进口的415个成套设备项目中，来自苏联和东欧各国的分别为304个和108个。[②] 苏联、德意志民主共和国、捷克斯洛伐克、波兰、匈牙利、罗马尼亚等国均有专家来中国进行技术援助。中国所引进的项目涉及工业行业的诸多领域，而重工业各部门特别是电力、冶金、机械、军工等行业是引进的重点。"一五"时期，中国的工业技术水平有了明显的提高，以主要产品的品种数量为例，1953年中国能生产的钢材有182种，1957年可以生产372种；有色金属1953年只能生产9种，1956年底可以生产19种；工作母机1952年只能生产43种，1957年能生产170种；1952年中国还不能制造炼铁、炼焦设备，到1956年已能制造高炉容积为1000立方米的炼铁设备和年产量为30万吨的炼焦设备。[③]

同时，中国也开始了对于自己科研体系与技术人才的培养。中国科学院以及一大批科研机构先后成立，"一五"时期还通过了《一九五六——一九六七年科学技术发展远景规划纲要》，以使科研工作能够更好地服务于经济建设。除了聘请社会主义国家的大量外籍专家来中国指导工作之外，中国也派出了大量人才远赴苏联学习深造。这些举措为中国技术人才的培养发挥了重要作用。技术力量的增强又为企业生产能力的提高创造了条件，"一五"计划实施结束时，中国的工业企业中平均每个工人装备的生产用固定资产由1952年的3525元提高到1957年的5138

---

① 参见《1953—1957中华人民共和国经济档案资料选编·固定资产投资和建筑业卷》，中国物价出版社1998年版，第285、291页。

② 参见《1953—1957中华人民共和国经济档案资料选编·固定资产投资和建筑业卷》，中国物价出版社1998年版，第441—442页。

③ 参见《1953—1957中华人民共和国经济档案资料选编·工业卷》，中国物价出版社1998年版，第1057、1139页。

元，平均每个工人使用的动力机械总能力由1952年的1.73马力提高到3.1马力[①]，由此可对中国工业企业劳动技术装备程度的快速提高略窥一斑。

二、国民经济的增长和产业结构的变化

1949年至1957年，中国经济一直保持着较高的增速，1950年至1952年年均增速达19.3%，"一五"时期年均增速为8.9%。随着经济的发展，人民生活水平也得到提高。1952年中国居民的年均消费水平仅为80元，而1957年则提高到108元，全民所有制职工的工资由1952年的446元增加到1957年的637元。城镇职工的劳动保护和生活福利逐步改善，农村居民的社会保障和医疗卫生状况也有所提高。

1949年至1957年，中国经济发生了巨大的变化。从绝对数值上看，农林牧副渔总产值从1949年到1957年一直在不断增加，由1949年的271.8亿元增加至1957年的536.7亿元，但增速远落后于工业。8年间，除了1955年工业增速低于农业之外，其余年份前者都高于后者，少则高出8个百分点左右，多则可高出近30个百分点。1949年中国的农业总产值占工农业总产值的比重高达70%，而到"一五"计划完成时仅为43.5%，同期重工业总产值由新中国成立之初的7.9%上升到27.3%。而工业的这种高速发展与来自农业的支持密不可分。

从新中国成立直到农业社会主义改造完成，中国的粮食播种面积以及总产量基本上处于攀升状态。1957年是一个转折点，播种面积在1957年稍有下降，但不明显。而经济作物的变化与粮食又稍有不同。从播种面积来看，主要经济作物在土地改革时期都经历了一个快速上升的阶段，1953年农业生产合作化快速推进后出现了明显的转折，播种面积有不同程度的下降（甘蔗、甜菜的下降相对滞后）。从产量来看，各种经济作物的产量在整个农业生产合作化过程中总体上还是处于增加的状态中。[②] 在国民经济恢复时期水利建设的基础上，"一五"时期对黄河、长江等流域的治理也相继被提上议事日程，而农业生产合作化的开展又带动了农田水利建设，这些都为农业生产的快速发展创造了条件。总体而言，在整个"一五"时期，农业生产一直在发展和提高当中。

与农业生产的变化相比，工业部门的变化无疑更为巨大。"一五"时期，中国的工业生产能力获得了突飞猛进的发展，这不仅表现在许多工业品产量的大幅增

[①] 参见《1953—1957中华人民共和国经济档案资料选编·工业卷》，中国物价出版社1998年版，第1134页。

[②] 参见《中国农业年鉴（1980）》，农业出版社1981年版，第34—35页。

加、技术水平的明显提高,还表现在工业部门内部结构的跳跃式调整,一些行业从无到有,从薄弱到强大,为工业体系的全面构建奠定了坚实的基础。1952年至1957年,重工业产值增长2.1倍,轻工业产值增长83.3%,两者的年均增长速度分别高达25.4%和12.9%。重工业在全部工业中的比重由1952年的37.3%上升到1957年的45%,而同期轻工业的比重由62.7%下降到55%。同时,轻重工业内部的结构也趋向合理。由于"一五"时期强调重工业中制造工业的优先发展,使制造业在重工业中的比重呈上升之势,1952年为41.9%,到1957年上升为47.4%。在轻工业内部,以工业品为原料的轻工业产值占轻工业总产值的比重,由1952年的12.5%上升到1957年的18.4%,与此相应的以农产品为原料的轻工业在轻工业总产值的比重,由1952年的87.5%下降到1957年的81.6%。[①]

随着工业部门的迅速发展,中国的产业结构发生了明显的转变。中国的第二产业产值(包括工业和建筑业)占国内生产总值的比重由1952年的20.9%上升至1957年的29.6%,其中工业产值占国内生产总值的比重由1952年的17.6%上升至1957年的25.3%,建筑业产值占国内生产总值的比重由1952年的3.2%上升至1957年的4.3%(第一产业占国内生产总值的比重由1952年的51%下降为1957年的40.6%,第三产业比重未发生明显变化,1952年为28.2%,1957年为29.8%)。政府的强力干预则是产业结构跳跃式变迁的重要原因。"一五"计划后期,中央启动了第二个五年计划的编制工作,继续以重工业为中心的工业建设仍是"二五"计划的基本任务。

三、独立探索社会主义经济建设道路的良好开端

生产资料的单一公有制和高度集中的计划经济体制极大地增强了政府动员和配置资源的能力,然而也带来了一系列问题,比如由于信息不充分而导致计划的不尽合理,微观经济主体的积极性和主动性受到抑制,不论是企业还是农民的生产效率都有待提高,庞大的管理队伍造成政府的行政成本不断上升以致不得不一再精减人员等。在"一五"计划执行后期,这些问题已经引起新中国领导者的思考和关注。应当承认,在计划经济确立初期,中国在机构设置、管理方式、经济体制等诸多方面都与苏联表现出了高度的一致性。但反思与"模仿"同步,在1956年中共八大前后,中国共产党对苏联社会主义计划经济体制不乏反省和力图

[①] 参见《1953—1957中华人民共和国经济档案资料选编·工业卷》,中国物价出版社1998年版,"前言"第4页。

改进的探索和尝试。

第一,关于社会主义经济成分的多样性与单一公有制的关系。从毛泽东、刘少奇、陈云等人的论述中,都可以看出领导者对于单一公有制可能造成的低效以及对微观经济主体激励不足的觉察。在中共八大上,陈云在发言中指出:"我们必须及时地纠正只注意集中生产、集中经营,而忽视分散生产、分散经营的错误做法。""许多副业生产,应该由社员分散经营。不加区别地一切归(农业生产合作)社经营的现象必须改变。"① 在1956年和1957年对高级社整顿期间,初级社时期的农业生产责任制形式得到恢复并有所发展。

第二,关于计划经济的施行方式以及计划与市场的关系。中共八大召开以前,在1956年5月《国家计划委员会关于计划分级管理问题的初步意见(草稿)》中提出:"国务院批准下达的计划,分为指令性的指标、可以调整性的指标和参考性的指标。指令性的指标必须保证完成。可以调整性的指标,可以在保证完成指令性指标的前提下,由各部、各省市进行必要的调整。""参考性的指标只供各部、各省市执行计划时参考,不作为检查计划执行情况的依据。"② 国家计划委员会希望以此对单一的指令性计划管理方式进行调整。而关于计划与市场的关系,比较具有代表性的反思,是陈云提出的"主体"与"补充"的思想,即"我们的社会主义经济的情况将是这样:……计划生产是工农业生产的主体,按照市场变化而在国家计划许可范围内的自由生产是计划生产的补充"③。这一时期,第一代中央领导集体意识到社会主义经济既应当有计划性,又应当有多样性和灵活性。

第三,关于集权与分权的关系。毛泽东于1956年发表的《论十大关系》对中央和地方的关系进行了专门的论述,指出:"应当在巩固中央统一领导的前提下,扩大一点地方的权力。""我们不能像苏联那样,把什么都集中到中央,把地方卡得死死的,一点机动权也没有。"④ 这几乎是当时全党的共识。在"一五"计划实施的最后一年1957年,陈云为国务院起草了《关于改进工业管理体制的规定》《关于改进商业管理体制的规定》《关于改进财政管理体制的规定》三个文件。这三个文件的主要内容可以概括为两点:其一,适当扩大企业主管人员对企业内部的管理权限。在计划管理方面减少指令性的指标,对企业的利润,由国家和企业实行

---

① 《陈云文选》第3卷,人民出版社1995年版,第8—9页。
② 《1953—1957中华人民共和国经济档案资料选编·工业卷》,中国物价出版社1998年版,第54页。
③ 《陈云文选》第3卷,人民出版社1995年版,第13页。
④ 《毛泽东文集》第7卷,人民出版社1999年版,第31页。

全额分成。其二,适当扩大地方在工业、商业、财政管理方面的权限。除了将一些原本由中央直接管理的企业下放给地方领导外,增加了地方政府在物资分配、商品定价、财政收入支配、人事管理等许多方面的权利。[①] 三个文件总的指导思想只有一个——克服此前经济运行权力过度集中的弊病,通过一定程度的"放权"调动地方政府和企业的积极性。

第四,关于产业结构调整问题。毛泽东在《论十大关系》中,最先谈及的就是重工业与轻工业和农业的关系,指出"要适当地调整重工业和农业、轻工业的投资比例",以重工业为投资重点,但也要加重农业和轻工业的投资比例,这样既可以"更好地供给人民生活的需要",也可以"更快地增加资金的积累",因为从长远来看,更多地发展农业、轻工业才能使重工业的发展有更加稳固的基础。[②] 对重工业的投资是"一五"时期的绝对重点,但对农业、轻工业、重工业三者关系的调整是计划经济时期乃至改革开放以后中国政府都十分关注的命题之一。

中共八大前后中央领导层的反思成为1957年一系列改革经济管理体制文件出台的前奏。尽管由于各种因素的影响,这些新的政策倾向并没有完全落到实处,它们原本应该产生的积极影响,因为"大跃进"运动的开始被打了严重的折扣,但这些反思仍值得肯定,它们本身所具有的意义可能比其产生的实际作用更重要。它们代表着中国共产党对社会主义经济建设道路的独立探索。不论此时,还是以后,中国都需要按照适合自己的方式去完成每一次重要的变革。

社会主义基本制度的确立为社会主义建设奠定了根本政治前提和制度基础。从新中国成立起到"一五"时期末,中国共产党领导全国各族人民实现了从新民主主义经济到社会主义经济的转变,实现了国民经济的快速恢复和发展,在全国绝大部分地区基本上完成了对生产资料私有制的社会主义改造,并开始了大规模的工业化建设。新中国的经济开始按照一种不同于以往的全新的运行方式运行,"一五"时期的经济建设取得了重大的成就,一批基础工业的建立为工业体系的全面发展奠定了坚实的基础。要在一个很低的经济起点上快速启动大规模经济建设,推进重工业优先的工业化,并非易事。社会主义计划经济体制的建立,顺应了作为发展中国家而与工业化、现代化先行国有着较大差距这一特定历史条件的要求,国家因此拥有了强大的资源动员和配置能力,使紧缺的物资、资源能够配置到优先发展的产业中去,这正是中国能够突破弱势窘境的重要经验。同时,高度集中

---

① 参见《陈云文选》第3卷,人民出版社1995年版,第87—104页。
② 参见《建国以来毛泽东文稿》第6册,中央文献出版社1992年版,第83—84页。

的计划经济体制在运行过程中出现的一些问题，引起了新中国第一代领导集体对于计划经济体制的反思，新中国开始了对社会主义经济发展道路的独立探索。

思考题

1. 试论新中国成立初期为什么能迅速恢复国民经济。
2. 新中国为什么会选择重工业优先的工业化战略？
3. 如何评价对农业、手工业和资本主义工商业的社会主义改造？
4. 中共八大前后，新中国在独立探索社会主义建设道路时取得了哪些重要成果？

第二章 经济建设的"大跃进"与国民经济调整（1958—1965）

社会主义改造基本完成以后，中国共产党领导全国各族人民逐渐将工作重心转移到社会主义经济建设上来。贫穷落后的中国，要实现赶超发展，就要快速发展经济。1958年至1960年的"大跃进"运动，是中国共产党领导全国人民试图摆脱苏联高度中央集权、自上而下的行政性计划管理体制，通过群众运动实施赶超发展的探索。经济建设的"大跃进"运动导致国民经济下滑和比例失调。为了克服严重经济困难，从1961年开始，中国对国民经济实行了"调整、巩固、充实、提高"的八字方针。经过5年的调整，国民经济得到迅速恢复和发展。

第一节 社会主义建设总路线的确定与"大跃进"运动的开展

1958年，中共八大二次会议通过的社会主义建设总路线，反映了广大人民群众迫切要求改变中国经济文化落后状况的普遍愿望，但由于中共中央犯了急于求成的错误，轻率地发动了"大跃进"运动和农村人民公社化运动，使得以高指标、瞎指挥、浮夸风和"共产风"为主要标志的"左"倾错误严重地泛滥开来，造成重工业与轻工业、农业的比例失调，国民经济遭受严重破坏。

一、社会主义建设总路线的确定

社会主义总路线的制定经历了一个酝酿的过程。社会主义改造和"一五"计划提前完成后，毛泽东和中共中央开始探索适合中国的经济发展道路。但在社会主义建设速度上，党内存在较大分歧，毛泽东希望能够找到一条比苏联、东欧更快更好的道路。早在1955年，他就多次讲过各项工作要采取"又多又快又好"的方法问题。1956年《人民日报》元旦社论，提出"多快好省"口号。鉴于1956年经济建设中出现的急躁冒进现象，中共中央和国务院负责经济工作的领导人已经发现急躁冒进倾向，并努力加以纠正，毛泽东对此表示不满。1957年11月，毛泽东在莫斯科召开的各国共产党和工人党代表大会上针对苏联提出的要在15年后"赶超美国"的提法，提出了中国钢产量15年赶上或超过英国的目标。12月2日，刘少奇代表中共中央向中国工会第八次全国代表大会致祝词时，宣布了15

年后中国"赶超英国"的口号。①12月12日,《人民日报》发表毛泽东主持起草的社论《必须坚持多快好省的建设方针》指出:"在去年秋天以后的一段时间里,在某些部门、某些单位、某些干部中间刮起了一股风,居然把多快好省的方针刮掉了。""这种做法,对社会主义建设事业当然不能起积极的促进作用,相反地起了消极的'促退'的作用。"从中表达了他对"多快好省"口号不再被提及的强烈不满。

1958年初,毛泽东先后在广西南宁和四川成都主持召开中央工作会议,继续批评"反冒进",明确表示:搞社会主义有两条路线,我们做工作要轰轰烈烈、高高兴兴,不要寻寻觅觅、冷冷清清。他把"多快好省、鼓足干劲、力争上游"并提,称为"总路线"。②一些坚持"反冒进"意见的中央领导人被迫作了检讨。1958年5月,中共八大二次会议进一步把一些要求稳步发展国民经济的正确意见当作右倾保守加以批判,宣称中国正处在"一天等于二十年"的伟大时刻,号召"破除迷信,解放思想",争取实现在15年或者更短的时间内,在钢铁和其他主要工业产品的产量方面赶上或超过英国的目标。会议通过了"鼓足干劲、力争上游、多快好省地建设社会主义"的社会主义建设总路线。刘少奇在工作报告中对这条总路线的基本点作了集中阐述:调动一切积极因素,正确处理人民内部矛盾;巩固和发展社会主义的全民所有制和集体所有制,巩固无产阶级专政和无产阶级的国际团结;在继续完成经济战线、政治战线和思想战线上的社会主义革命的同时,逐步实现技术革命和文化革命;在重工业优先发展的条件下,工业和农业同时并举;在集中领导、全面规划、分工协作的条件下,中央工业和地方工业同时并举,大型企业和中小型企业同时并举;通过这些,尽快地把我国建成为一个具有现代工业、现代农业和现代科学文化的伟大的社会主义国家。③

这条总路线确定了中国社会主义现代化建设的宏伟目标,反映了广大群众迫切要求改变中国经济文化落后状况的愿望。总路线中的"多快好省"本来是相互制约的,但片面地强调"多快好省"中的"快"字,提出"速度是总路线的灵魂",追求"多""快"实际成为经济发展的唯一指标。这反映了当时急于求成的思想,夸大了主观意志和主观能动性的作用,助长了不切实际的"多""快"。

---

① 参见《在中国工会第八次全国代表大会上,刘少奇同志代表中共中央致祝词》,《人民日报》1957年12月3日。
② 参见《毛泽东年谱(1949—1976)》第3卷,中央文献出版社2013年版,第319页。
③ 参见《建国以来重要文献选编》第11册,中央文献出版社1995年版,第303—304页。

二、"大跃进"运动的开展

1958年5月,中共八大二次会议的召开和社会主义建设总路线的通过,标志着"大跃进"运动的开始。社会主义建设总路线公布后,全国人民以高度的政治热情和革命干劲投入到社会主义经济建设中去。以群众运动的方式进行经济建设,片面追求工农业生产的高速度,修改生产计划指标并追求不切实际的高指标,成为经济领域"大跃进"的重要表现。

在"大跃进"的浪潮中,国家计划部门逐步提高计划指标,从中央到地方普遍推行"三本账"制度,导致各地区、各部门在制订计划时层层加码、追求高指标。薄一波当时认为,经委编的年度计划草案很难满足地方同志的要求,于是向毛泽东建议搞两本账,中央一本账,地方一本账。毛泽东在《工作方法六十条》中提出要建立生产计划三本账。中央两本账,第一本是必成的计划,这一本公布;第二本是期成的计划,这一本不公布。地方也有两本账。地方的第一本就是中央的第二本,这在地方是必成的;第二本在地方是期成的。评比以中央的第二本账为标准。① 推行"两本账"或"三本账",本是为了在完成国家计划之外,充分发挥各级单位的积极性,通过实行新的计划管理方式保证计划按时完成和超额完成,但"两本账"或"三本账"制度也导致了计划的层层加码。"大跃进"中的各种高指标多是通过编制"两本账"的方法层层拔高的。

中共八大二次会议之后,高指标和浮夸风迅速蔓延全国。5月下旬召开的中共中央政治局扩大会议,将1958年的钢产量指标提高到800万至850万吨。随后,冶金部、国家计划委员会和新成立的各大协作区纷纷大幅度地提高指标。6月中旬,国家计划委员会向中央提出新的《第二个五年计划要点》认为,1958年钢产量可能达到850万至900万吨;1959年钢产量超过2000万吨,争取达到2500万吨,超过英国。

农业"大跃进"中,计划的高指标和产量的浮夸现象严重。1957年10月27日,《人民日报》发表题为《建设社会主义农村的伟大纲领》的社论,提出了"跃进"的口号,要求"有关农业和农村的各方面工作在十二年内都按照必要和可能,实现一个巨大的跃进"。各地区、各部门根据《全国农业发展纲要(修正草案)》和15年赶上或者超过英国的要求,纷纷修改原订的发展计划,制订新的"跃进"计划,提出了新的高指标。

---

① 参见《建国以来重要文献选编》第11册,中央文献出版社1995年版,第42页。

不切实际的高指标，不仅带来了浮夸虚报的高估产，而且引发了各地竞放所谓高产"卫星"的浪潮。1958年6月7日，过去是小麦低产地区的河南省遂平县卫星农业社放出小麦高产"卫星"，称亩产达到2105斤。[①]6月30日，《人民日报》报道了河北省安国县南娄底乡卓头村社小麦亩产5103斤的"卫星"。7月23日，《人民日报》发表河南省遂平县和平农业社"发射"亩产7320斤的"小麦高产卫星"。随后，《人民日报》于8月13日和9月18日陆续发布了湖北省麻城县麻溪河乡、福建省南安县胜利乡"发射"早稻和花生"高产卫星"，亩产分别达到36900斤和10000斤的消息，及广西壮族自治区环江县红旗人民公社"中稻高产卫星"亩产13万多斤的消息，对"大跃进"中的浮夸风起了推波助澜的作用。

《人民日报》以社论的方式大批所谓"条件论""悲观论""粮食增产有限论"，宣传"人有多大胆，地有多大产"，"地的产是人的胆决定了的"，"只怕想不到，不怕做不到"。[②]这些违反科学的宣传，助长了在农业生产和实际经济工作中的虚报浮夸风。

对农业估产过高又引发了高征购。粮食产量估计1958年约8200亿斤，故粮食征购量达1175亿斤，比上年960亿斤增长22.3%，而同期粮食实际产量只增长2.5%，粮食征购量占实际产量的比重由上年的24.6%增加到29.4%。农村粮食本已快要吃空，又要尽先外调，导致了农村口粮不足、瞒产私分，国家农产品收购任务难以完成，市场供应严重不足。

工业"大跃进"突出地表现在钢产量指标的不断提高和开展"大炼钢铁"运动。虽然经过"一五"计划的大规模建设，1957年中国钢产量达到了535万吨，但与世界发达国家相比，差距依然很大。1958年8月，中共中央政治局在北戴河召开扩大会议，决定1958年钢产量由原计划620万吨提高到1070万吨，即比1957年的535万吨增加1倍，号召全党和全国人民为在1958年生产1070万吨钢而奋斗。

到8月底，全国钢产量仅完成400万吨，要在剩下4个月内生产670万吨，是很难完成的。为了达到这个不切实际的高指标，北戴河会议提出由第一书记挂帅，大搞群众运动，全民办钢铁工业的方针。鉴于只靠正规的钢铁厂难以完成任务，会议要求各级党委广泛发动群众，大搞小高炉和土高炉，开展全民性的土法炼钢炼铁运动。这样，各级党委亲自领导，采取小高炉、土法上马、群众运动（简称"小土群"）等方式，掀起了全民大炼钢铁的热潮。在"以钢为纲，全面跃

[①] 参见《卫星社坐上了卫星 五亩小麦亩产2105斤，在过去亩产一百多斤的低产区创造了丰产新纪录》，《人民日报》1958年6月8日。

[②] 参见《今年夏季大丰收说明了什么？》，《人民日报》1958年7月23日。

进""一马当先，万马奔腾"的口号下，电力、煤炭、运输等行业也兴起"全民大办"热潮。全国参加大炼钢铁的人数猛增，9月全国参加大炼钢铁的人数猛增到5000万，建立了土高炉60多万座，到10月底，炼钢人数达到6000万。高指标逼出了瞎指挥，也逼出了浮夸风，各地竞相开展大放"高产卫星"活动。

1958年底，宣布钢产量为1108万吨，生铁产量为1369万吨，超额完成1958年钢产量翻一番的任务。但"以钢为纲，全面跃进"的做法，给国民经济的发展造成的损失是相当严重的。一是极大地浪费了人力、物力和财力。1958年用小高炉和土高炉炼铁，成本高得惊人。据后来统计，1958年仅炼铁补贴一项，国家财政支出就高达40亿元。二是基本建设规模和职工队伍急剧膨胀。1958年固定资产投资总额由1957年的151.23亿元猛增到279.06亿元，增长84.53%，积累率也由1957年的24.9%增加到33.9%，比"一五"时期猛增近10个百分点（"一五"时期积累率平均每年为24.2%）。职工人数在一年之内增加2000多万，加重了国家财政支出和商品粮供应负担。三是投入大产出少，国民经济大伤元气。据统计，1958年施工的限额以上项目达1639个，当年建成投产的项目仅28个，还包括上年结转的项目在内。同时，产品质量低劣，有的近乎无用，许多矿产资源和生态遭到破坏。四是全民炼钢，严重冲击和挤占了农业、轻工业生产。由于大炼钢铁和其他各种"大办"，农村劳动力被大量抽走，农业生产受到严重影响，致使农业丰产而没丰收，粮棉增长幅度低于原来估计。到1959年初，全国许多省份出现了严重的缺粮现象。

"大跃进"运动是在国际共产主义运动赶超浪潮下，中国共产党试图通过群众运动来实现经济高速增长的探索。但由于急于求成，过分强调人民群众的积极性，违背了客观的经济规律，尽管取得了一些建设成就，但造成了人力、物力和财力的巨大浪费，导致了国民经济的严重比例失调和严重困难。"大跃进"运动是在中国共产党领导全面的社会主义建设、探索自己的建设道路过程中遭受的一次严重挫折。

三、人民公社体制的建立

在"大跃进"运动中，全国农村人民公社化运动被当作向共产主义过渡的途径也急速展开。

农村人民公社化运动前，开展了"小社并大社"工作。这与1957年冬至1958年春全国水利建设高潮相关。大搞水利，不仅需要河流上下游所在社队的配合，更需要大量的人力、物力和财力。在高级社难以满足这种需要的情况下，开始通过成立大社来促进水利的兴修。鉴于此，成都会议通过了《中共中央关于把小型的农业合作社适当地合并为大社的意见》，推动了全国农村的并社工作。1958年2月、3月间，毛泽东在与陈伯达谈话时提及政社合一问题。他说："乡社合一，将来就是共产主义的雏形，什么都管，工农商学兵。"[①]4月底，刘少奇、周恩来等人赴广州向毛泽东汇报工作时，讨论半工半读、普及教育、公社、乌托邦、生活集体化、向共产主义过渡等问题，并把这些想法告诉了河南省委第一书记吴芝圃，希望进行"试验"。吴芝圃按照乡社合一、"工农商学"结合的思想办"大社"。[②]

1958年7月1日，陈伯达在《红旗》杂志第3期发表《全新的社会，全新的人》，传达毛泽东关于人民公社的设想："把一个合作社变成一个既有农业合作又有工业合作的基层单位，实际上是农业和工业相结合的人民公社。"在这里，不仅第一次公开提出"人民公社"名称，而且将其构想为农业与工业相结合的"基层单位"。7月16日，《红旗》杂志第4期发表陈伯达在北京大学的讲演稿《在毛泽东同志的旗帜下》，将毛泽东关于"公社"作为农村社会基层组织的构想正式公布："毛泽东同志说，我们的方向，应该逐步地有次序地把'工（工业）、农（农业）、商（交换）、学（文化教育）、兵（民兵，即全民武装）'，组成一个大公社，从而构成为我国社会的基本单位。"

1958年8月6日，毛泽东视察河南新乡县七里营人民公社时，看见挂着的"新乡县七里营人民公社"牌子，说："人民公社这个名字好！""包括工农兵学商，管理生产，管理生活，管理政权。""公社的特点，一曰大，二曰公。公社的内容，有了食堂，有了托儿所，自留地的尾巴割掉了，生产军事化了，分配制度变化了，一个小并大，一个私并公，乡社合一了。"[③]随后，"人民公社好"的口号立即传遍全国。8月29日，北戴河会议通过《中共中央关于在农村建立人民公社的决议》。《决议》提出："应该积极地运用人民公社的形式，摸索出一条过渡到共产主义的具体途径。"9月1日，《红旗》杂志发表《迎接人民公社化高潮》的社论。9月10日，《人民日报》发表《先把人民公社的架子搭起来》的社论。随后，人民公社化运动迅速在全国农村开展起来。到10月底，全国74万个农业社就改组合并成2.6万个公社，加入的农户占总数的99%以上，基本上实现了农村人民公社化。

人民公社的基本特点可以概括为"一大二公"。所谓"大"，一是规模大，人多地多，初期的人民公社平均规模为4797户，21万户以上的特大社全国有51个。

---

① 转引自薄一波：《若干重大决策与事件的回顾》下卷，人民出版社1997年版，第759页。
② 参见薄一波：《若干重大决策与事件的回顾》下卷，人民出版社1997年版，第756—758页。
③ 《毛泽东年谱（1949—1976）》第3卷，中央文献出版社2013年版，第403页。

二是经营范围大,农林牧副渔全面发展,工农商学兵五位一体。所谓"公",就是公有化程度高。人民公社成立初期实行单一的公社所有制,由公社统一核算、统一分配。社员的自留地、家禽家畜、果树及大型农具等收归集体所有,家庭副业、小商小贩以及集市贸易等也都被取消,废除了生产资料私有制。

人民公社成立后,取消了乡级政府,实行"政社合一"体制,超出了经济组织的范围,成为政治、经济、文化、军事的统一体,既负责全社农、林、牧、副、渔业生产,又作为一级政权组织管理工、农、商、学、兵等农村各方面的工作。人民公社划分为若干个生产大队,生产大队又划分为若干个生产队,实行三级管理。公社统管全社的生产安排、劳力调配、物资调拨、产品分配和经济核算,生产大队负责生产管理和部分经济核算,生产队则只是一个具体组织生产的基本单位。

人民公社实行供给制和工资制相结合的分配制度。供给制主要有粮食供给制、伙食供给制和生活基本资料供给制三种。其中,在伙食供给上实行吃饭不要钱。供给制被认为是具有共产主义因素,要求随着生产的发展逐步扩大实行的范围。为此,有些公社宣布对社员的生活实行"七包""十包",甚至"十五包""十六包"[①],即包下社员的衣食住行、生老病死、婚丧嫁娶、教育医疗等各种基本生活费用。这种分配制度过早地否定按劳分配,实行按需分配,超越了当时经济负担的可能,难以继续维持。

人民公社制度初创时带有浓厚的平均主义和军事共产主义色彩。人民公社强调"组织军事化、行动战斗化、生活集体化"。所谓组织军事化,就是公社的劳动组织应当像工厂、军队那样有组织有纪律;公社的各级生产组织中,建立相应的民兵组织,按团、营、排、班编制,实现全民皆兵。所谓行动战斗化,就是实行大兵团作战,搞打破社界、乡界、县界的大协作。所谓生活集体化,就是公社不仅是生产组织者,也是生活的组织者,普遍兴办公共食堂、幼儿园、托儿所、缝纫组、理发室、公共浴室、幸福院、农业中学、红专学校等,把农民引向集体化生活。到1958年10月底,全国农村建立公共食堂265万多个,在食堂吃饭的农民占农村总人口的70%—90%。

人民公社化运动是一次农村社会经济体制的重大变革运动。其实质就是企图在生产力不发达的基础上建立一个所谓普遍平等、平均、公平合理的社会。公社

---

① 以"十六包"为例,指在分配上实行供给制,衣、食、住、行、生、老、病、死、婚、育、学、乐、理发、洗澡、缝纫、电费都由公社包下来,公社因此负担很重。

无偿调拨生产资料的"一平二调""共产风",破坏了等价交换原则,严重侵犯了集体和群众的利益,挫伤了农民的生产积极性,给农村经济带来了非常严重的影响。受"大跃进"运动和人民公社化运动的共同影响,1959年全国农业总产值比上年下降13.6%,1960年又比1959年下降12.6%,城乡人民的生活遭遇极大的困难。正如邓小平指出的:"一九五八年'大跃进',一哄而起搞人民公社化,片面强调'一大二公',吃大锅饭,带来大灾难。"①

四、经济管理权的下放

1957年11月,针对"一五"时期权力过分集中暴露出的弊端所制定的三个国务院文件,即《关于改进工业管理体制的规定》《关于改进商业管理体制的规定》《关于改进财政管理体制的规定》,自1958年起施行,由此中央给了地方更多的权力。随着"大跃进"运动的开展,中央又陆续下放了计划管理、基本建设审批、招工及文教等方面的权力。

下放计划管理权,实行"以地区综合平衡为基础的、专业部门和地区相结合的计划管理制度"。1958年9月24日,国务院发布《关于改进计划管理体制的规定》,总的指导精神是要求统一计划、分级管理、加强协作、共同负责,强调扩大地方的管理权限,以充分发挥地方的积极性。

下放基本建设项目审批权和物资财务管理权力。1958年3月成都会议通过的《中共中央关于改进物资分配体制问题的意见》规定,各省、市、自治区在保证完成中央国营工厂生产任务的条件下,对国家经济委员会按计划统一分配给各中央国营工厂的物资,有权调剂其多余部分,以便平衡生产。7月,中央提出对地方基本建设投资实行包干制度。9月,中央规定,对于限额以上基本建设项目设计任务书采取中央和地方分工负责审批的办法。

下放财权、税收权和商业管理权。1958年起实施的《国务院关于改进财政管理体制的规定》,明确划定地方财政的收支范围,适当地扩大地方管理财政的权限,并且在保证国家重点建设的前提下增加地方的机动财力。②5月,国务院颁发《关于实行企业利润留成的几项规定》。12月20日,中共中央、国务院发出《关于适应人民公社化的形势,改进农村财政贸易管理体制的决定》,要求"农村财政贸易体制应当根据统一领导、分级管理的方针,实行机构下放、计划统一、财政

---

① 《邓小平文选》第3卷,人民出版社1993年版,第115页。
② 参见《国务院公布关于改进财政管理体制的规定》,《人民日报》1957年11月18日。

包干的办法,也就是实行'两放、三统、一包'①的办法"②。

在经济管理权下放的同时,开始将部分中央所属的企业交给地方管理。1958年4月11日,中共中央和国务院通过了《关于工业企业下放的几项决定》,要求国务院各主管工业部门,除一些主要的、特殊的以及"试验田"性质的企业仍归中央继续管理外,其余企业原则上一律下放。6月2日,中共中央颁布《关于企业、事业单位和技术力量下放的规定》。6月6日,中央正式批转了冶金、第一机械、化学、煤炭、水利电力、石油、建筑、纺织各工业部门关于企业下放问题的报告,要求6月15日以前完成全部下放企业的交接手续。到1958年6月15日,上述部门陆续下放了885个单位,中央各工业部所属企事业单位80%左右交给了地方管理。中央直属企业工业总产值占整个工业总产值的比重由1957年的39.7%降为1958年的13.8%。③ 同时,中共中央于6月29日同意劳动部的报告,将招收新职工的权限下放到省、市、自治区。

为了适应建设完整的工业体系以及企业下放后新的协作关系的需要,中共中央提出从组织上加强经济协作区。1958年6月1日,中共中央发出《关于加强协作区工作的决定》,正式把全国划分为东北、华北、华东、华中、华南、西南、西北七个协作区,要求各协作区尽快建立大型的工业骨干企业和经济中心,形成若干个具有比较完整的工业体系的经济区域。8月,北戴河会议通过了《中央关于经济协作的几项具体规定》,对国家计划的完成,各地区、各部门间的协作作了规定。成立经济协作区,本意是调动地方经济建设的积极性,改变权力过多地集中于中央的管理体制,更有利于地方大办工业,但由于这次变动时间仓促,带来了交接和管理上的混乱,而且造成地区分割、协作不便、宏观失控和效益低下等一系列新问题。协作区的建立还打乱了原来的部署,工业遍地开花分散了建设力量,妨碍了全国整体部署。

这次放权由于局限于单一公有制和计划经济的体制内,局限于中央与地方的分权,没有真正向企业放权培养独立的商品生产主体,更没有形成市场环境。再加上这次经济体制变革是在"大跃进"运动中大干快上的氛围中进行的,中央将部分权力下放给地方,发挥了地方的积极性,但盲目下放权力,任意废除规章制

---

① 所谓"两放"是下放人员,下放资产;所谓"三统"是统一政策,统一计划,统一流动资金的管理;所谓"一包"是包财政任务。
② 《中共中央国务院关于适应人民公社化的形势,改进农村财政贸易管理体制的决定》,《人民日报》1958年12月23日。
③ 参见周太和主编:《我国经济体制改革的历史经验》,人民出版社1983年版,第71页。

度，企业管理混乱，无政府主义泛滥，不仅严重影响了正常生产，也造成人员伤亡的恶性事故，使经济和社会发展出现严重混乱局面。正如1959年7月毛泽东所说："'四权'（指中共中央和国务院自1957年以来为改进财经工作的管理体制而下放的人、工、财、商四大管理权限）下放多了一些，快了一些，造成混乱，有些半无政府主义。"①

第二节　国民经济遭受严重破坏

"大跃进"运动和农村人民公社化运动，使得以高指标、瞎指挥、浮夸风和"共产风"为主要标志的错误严重地泛滥开来，国民经济遭受严重破坏。毛泽东和中共中央及时察觉了"大跃进"运动和农村人民公社化运动中存在的错误，并开始加以纠正。从1958年底到1959年7月中共中央政治局庐山会议前期，经济领域的纠"左"工作取得一定成效。但庐山会议后期，由对彭德怀的批判，进而在全党开展了"反右倾"斗争，中断了纠正"左"倾错误的进程，使经济建设中的"左"倾错误延续，造成了国民经济的严重困难。

一、"左"倾错误的初步纠正

毛泽东是较早觉察并开始纠正"左"倾错误的中央领导人。1958年11月2日，毛泽东主持召开了第一次郑州会议，对所有制急于过渡提出批评，指出中国现阶段仍然是社会主义，人民公社仍然是集体所有制，社会主义社会必须发展商品生产和商品交换。会议规定了要实行劳逸结合，既抓生产又抓生活的方针，对正在急剧膨胀的"左"倾错误起了一定程度的遏制作用。但对高指标、浮夸风问题，农村由集体所有制过渡到全民所有制、中国由社会主义社会过渡到共产主义社会这两个"过渡"的时间问题，人民公社内部的诸多问题，都还没有解决。11月21日，毛泽东在武昌主持召开中共中央政治局扩大会议，继续批评急于过渡的倾向以及着重讨论工农业生产上的高指标和浮夸风问题，对经济建设中的高指标有了一定压缩。在纠"左"方面，武昌会议比第一次郑州会议又前进了一步。

在第一次郑州会议和武昌会议的基础上，毛泽东于1958年11月28日在武昌主持召开中共八届六中全会。会议通过的《关于人民公社若干问题的决议（草

---

① 《毛泽东年谱（1949—1976）》第4卷，中央文献出版社2013年版，第86页。

案）》，针对急于向全民所有制和共产主义过渡、企图过早地取消商品生产和商品交换两个突出的倾向，批评了有些人企图过早地"进入共产主义"、过早地取消商品生产和商品交换的错误，着重阐述了几个重大政策和理论问题，但没有涉及人民公社所有制问题，仍然认定供给制"吃饭不要钱"是"共产主义因素"，公社食堂是"社会主义阵地"等。会议通过的《关于一九五九年国民经济计划的决议》，是一个压缩高指标的决议，但由于未能摆脱高估产的迷误，对高指标的压缩很不彻底。

1959年2月27日，毛泽东在停靠郑州的专列上主持召开了中共中央政治局扩大会议（即第二次郑州会议），对人民公社所有制问题进行初步整顿。会议作出了《关于人民公社管理体制的若干规定（草案）》，确定整顿人民公社的方针是："统一领导，队为基础；分级管理，权力下放；三级核算，各计盈亏；分配计划，由社决定；适当积累，合理调剂；物资劳动，等价交换；按劳分配，承认差别。"[①]会议提出纠正"一平二调三收款"的"共产风"，确定以生产队为基础，在公社内部实行等价交换原则，取消一县一社的体制等。这些是对原先设想的"一大二公"的大公社体制在一定程度上的调整。

按照统一部署，各省市自治区党委都召开六级干部会议，贯彻第二次郑州会议精神。毛泽东陆续收到一些省市自治区党委关于六级干部会议的情况报告，觉得基本核算单位究竟放在生产队还是生产大队这一重要问题需要解决。中共中央于1959年3月25日至4月1日在上海召开政治局扩大会议，经讨论形成《关于人民公社的十三个问题》的会议纪要。会议在所有制问题上，肯定了以生产队作为基本核算单位的同时，又承认了大体相当于初级社规模的生产小队的部分所有制。随后于4月2日召开的中共八届七中全会形成的《关于人民公社的十八个问题》，要求在公社化中平调生产队物资、劳力等项要算账退赔，这些政策的实施使"共产风"初步得到控制。

中共中央所采取的纠"左"措施，主要侧重于调整农村生产关系，而对工农业生产高指标问题并没有加以解决。尽管陈云在武昌会议上对1959年钢、煤、粮、棉四大指标保留意见，并随后向毛泽东表示这些指标难以完成，但不少人对降低指标有抵触。1959年初召开的第二次郑州会议和上海会议仍然维持武昌会议确定的指标。

1959年4月，二届全国人大一次会议通过的1959年的计划指标，仍然是高

[①]《建国以来重要文献选编》第12册，中央文献出版社1996年版，第123页。

指标。毛泽东便委托陈云进一步研究钢产量指标问题。陈云主持中央财经小组连续六次听取冶金部汇报。5月11日，陈云在中共中央政治局会议上建议，1959年钢产量指标降为1300万吨，钢材产量指标降为900万吨。5月15日，陈云就降低钢铁指标问题致信毛泽东："说把生产数字定得少一点（实际是可靠数字），会泄气，我看也不见得。"[①] 陈云的意见受到中共中央的重视并被采纳。

1959年6月13日，毛泽东主持召开中共中央政治局会议，决定将1959年的钢产量指标从1800万吨降为1300万吨，煤为33000万吨，粮为5500亿斤，棉为4620万担，并对基本建设项目作了大幅度压缩。

这样，从1958年11月第一次郑州会议到1959年7月庐山会议前期，经过9个月的努力，毛泽东和中共中央对"共产风"、浮夸风和高指标等错误作了初步纠正，但这是在坚持总路线、"大跃进"、人民公社的前提下进行的，并没有从根本上触动经济建设的急于求成思想；虽然改正了某些完全脱离现实可能性的高指标，而实际上仍然制定了一些偏高的指标；虽然批评了人民公社化运动中的平均主义，却仍然保留着较大规模的核算单位以及供给制、公共食堂等。

二、庐山会议后的继续"跃进"

1959年7月2日，中共中央在江西庐山召开政治局扩大会议，会议前期主要是继续纠"左"，毛泽东提出"大跃进"以来出现的19个问题，供会议讨论。他一方面指出了"大跃进"的主要缺点是没有搞好综合平衡等，另一方面继续坚持15年赶超英国的口号，肯定公共食堂和供给制，将经济形势概括为"有伟大成绩，有不少问题，前途是光明的"[②]。与会者对1958年以来的工作存在严重认识分歧，一些人要求继续纠"左"，另一些人则认为这是泼冷水，会使干部群众泄气，要求反对右倾保守。

7月14日，彭德怀给毛泽东写了一封长信，建议系统地总结1958年下半年以来的成绩和教训。[③] 彭德怀的信基本内容是正确的，但毛泽东对该信提出尖锐批评，认为这代表了党内外的右倾势力对"总路线"的猖狂进攻。8月2日，中共八届八中全会在庐山召开，进一步批判彭德怀的右倾错误。8月16日，全会通过决议，认定彭德怀、黄克诚、张闻天、周小舟组成"右倾机会主义反党集团"，犯了

---

① 《陈云文选》第3卷，人民出版社1995年版，第139页。
② 《毛泽东年谱（1949—1976）》第4卷，中央文献出版社2013年版，第86—87页。
③ 参见《彭德怀自述》，人民出版社1981年版，第284—285页。

"具有反党、反人民、反社会主义性质的右倾机会主义路线的错误"[1]。

庐山会议由纠"左"转向反右的根本原因,是毛泽东认为总路线、"大跃进"和人民公社本身是正确的,问题是具体执行中的问题,不是指导思想上的失误,并认为经过9个月的纠"左"已经得到解决了,过高的指标已经被压低,"右倾"是主要问题。庐山会议后,全党开展了历时半年的"反右倾"斗争,打断了1958年11月第一次郑州会议以来经济工作中的纠"左"进程,使"大跃进"运动和人民公社化运动中许多已经暴露出来的"左"倾错误重新发展起来。

中共八届八中全会虽然不得不调低二届全国人大一次会议批准公布的1959年各项主要计划指标,但与1958年的生产实绩相比,调整后的指标仍然过高。随着"反右倾"斗争的进行,许多原本降低的生产指标又不断加码,新上了230个限额以上基本建设项目。1959年10月25日召开的第八次全国计划会议,制定了超出实际的1960年计划高指标。到1959年底,经过层层加码,全国基本建设实际施工的限额以上项目达到1361个,投资总额高达349.7亿元,占国民收入的44%,比基建规模急剧膨胀的1958年还多80.7亿元,增长30.1%,积累率由上年的33.9%猛升至43.9%,达到了新中国成立以来的最高水平。1960年初,在上海召开的中共中央政治局扩大会议通过了国家计委报送的1960年国民经济计划草案,提出了脱离实际的继续"跃进"计划。1月30日,中共中央批转国家计委的报告,要求各地区和各部门照此安排工作。4月14日,中共中央批准了冶金部提出的1960年钢产量指标"三本账"的计划和铁道部、煤炭部、冶金部关于实现这个计划的联合报告。钢产量指标的第一本账1840万吨、第二本账2040万吨、第三本账2200万吨,生铁的产量指标则提高到3300万吨。5月30日,中央又批准国家计委、国家经委和国家建委关于1960年工业生产、交通运输、基本建设第二本账的报告,决定把第二本账作为必须确保完成和超额完成的第一本账,要求各地区和各部门组织执行。

钢产量的一再加码,使得本来就困难重重的工业生产计划难以为继。为了"让钢铁元帅升帐",全国再次掀起了保钢、保煤、保运输的"跃进"高潮。由1958年的"小土群"发展而来的"小洋群"[2],被认为是实现钢铁生产"大跃进"的有效途径,要求全国各地举办。据统计,1960年,21个省、市、自治区的1820多万名职工中"小洋群"职工多达686.6万人。到1960年底,钢产量达1866万

---

[1] 参见《中国共产党八届八中全会关于以彭德怀为首的反党集团的决议(摘要)》(1959年8月16日),《人民日报》1967年8月16日。
[2] "小洋群",当时指小型企业、现代化生产方法、群众路线。

吨，但轻工业产值从上年的 616 亿元降至 547 亿元，农业比上年下降了 12.6%。工业上的继续"跃进"使本来就元气大伤的国民经济雪上加霜。

最严重的问题还是出在农业上。1959 年是新中国成立以来的重灾之年，受灾面积达 4463 万公顷，成灾面积达 1373 万公顷，占全国耕地面积 1/8。严峻的现实本应降低原定的生产指标，但中共中央仍提出"实现大跃进"。对此，全国农村出现了严重的蛮干、虚报、浮夸现象。年底国家统计局公布的农业生产实现了"大跃进"的数字严重失实。实际上，1959 年农业总产值比上年下降 13.6%，是新中国成立以来降幅最大的年份。但在高估产的基础上，国家又进行了高征购，1959 年全国粮食征购量和出口量达到新中国成立以来最高的 674 亿公斤和 41.6 亿公斤，1960 年仍高达 510.5 亿公斤和 26.5 亿公斤，出口量与丰收的 1958 年相等。这样，产量剧减，征购激增，于 1959 年底至 1960 年底达到了农村缺粮危机的高峰，使广大农民的生活陷入困境。

同时，农村人民公社加快"过渡"，再度刮起了"共产风"。中共中央于 1959 年 10 月召开全国农业书记会议，讨论了如何发展社有经济问题，并对人民公社如何由队有制过渡到社有制作出了若干规定。对此，为了达到社有经济在公社工农业总产值中占绝对优势的过渡条件，各地纷纷大办社有工业、养猪场、农场、水利交通等，无偿地从大队、生产队抽调劳力、资金，对刚刚有所恢复的农村经济造成新的破坏。1960 年春，中共中央先后批转贵州省委《关于目前农村公共食堂情况的报告》及毛泽东的批语，指出："为了巩固人民公社必须办好食堂。"[①] 全国农村重新大办公共食堂，许多省区参加食堂的农村人口占人口总数的 90% 以上。为了巩固食堂，有些地方还收回 1959 年上半年交给社员的自留地，把口粮分配到食堂，统一使用，给群众生活造成很大影响，严重挫伤了广大农民的生产积极性。

三、国民经济的严重困难

受"大跃进"运动和人民公社化运动的影响，加上自然灾害和苏联政府撕毁合同等因素，中国经济在 1959 年至 1961 年遭受破坏，"国民收入损失了一千二百亿元"[②]，出现了严重困难。

国民经济若干重大结构严重失衡。1958 年至 1960 年，国家财政收入分别为 379.62 亿元、487.12 亿元、572.29 亿元，财政总支出分别为 400.36 亿元、543.17

---

① 《中共中央文件选集（1949 年 10 月—1966 年 5 月）》第 33 册，人民出版社 2013 年版，第 178 页。
② 《三中全会以来重要文献选编》（上），人民出版社 1982 年版，第 290 页。

亿元、643.68亿元，财政赤字分别为20.74亿元、56.05亿元、71.39亿元，三年赤字共计148.18亿元。同期，基本建设投资逐年加大，投资总额达886.17亿元，比"一五"时期的总和506.44亿元还多75%。三年间的积累率分别高达33.9%、43.9%、39.6%，超出了当时的国力。按当年价格计算，1957年至1960年，工业国内生产总值由270亿元增至568.2亿元，而第一产业却由433.9亿元下降到343.8亿元，1960年与1957年相比，第一产业占国内生产总值的比重由40.6%下降到23.6%，第二产业（工业和建筑业）则由29.6%猛增到44.5%。1958年至1960年，着重发展钢铁及其相关的煤炭、电力、机械等部门，轻工业受到挤压，轻重工业产值比例由"一五"时期的3∶2变为1∶2。

农业和轻工业生产大幅度下降。粮食极度缺乏，出现了寅吃卯粮的情况。1959年核实的粮食产量只有16968万吨，比1958年实际产量19765万吨减少2797万吨。1960年粮食产量14384.5万吨，比1959年减少2583.5万吨，下降15.2%。1959年经核实的棉花产量为170.9万吨，1960年棉花产量为106.3万吨，比1959年减少64.6万吨，下降37.8%。油料产量为194.1万吨，减少216.3万吨，下降52.7%。粮、棉的产量降到1951年的水平，油料产量甚至比1949年还低。棉纱、布、食糖等主要轻工业品的产量则下降了28%—60%。由于粮食供应紧张，口粮挤饲料，粮食挤经济作物，导致经济作物生产急剧下滑。

商品奇缺，通货膨胀，人民消费水平大幅度下降。1960年，居民消费水平比1959年下降了13.6%；粮食消费量由373斤降到327斤，下降了12.3%；食油消费量由4.5斤下降到3.7斤，下降了18%；猪肉消费量由6斤下降到3.1斤，下降了48%。① 棉布、服装、鞋帽、烟酒糖茶、牙膏、肥皂、纸张、电池、灯泡等都降低到了新中国成立以来的最低供应点。粮食等食物短缺问题日趋严重，严重影响人民群众的健康，城乡普遍发生浮肿病，患肝炎和妇女病人数较多，出现大量的人口非正常死亡现象，人口呈现低出生率、高死亡率态势。②

第三节　国民经济的调整

为了摆脱国民经济日益严重的困难，中共中央从1961年开始对国民经济进行

---

① 参见《中华人民共和国国民经济和社会发展计划大事辑要》，红旗出版社1987年版，第163页。
② 参见《当代中国的人口》，中国社会科学出版社1988年版，第74页。

调整，实施"调整、巩固、充实、提高"的八字方针，采取一系列有效措施，国民经济逐步复苏。

一、"八字方针"的初步实施及农村政策的调整

从1960年下半年起，中国共产党和政府开始采取调整措施，并对"左"倾错误作了一次比较集中的清理。9月30日，中共中央批转了经周恩来审定的国家计划委员会党组《关于1961年国民经济计划控制数字的报告》，正式提出调整国民经济的"八字方针"，即1961年，"把农业放在首要地位，使各项生产、建设事业在发展中得到调整、巩固、充实和提高"①。11月召开的全国计划会议传达了中共中央关于实行"八字方针"的决定。1961年1月，中共八届九中全会通过了李富春作的《关于安排一九六一年国民经济计划的意见》报告，进一步明确了"调整、巩固、充实、提高"的方针。

"八字方针"的基本内容是：调整国民经济各部门的比例关系，主要是农轻重、工业内部、生产与基建、积累与消费等比例关系；巩固已经取得的经济建设成果；充实那些以工业品为原料的轻工业和手工业品的生产，发展塑料、化纤等新兴工业；提高产品质量，改善企业管理，提高劳动生产率。"八字方针"的中心是调整。中共八届九中全会的召开，标志着中国经济指导方针发生了重要转变，表明国民经济建设由"大跃进"转入调整阶段。

国民经济调整首先是调整农村政策和加强农业这个基础。1960年11月3日，中共中央发出《关于农村人民公社当前政策问题的紧急指示信》，要求全党用最大的努力纠正"共产风"，并制定12条重大政策，重申"三级所有，队为基础，是现阶段人民公社的根本制度"；坚决反对和彻底纠正"一平二调"的错误；加强生产队的基本所有制；坚持生产小队的小部分所有制；允许社员经营少量自留地和小规模的家庭副业；坚持各尽所能、按劳分配原则等。② 同日，中共中央又发出《关于贯彻执行紧急指示信的指示》，强调"使全体干部深刻认识一平二调的'共产风'破坏农业生产力的严重性，不认真执行党的政策所造成的危害"。要"彻底清理一平二调，坚决退赔"。③ 12月，中共中央工作会议总结了农村整风整社试点

---

① 《中共中央文件选集（1949年10月—1966年5月）》第35册，人民出版社2013年版，第157页。
② 参见《1958—1965中华人民共和国经济档案资料选编·农业卷》，中国财政经济出版社2011年版，第96—99页。
③ 参见《中共中央文件选集（1949年10月—1966年5月）》第35册，人民出版社2013年版，第358、360页。

经验和纠正"五风"问题。毛泽东号召大兴调查研究之风、恢复实事求是的作风，要求1961年成为实事求是年、调查研究年。随后，毛泽东组织调查组先后到浙江、湖南、广东等省进行调查，发现了农村人民公社中存在许多问题。1961年3月，毛泽东在广州中央工作会议上主持起草了《农村人民公社工作条例（草案）》（简称"农业六十条"），明确规定：人民公社各级的规模都不宜过大，以避免在分配上把经济水平相差过大的生产队拉平，避免队与队之间的平均主义。以生产大队所有制为基础的三级集体所有制，是现阶段人民公社的基本制度。在一切有条件的地方，生产队应该积极办好公共食堂。中共中央要求将该条例草案发给全国各地讨论，征求修改意见。

1961年5月，中共中央在北京召开工作会议，对"农业六十条"草案进行修改，形成《农村人民公社工作条例（修正草案）》。修改后的条例取消了供给制，并规定："在生产队办不办食堂，完全由社员讨论决定。"该修正条例对人民公社体制进行了重大调整，纠正了"大跃进"时期存在的平均主义错误，在一定程度上调动了农民的积极性，促进了农业生产的快速恢复。

在贯彻"农业六十条"过程中，国家对农业政策作了适当调整，在人力、物力和财力上加强对农业的支持。（1）坚决实行退赔政策。中共中央于1961年6月19日发出《关于坚决纠正平调错误、彻底退赔的规定》，下决心退赔人民公社化运动中地区之间、单位之间无偿平调农民资产，要求对人民公社化运动以来"平调"社队和社员个人的各种财物和劳力进行认真清理，坚决退赔，先后共向农民退赔了250亿元。（2）提高粮食等农副产品的收购价格。（3）精减城镇、机关和社队企业人员，充实农业第一线。到1961年春，因精减人员使农业生产第一线的劳动力增加2913万人，农村劳动力占农村人口总数的比重增加到39%。（4）加强各行各业支援农业，不仅增拨钢材、木材、毛竹、桐油等物资，而且增加化肥、农药等生产资料的供应量。①

二、国民经济的全面调整

"八字方针"提出后的一段时间内，国民经济调整的成效不大。根本原因是各级领导干部对经济形势的看法存在严重分歧，有人还在主张继续"跃进"。1962年初，中共中央在北京举行扩大的工作会议（简称"七千人大会"）。刘少奇代表

---

① 参见柳随年、吴群敢主编：《"大跃进"和调整时期的国民经济（1958—1965）》，黑龙江人民出版社1984年版，第86—91页。

中共中央初步总结了1958年以来经济建设的基本经验教训，认为经济困难的原因除了由于自然灾害造成农业歉收外，在很大程度上是由于工作中的缺点错误引起的。这些缺点和错误主要有：工农业生产指标过高，基本建设战线过长，国民经济比例失调；农村人民公社推广过急，犯了刮"共产风"和平均主义的错误；在全国追求建立许多完整的工业体系，权力大规模下放犯了分散主义错误；不适当地大量增加了城市人口。报告指出，全党当前的主要任务是踏踏实实地、干劲十足地做好调整工作。

1962年2月，刘少奇在中南海西楼主持召开中共中央政治局常委扩大会议（简称"西楼会议"），进一步讨论了经济形势和如何调整问题。陈云作了题为《目前财政经济的情况和克服困难的若干办法》的长篇讲话，提出了克服困难的六点意见。① 随后，中央决定由陈云出任财经领导小组组长，统一领导国民经济调整工作。

1962年5月，中共中央在北京召开工作会议，作出了全面贯彻执行"八字方针"，进一步对国民经济进行大幅度调整的重大决策，要求切实按照农、轻、重次序对国民经济进行综合平衡。会议进一步统一了思想认识，确定了进一步调整1962年计划的各项指标，并提出了全党着重抓好的两项中心工作：一是精减职工和城市人口，二是从人力、物力、财力等方面切实加强农业。5月26日，中央财经领导小组根据这次会议精神修改的《关于讨论一九六二年调整计划的报告》，经毛泽东批准颁发全国贯彻执行。根据中央工作会议、西楼会议和国务院扩大会议的精神，在经济调整上采取了一系列措施。

第一，大力压缩基本建设战线。在1961年基本建设总额129亿元，即比1960年国家计划内投资345亿元减少216亿元的基础上，1962年又压缩到46亿元。1961年正式施工的大中型项目为771个（不包括国防工业项目），少量施工（包括收尾、维持和筹建三类）的项目325个，共为1096个，比1960年施工的1835个项目减少739个。② 压缩基本建设总规模后，不仅对在建工程进行排队，坚决停建、缓建一批项目，而且合理使用有限的建设资金，妥善安排基建与施工计划。1962年，全国施工的基建项目为2.5万多个，其中大中型项目为1003个。与1961年比，全部施工项目压缩1万多个，其中大中型项目减少406个。对于确定继续施工的建设项目，在投资方向上进行合理调整，提高投资比重的主要有农业、

---

① 参见《陈云文选》第3卷，人民出版社1995年版，第200—205页。
② 参见《中共中央文件选集（1949年10月—1966年5月）》第39册，人民出版社2013年版，第403—404页。

支援农业,满足市场和出口需要的工业、原材料和燃料工业,以及其他工业交通中急需"填平补齐"的配套工程项目。

第二,降低工业生产发展速度,改善工业生产内部结构。与1960年实绩比较,1962年工业总产值下降了47%,重工业总产值下降了57%,钢产量下降了68%,原煤、木材和发电量等短线产品产量因采掘、采育比例失调的影响也大幅度下降。因经济作物严重减产,棉纱、棉布、卷烟、食糖等轻工业产品产量大量降低,轻工业总产值下降26%。中央决心"拆架子""收摊子",不怕"伤筋动骨",大刀阔斧地对工业企业进行关、停、并、转。到1962年10月,全国县以上的工业企业减少1.9万个,加上1961年已经减少的,共减少了4.4万个。多数地区保留下来的企业数量和职工人数相当于1957年的水平。工业企业的关、停、并、转,既是为了解决暂时的任务不足、人员和设备过剩问题,同时也是工业内部结构的重大调整。

第三,继续大力精减职工和压缩城镇人口。1961年5月的中央工作会议规定:三年内减少城镇人口2000万以上,1961年减少1000万。1962年5月,中央决定1962年、1963两年内继续减少职工1000万以上,减少城镇人口2000万。从1961年到1963年6月,全国共精减职工2887万,减少城镇人口2600万。到1963年底,精减职工人数达到2940万。而同期新安排大中专毕业生就业,实际净减职工1751万,其中工业部门精减职工1025万。精减城镇人口,不仅增强了农业生产第一线的劳动力,减少了国家商品粮供应和工资开支的压力,而且配合了基本建设战线的压缩和工交企业的关、停、并、转。

第四,进一步调整农村政策,从各方面支援农业。1962年2月,中共中央发出《关于改变农村人民公社基本核算单位问题的指示》,决定将基本核算单位由生产大队下降到生产队,"实行以生产队为基础的三级集体所有制,将不是短期内的事情,而是在一个长时期内,例如至少三十年,实行的根本制度"①。把农村人民公社的三级所有制退到以生产队为基础,解决了生产队之间的平均主义的问题,这是一个关键性的改变。中共八届十中全会通过的《农村人民公社工作条例(修正草案)》,再次强调了以生产队为基本核算单位的政策,调动了农民的生产积极性。工业部门停止从农村招收工人,并通过大力精减职工、城镇人口,以充实农业生产第一线;努力改进工业基本建设工程项目的设计,缩小土地占用面积,少

---

① 《中共中央文件选集(1949年10月—1966年5月)》第39册,人民出版社2013年版,第66页。

占耕地特别是少占好地，以保证耕地面积。

第五，安排人民生活，保障市场供给。1961年9月，中共中央决定减少粮食征购量，适当压缩城市粮食销量，同时进口部分粮食以弥补国内供应的不足。压缩城市粮食销量的主要办法，除了减少城镇人口、节约工业用粮外，主要是适当减少城市口粮，从1960年9月14日起，每人每月口粮平均减少2斤。棉布生产在适当压缩棉布出口量和工业用棉、用布并动用一部分库存后，全国人均棉布水平1962年达10.6尺，比上年增加了2.5尺。从1962年起，部分供应仍较紧张的商品在全国130多个大中城市中实行凭券购买办法。为了活跃经济、调剂人民生活，除了继续扩大高价商品、高价饭店的经营，还开放了集市贸易管理，搞活了商品流通，以补充城市供应。

1963年9月，中共中央召开工作会议，对经济形势作了分析。会议认为，1963年国民经济出现了全面好转的局面，但仍然存在不少问题。鉴于此，会议确定，从1963年起再用三年时间继续进行调整、巩固、充实、提高工作，作为今后发展的过渡阶段。过渡阶段工作的主要目标是：农业生产达到或超过1957年水平，工业生产水平在1957年基础上提高50%左右，国民经济各部门的主要比例关系应力争在新的基础上取得基本协调，国民经济各部门的经营管理工作走上正常轨道。

从1963年开始的三年继续调整阶段，工业部门除了继续加强支农工业外，还加快发展轻工业生产，使轻工业产值逐年增加，1963年为404亿元，1964年为476亿元，1965年达到703亿元。此外，各部门还着力于国民经济"充实、提高"方面的工作，不仅加强设备修理和生产能力配套，而且努力提高产品质量和增加产品品种。国务院发布施行《发明奖励条例》和《技术改进奖励条例》，以奖励科技发明和技术改进。为了配合经济调整目标的实现，积极引进国外新技术。1963年至1966年，中国先后与日本、美国、法国等国签订了80多项工程的合同，用汇2.8亿美元；还从东欧各国引进成套设备和单项设备，用汇2200万美元。两者合计3亿多美元，其中成套设备50多项，用汇2.8亿美元，占用汇总额的91%。

三、加强经济管理和组织制度新探索

随着"八字方针"的提出，中共中央面对经济管理权下放造成的经济领域混乱的局面，提出了"全国一盘棋"思想，逐步强化集中统一管理，收回下放过头的经济管理权。中共中央将地方权力上收是从国有企业和政府部门的权力转移开始的。1961年1月，在这种权力从企业和政府转向党委、党组的基础上，中共八届九中全会决定恢复于 1954 年被撤销的东北、西北、西南、中南、华北、华东六个大的中央局,以加强对这些地区各项工作的集中领导。

1961 年 1 月 15 日,中共中央批转财政部党组《关于改进财政体制、加强财政管理的报告》时强调:财政大权集中于中央、大区和省、市、自治区三级,认真实行"全国一盘棋",坚决纠正财权过于分散的现象。[①]20 日,中共中央作出《关于调整管理体制的若干暂行规定》,内容涉及财政预算、货币发行、生产基建等方面,重点是强调集中统一,经济管理大权应集中到中央、中央局和省(市、自治区),以克服经济困难。

为了贯彻"调整、巩固、充实、提高"的方针,恢复和发展国民经济,特别是工业经济,客观上要求改变工业管理体制。1961 年 7 月,在广泛调查研究的基础上,经过讨论、修改,形成《国营工业企业管理工作条例(草案)》(简称"工业七十条")。8 月,中共中央在庐山召开中央工作会议,通过了"工业七十条"和《关于当前工业问题的指示》。国家计委对中共八届九中全会所定的计划指标作了较大调整。9 月 15 日,中共中央发出《关于当前工业问题的指示》,对调整、管理、生产等作出相应规定。

《国营工业企业管理工作条例(草案)》于 1961 年 9 月 16 日发布试行。《条例(草案)》系统总结了"大跃进"以来工业管理工作的经验教训,纠正了"大跃进"废除管理制度的错误,提出了国营企业管理的一些指导原则,并作出许多具体规定。加之中共中央于 6 月发出的《关于改进商业工作的若干规定(试行草案)》(简称"商业四十条")和《关于城乡手工业若干政策问题的规定(试行草案)》(简称"手工业三十五条")等,使得在"大跃进"中被打乱的生产、流通等领域的秩序得以渐渐恢复。

1962 年 1 月七千人大会后,中共中央采取更强有力的措施加强集中统一管理。首先,上收了一批下放不当的中央企业。1961 年至 1965 年,上收轻工企业 308 个。其次,加强了计划和基本建设的集中统一管理。中央收回基本建设项目审批权,收回投资计划管理权,严格基本建设程序和加强对基本建设拨款的监督。中共中央颁布一系列文件,明确了基本建设程序和审批权限。最后,中央加强了对财政、信贷、物资流通、劳动工资等方面的集中统一管理。

总之,1961 年后中央重新上收 1958 年下放到各级地方手中的权力,通过对

---

① 参见《中共中央文件选集(1949 年 10 月—1966 年 5 月)》第 36 册,人民出版社 2013 年版,第 78 页。

地方经济计划权、财政管理权、基本建设审批权、物资管理权、招工权等的上收,有效遏制了"大跃进"以来全国经济发展过程中的严重混乱局面,重新构建高度集中的中央管理体制。

在调整国民经济过程中,对生产经营组织方式进行创新,国家组织试办托拉斯,安徽和四川等地农村出现了包产到户。

为了生产自救,安徽少数农民自发搞起了在计划、分配、大农活、用水、抗灾方面实行统一管理(即"五统一")下的"责任田",实际上是包产到户的形式。1961年春,安徽省委对包产到户加以支持和引导,并将这种形式定名为"包产到队、定产到田、责任到人"的责任制。实行"责任田"能够大幅度增产,提高农民的生产积极性,故很快在全省推广开来。

对于实行包产到户,中共党内从一开始就有不同看法。1961年3月,安徽省委第一书记曾希圣在广州召开的中央工作会议上,就实行"责任田"的问题在华东小组作了发言,引起不同看法。3月15日,曾希圣向毛泽东详细汇报了安徽试行"责任田"的由来、主要好处和可能出现的问题以及解决问题的办法。毛泽东明确答复:"你们试验嘛!搞坏了检讨就是了,如果搞好了,能增产十亿斤粮食,那就是件大事。"[①]7月8日,毛泽东到南方视察途经蚌埠时,曾希圣向毛泽东汇报安徽试行"责任田"的情况。毛泽东表示:"你们认为没有毛病就可以普遍推广。"又说:"如果责任田确有好处,可以多搞一点。"[②]这样,到8月中旬,安徽全省实行包产到户责任制的生产队猛增到占全省总数的70.8%,到年底达90.1%。据估计,当时全国实行包产到户的生产队约占总数的20%。

虽然这次包产到户取得了比较好的成绩,但毛泽东仅将其作为度过经济困难的权宜之计,并没有向全国推广之意。包产到户虽然在原则上坚持了主要生产资料集体所有和"五统一",是集体经济的一种经营方式和经营层次,但它突破了"农业六十条"确定的以生产队为基本核算单位的规定。正因为如此,毛泽东明确表示,农村以生产队为基本核算单位以后不能再退了,这是最后的政策界限,"责任田"这类办法没有必要再试行下去。1962年3月,曾希圣在安徽搞的"责任田"被宣布犯了"方向性"错误,安徽省委和曾希圣不得不进行检讨,承认"这个办法是迎合农民资本主义自发倾向的办法"[③]。

毛泽东在1961年8月北戴河召开的中共中央工作会议和9月召开的八届十中

---

① 《毛泽东年谱(1949—1976)》第4卷,中央文献出版社2013年版,第558页。
② 《毛泽东年谱(1949—1976)》第5卷,中央文献出版社2013年版,第3页。
③ 黄道霞主编:《建国以来农业合作化史料汇编》,中共党史出版社1992年版,第698页。

全会上，强调阶级斗争和资本主义复辟的危险性，在批判"单干风"时，指名批评曾希圣是"代表富裕中农利益"，根本否定了包产到户的做法。会后，包产到户受到越来越严厉的批判，被迫夭折。

试办托拉斯是国民经济调整时期经济体制改革探索的举措之一。托拉斯是社会化大生产的一种集团化的有效的组织形式和资源配置形式，它首先出现在发达的资本主义国家。列宁在苏联社会主义经济建设中曾重视这种企业组织形式。1960年春，中共中央在讨论"二五"计划后三年规划时，毛泽东、刘少奇等人主张"用经济办法管理经济"，试图采用托拉斯来解决工业、交通领域存在的问题。3月，毛泽东在天津召开的政治局扩大会议上指出："资产阶级发明这个托拉斯，是一个进步的方法。"[1]随着国民经济形势的好转，中共中央决定着手改革工业管理体制。1963年9月，中共中央指出："可以考虑利用像托拉斯这一类生产、交换和科学试验的综合性的组织形式，来为社会主义服务。这是用经济办法管理工业企业的一种组织形式。"[2]次年初，刘少奇重申了组建托拉斯、改善工业管理的意见，并得到毛泽东的肯定。

1964年6月，中共国家经委党组草拟出试办托拉斯的初步方案，即《关于试办工业、交通托拉斯的意见报告（草稿）》。8月17日，中共中央和国务院批转该报告。由此，试办托拉斯的工作由酝酿规划阶段转入正式的试办阶段。第一批获准试办的12个托拉斯中，全国性的9个，地区性的3个。托拉斯与过去政府管理工业的不同点在于：改变了过去由各级、各部门多头领导的办法，实行了由托拉斯一个头统一领导的办法；改变了过去以厂矿为单位的独立核算、分散经营的办法，实行了以托拉斯为单位的集中经营，把全行业联合成为一个统一的经济组织；过去的部、厅、局是行政管理机构，现在的托拉斯变成了经营管理单位。[3]这些特点表明，试办托拉斯不仅仅是上收部分企业及生产结构的局部改组，而且是涉及社会主义经济管理体制的改革。

但试办的托拉斯与原有的经济管理体制产生了矛盾。它在运行中遇到的问题，主要是全国性的托拉斯与地方的矛盾、托拉斯内部集中统一经营与所属企业分级管理的矛盾及托拉斯同原有经济管理体制的矛盾。1965年5月10日至6月7日，中共国家经委党组在北京召开了托拉斯试点工作座谈会，着重讨论了试办托拉斯

---

[1] 《毛泽东年谱（1949—1976）》第4卷，中央文献出版社2013年版，第363页。
[2] 转引自薄一波：《若干重大决策与事件的回顾》下卷，人民出版社1997年版，第1210页。
[3] 参见《1958—1965中华人民共和国经济档案资料选编·工业卷》，中国财政经济出版社2011年版，第258页。

以来出现的新情况和新问题。刘少奇、邓小平听取了经委党组的汇报并指示搞一个托拉斯章程。正当中共中央决定以此为契机，逐步改变经济管理权力过分集中的经济体制时，"文化大革命"爆发，试办托拉斯的工作受到干扰。到 1966 年下半年，试办托拉斯的探索工作被迫中断。

总之，中国人民在中国共产党和政府的领导下，经过 5 年的艰苦努力，国民经济调整取得了成功。1964 年 12 月，周恩来在三届全国人大一次会议上所作的政府工作报告中宣布：现在，"调整国民经济的任务已经基本完成，工农业生产已经全面高涨，整个国民经济已经全面好转，并且将要进入一个新的发展时期"[①]。调整后，不仅工农业结构得到改善，农业内部结构也有较大改善，积累与消费的比例趋于正常，工业体系建设和技术水平都取得较大进步，人民群众生活水平有了明显改善。

四、"四个现代化"战略目标的确立

国民经济调整任务基本完成后，中共中央及时提出了实现"四个现代化"的战略目标。

"四个现代化"战略目标是从 20 世纪 50 年代中期开始酝酿的。1954 年 9 月，周恩来在一届全国人大一次会议上所作的政府工作报告明确指出："我国的经济原来是很落后的。如果我们不建设起强大的现代化的工业、现代化的农业、现代化的交通运输业和现代化的国防，我们就不能摆脱落后和贫困，我们的革命就不能达到目的。"[②] 这是"四个现代化"的最早提法。

1959 年冬，毛泽东研读苏联《政治经济学教科书》后提出："建设社会主义，原来要求是工业现代化，农业现代化，科学文化现代化，现在要加上国防现代化。"[③] 这是毛泽东第一次完整地提出"四个现代化"思想。1962 年 1 月，刘少奇在扩大的中央工作会议上代表中共中央正式向全党提出："我国将能够奠定工业现代化、农业现代化、科学技术现代化和国防现代化的巩固基础，使我国的经济建设和国防建设切实地建立在自力更生的基础上。我们必须依靠全党和全国人民的努力，来实现这个伟大的目标。"[④] 同年 9 月，鉴于毛泽东在中共八届十中全会上明确提出"以农业为基础，以工业为先导"的思想，在此后"四个现代化"的提法中，

[①]《建国以来重要文献选编》第 19 册，中央文献出版社 1998 年版，第 456 页。
[②]《周恩来选集》下卷，人民出版社 1984 年版，第 132 页。
[③]《毛泽东文集》第 8 卷，人民出版社 1999 年版，第 116 页。
[④]《刘少奇选集》下卷，人民出版社 1985 年版，第 370 页。

便把农业现代化放在工业现代化的前面。

周恩来在社会主义建设的实践中深刻地体会到，科学技术是关系到国防、经济和文化各方面的决定性的因素，于是，他把科学文化现代化的提法改为科学技术现代化，使"四个现代化"的表述更加准确。1963年1月，周恩来在上海市科学技术工作会议上的讲话中，强调科学技术对实现"四个现代化"的重要作用："我国过去的科学基础很差。我们要实现农业现代化、工业现代化、国防现代化和科学技术现代化，把我们祖国建设成为一个社会主义强国，关键在于实现科学技术的现代化。"①

1963年9月，中共中央在北京举行会议，提出了在完成过渡阶段任务后国民经济分两步走的长远设想：第一步，建立一个独立的、比较完整的工业体系和国民经济体系，使中国工业大体接近世界先进水平；第二步，使中国工业走在世界前列，全面实现农业、工业、国防和科学技术的现代化。1964年12月，毛泽东又对周恩来准备在第三届全国人民代表大会上所作的政府工作报告稿作了修改，把"在较短的历史时期内"改为"在不太长的历史时期内"实现"四个现代化"。他还写了这样一段话："我们不能走世界各国技术发展的老路，跟在别人后面一步一步地爬行。我们必须打破常规，尽量采用先进技术，在一个不太长的历史时期内，把我国建设成为一个社会主义的现代化的强国。"②

1964年12月21日，周恩来在三届全国人大一次会议上，根据毛泽东的提议，向全国人民宣布了实现"四个现代化"的宏伟任务："今后发展国民经济的主要任务，总的说来，就是要在不太长的历史时期内，把我国建设成为一个具有现代农业、现代工业、现代国防和现代科学技术的社会主义强国，赶上和超过世界先进水平。"③这样，以毛泽东为代表的中国共产党人正式确立了实现"四个现代化"的战略目标。不久开始的"文化大革命"冲击了"四个现代化"战略的实施。

第四节 经济建设的进展和对经济规律认识的深化

1958年至1965年，中国共产党领导全国人民进行的经济建设，尽管受"大跃进"影响造成浪费和效益不高，但也奠定了重要的物质技术基础。以毛泽东为

---

① 《周恩来选集》下卷，人民出版社1984年版，第412页。
② 《毛泽东文集》第8卷，人民出版社1999年版，第341页。
③ 《周恩来选集》下卷，人民出版社1984年版，第439页。

代表的中共第一代领导集体正视失误及其教训，从中探讨社会主义经济建设规律，为以后中国经济建设留下了宝贵的精神财富。

一、经济建设的进展

农业基本建设大规模推进。从 1957 年冬季开始，全国农村掀起了兴修水利的高潮。8 年间水利投资 137.9 亿元，平均每年 17.2 亿元，相当于"一五"时期的 3.2 倍。实施大中型施工项目 290 多个，除继续根治淮河外，开始治理黄河、海河、长江部分支流及珠江、辽河等，建成大中型项目 150 多个。在黄河流域，除大规模加高加固下游大堤外，修建了控制黄河流域面积 92%、蓄水 354 亿立方米的三门峡水利枢纽和刘家峡、盐锅峡、青铜峡、东平湖等大型水库。海河水系山区修建了密云、岳城、岗南、王快、龙门等大型水库，蓄水量大大增加，开挖了平原水库和新的河道，加大了泄洪能力。建成丹江口水库、柘溪、鸭河口等长江水系综合工程，提高了辽河、松花江等抗洪能力。在注重防洪、排涝的同时，修建了一系列大中型灌溉工程。珠江三角洲兴建了 20 多处大中型蓄水引水工程，建成 2500 个电动排灌站。1965 年全国有效灌溉面积比 1957 年增加了 5716 千公顷，有效灌溉面积占全部耕地面积的比重由 1957 年的 24.4% 上升到 31.9%。但在水利建设中也有很多失误，如有些工程项目由于仓促上马，工程不配套，未能发挥效益，造成了严重浪费；有些水利工程只搞灌溉系统，没搞排水系统，致使许多土地碱化。

支农工业迅速发展，农业技术改造加快。1957 年至 1965 年，农业机械总动力由 121.4 万千瓦提高到 1098.8 万千瓦，化肥使用量由 37.3 万吨提高到 194.2 万吨，农村用电量由 1.4 亿千瓦小时提高到 37.1 亿千瓦小时，机耕面积在耕地总面积中的比重由 2.4% 上升到 15%，机灌面积在灌溉总面积中的比重由 4.4% 上升到 24.5%，每亩耕地用电量由 0.1 度上升到 2.4 度，每亩耕地施用的化肥量由 0.4 斤上升到 2.5 斤。[①] 此外，植树造林、推广优良品种、改良土壤、控制水土流失、建立气象服务台站等方面也取得了成绩。到 1965 年，东北地区西部和内蒙古东部防护林带、广东沿海 2000 多公里长的沿海防护林、长城内外的防风林连接成带；全国有 1780 多个县建立了良种繁殖场，农作物三级良种繁殖推广体系逐步形成，全国有 90% 以上的专区和 80% 以上的县设立了气象服务台站，建成了遍布全国的气

---

① 参见柳随年、吴群敢主编：《"大跃进"和调整时期的国民经济（1958—1965）》，黑龙江人民出版社 1984 年版，第 156 页。

象服务网。

初步建成有相当生产规模的工业体系。1958年至1965年，大力推进重大工业建设项目，用于工业方面的基本建设投资高达938亿元，建成531个大中型项目。这些企业的建成投产，增强了中国重工业和国防工业的生产能力，填补了一批生产技术领域的空白，初步建立了中国工业化的基础。能源工业方面，建设了数十个发电厂，在全国大部分地区联结成网；建设了数十个煤炭企业，逐步形成包括地质、设计、施工、洗选、机械制造、科学研究的采煤工业体系。建成了规模达1000万吨的大庆油田，并开始开发胜利油田和大港油田，原油产量由1958年的226万吨提高到1965年的1131万吨，实现了石油产品全部自给，结束了中国人民使用"洋油"的时代；炼油行业的产品品种由1949年的12种发展到1965年的494种，炼油技术已接近当时世界先进技术水平。冶金工业方面，全国最大的钢铁基地鞍山钢铁公司逐步建成，新建的两大钢铁基地武汉钢铁公司和包头钢铁公司的大型高炉、大型平炉先后投产，石景山钢铁厂，太原钢铁公司，天津钢厂，唐山钢铁厂，上海一、三、五钢铁厂，马鞍山钢铁公司等重要的新建、扩建企业陆续建成，白银、金川等有色金属工业企业投产。钢产量由1957年的535万吨提高到1965年的1223万吨，10种常用有色金属产量由1957年的21.5万吨提高到1965年的46.2万吨。机械工业方面，分别组成冶金设备、采矿设备、电站设备、电器与电气材料、石油化工设备、船舶、飞机、机车、汽车、轴承、工具、通用机械等十几个基本行业，形成了门类比较齐全的机械制造体系，并成功地制造了数千种新品种。新兴的电子工业、原子能工业从无到有、从小到大地发展起来，成为国民经济中重要的工业部门。

全国工业布局得到较大改善。原有的沿海工业基地得到进一步加强。如东北地区由于松辽油田的开发，使原有的重工业基地更加强大和完整。华东地区发展了冶金、煤炭工业，充实了机械、化学工业，开始建立重工业的基础。冶金工业的大中型项目中采矿、炼钢、轧钢的新增能力，在后方地区已占30%—40%。新建的煤炭工业多设在缺煤的西北、西南和华东地区，开始改变煤炭生产集中于华北、东北地区的畸形状态。在内地建设了武汉、湘潭、开封、洛阳、郑州、重庆、成都、昆明、贵阳、西安、兰州等10多个新的机械工业基地。中国内地形成了不少工业中心，如以武汉、包头为中心的钢铁基地，山西、内蒙古、河南的煤炭基地，甘肃兰州的石油化工中心，四川成都、重庆的钢铁机械基地等。内地工业的产值在全国工业产值中的比重由1957年的32.1%提高到1965年的35%，工业布局开始有所改善。

交通运输相应发展。1958年至1965年用于交通运输、邮电的投资共217亿元，相当于"一五"时期的1倍多。全国铁路营业里程由1957年的2.67万公里增加到1965年的3.8万公里。贯穿内蒙古、宁夏、甘肃三省区，连接包头和兰州两大工业基地的包兰铁路于1958年8月正式通车。随后，西北地区又建成兰青（1958年5月至1960年2月）和兰新（1965年）两大干线。兰新线是甘肃河西走廊与新疆地区的主要通道，与陇海线相连接，形成横贯中国东西的一条大干线。同时，连接兰新、包兰的干武线（宁夏干塘至甘肃武威）建成通车，组成了第二条通向新疆的东西通道。

西南地区也是这个时期铁路建设的重点。1959年3月，连接广西、贵州两省区的黔桂线都匀至贵阳段修通。1965年10月，川黔线（重庆至贵阳）全线通车，并与成渝线接通，将广西、贵州、四川三省区连接起来。民航里程由1957年的2.64万公里，增加到1965年的3.94万公里，增加了49.2%，建成了北京首都、上海虹桥、广州白云、成都双流等民用机场。1965年与1957年相比，邮电业务总量增加了1.14倍，邮路及农村投递线路总长度增加了57.1%。城市电话增加了65.8%，乡村电话增加了1.46倍。可以说，通信网络延伸到了广大农村。

总之，1958年至1965年，中国经济建设尽管有失误，但奠定了重要的物质技术基础，为经济的发展提供了支撑。按当年价格计算，中国国内生产总值由1957年的1069.3亿元，增加到1965年的1717.2亿元；人均国内生产总值由1957年的168元，增加到1965年的240元。第二产业产值占国内生产总值的比重由1957年的29.6%上升至1965年的35.1%，其中工业产值占国内生产总值的比重由1957年的25.3%上升至1965年的31.8%；第一产业占国内生产总值的比重在8年间下降了2.3个百分点。全国人均寿命由1955年的44.61岁增加到1965年的49.53岁，10年间增加了5岁，而同期的印度仅从40.25岁增加到43.61岁，即中国人的寿命比印度同期多近6岁。这从侧面反映了中国人民的生活随着经济的发展有所提高的状况。

二、对经济建设规律认识的深化

中国共产党和政府正视"大跃进"时期的失误，汲取教训，并在调整国民经济过程中陆续调整政策、改进工作，特别是制定的农村人民公社、工业、商业等方面的工作条例草案，比较系统地总结了社会主义经济建设的经验，深化了对经济建设规律的认识。概括而言，主要集中在三个方面：

第一，建设速度必须切合实际，必须立足于提高经济效益。毛泽东及不少党和国家领导人低估了社会主义建设的艰巨性、复杂性和长期性，以为只要运用战争和土地改革中大搞群众运动的方法，社会主义建设的成功就能指日可待；以为有了人的生产积极性，有了拼命苦干的精神，生产就可以成倍、几倍、十几倍地增长，就可以很快改变中国贫困落后的面貌。结果超越了客观实际，欲速则不达。"大跃进"运动中片面强调高速度，只求多快，忽视好省，甚至提出"要算政治账，不能算经济账"的口号，大办消耗大、质量差的小土企业，大搞人海战术的群众运动，大破规章制度，废除经济核算，导致了废品、次品大量增加，不少工程报废，物资严重积压，极大地耗费了宝贵的人力、物力和财力。毛泽东在《十年总结》中说："我们对于社会主义时期的革命和建设，还有一个很大的盲目性，还有一个很大的未被认识的必然王国，我们还不深刻地认识它。"① 刘少奇在七千人大会的书面报告中说：经过严重挫折，认识到社会主义建设的艰巨性、长期性和复杂性，不能急于求成，只能在探索中前进，是社会主义建设一项极为重要的经验教训。在随后的国民经济全面调整时，中共中央分析经济的实际可能，下决心对工业和基本建设实行"伤筋动骨"的关停并转和停缓建，工业生产和基本建设的安排不仅不增长，而且要坚决退够，退到农业能够负担的水平。1963年经济迅速回升后，仍然清醒地看到国民经济中的薄弱环节，作出继续调整的决策，结果生产持续增长。只有认清中国经济发展的艰巨性，着眼于长期的经济发展，循序渐进，才能稳中求快。

第二，必须坚持搞好综合平衡。"大跃进"运动的重要教训就是忽视了综合平衡。当时反对所谓"消极平衡"，反对所谓"算死账"，实际上是提倡计划留有缺口，不要算账；提倡"三本账"，为层层加码和高指标开了绿灯；强调"以钢为纲"，实际上是忽视了对整个国民经济进行综合平衡。结果只顾积累，不顾消费；只顾重工业，不顾农业和轻工业；只顾建设，不顾人民生活等。这造成整个国民经济比例严重失调，破坏了社会再生产总过程从生产、分配、交换、消费各环节内部及其内在联系，整个经济陷入严重困境。毛泽东于1959年7月2日在庐山召集部分中央领导人和各协作区主任开会时说："大跃进的重要教训之一、主要缺点是没有搞平衡。在整个经济中，平衡是个根本问题，有了综合平衡，才能有群众路线。"② 1961年开始的调整，就是重新强调综合平衡，主要是把被破坏了的比例关系，特别是工业和农业、消费和积累两大战略性的比例关系调整过来。按照

---

① 《毛泽东文集》第8卷，人民出版社1999年版，第198页。
② 《毛泽东年谱（1949—1976）》第4卷，中央文献出版社2013年版，第85页。

陈云的解释，综合平衡必须注意两条，一是从现在综合平衡的经济水平出发制定远景规划，而不应采取倒过来的办法；二是按短线平衡，而不应按长线平衡，即留有余地，不留缺口。根据这种综合平衡的思想，在编制计划、安排资金和分配物资时，强调以农轻重为序；先简单再生产，后扩大再生产，先安排市场和当年生产，有余力再安排基本建设，基本建设先填平补齐，生产先保证品种和质量。1961年9月1日，陈云在中央局第一书记汇报会上讲话时，毛泽东插话说："讲得好，请陈云同志为工业指示写一条综合平衡。"①

第三，以农业为基础，以工业为先导，按农、轻、重的次序安排国民经济计划。1958年5月中共八大二次会议提出的工业和农业、中央工业和地方工业、大型企业和小型企业同时并举的两条腿走路方针，在大办钢铁的条件下没有得到执行。在庐山会议前夕，毛泽东强调要解决好农业、轻工业和重工业的比例关系问题。以农、轻、重为序，安排国民经济的综合平衡战略思想，是毛泽东对中国工业化道路内容的丰富和发展。对工农业"同时并举"的认识，在"大跃进"时期纠"左"过程中逐步深入。1959年底到1960年初，毛泽东在《读苏联〈政治经济学教科书〉的谈话》中指出："我们的提法是在优先发展重工业的条件下，发展工业和发展农业同时并举。所谓并举，并不否认重工业优先增长，不否认工业发展快于农业；同时，并举也并不是要平均使用力量。"②这就对"并举"思想作了比较全面的解释，澄清了对"农、轻、重"提法的误解。在国民经济调整过程中，中共中央逐步加深了农业在国民经济中占有极其重要地位的认识。1960年8月，北戴河中央工作会议通过的《中共中央关于全党动手，大办农业，大办粮食的指示》强调："农业是国民经济的基础，这个思想应当成为全体干部全党全民一致的认识，并且真正贯彻到各方面的实际工作中去。"③1962年9月，中共八届十中全会提出"以农业为基础，以工业为主导"的方针，要求"把发展农业放在首要地位，正确地处理工业和农业的关系，坚决地把工业部门的工作转移到以农业为基础的轨道上来"④。

"大跃进"运动是中国共产党试图通过群众运动来实现经济高速增长的积极探索。一方面，中国共产党领导全国人民艰苦奋斗，以空前的热情和干劲进行社会

---

① 《毛泽东年谱（1949—1976）》第5卷，中央文献出版社2013年版，第16页。
② 《毛泽东文集》第8卷，人民出版社1999年版，第123页。
③ 《中共中央文件选集（1949年10月—1966年5月）》第34册，人民出版社2013年版，第513页。
④ 《建国以来重要文献选编》第15册，中央文献出版社1997年版，第654页。

主义经济建设，建成了一批重大工农业项目，改善了工业布局，实现了社会生产力的发展。另一方面，由于缺乏经济建设经验，对社会主义建设的长期性和艰巨性思想准备不足，犯了急于求成的错误，忽视了经济建设规律，结果事与愿违，教训深刻。这些教训成为日后进行国民经济调整乃至整个社会主义建设探索的基础，正如恩格斯所说的"要获取明确的理论认识，最好的道路就是从本身的错误中学习"[①]。正是这样，毛泽东在纠正"大跃进"时期的错误时，提出了不能剥夺农民、要强调发展商品生产、遵守价值规律和做好综合平衡、以农轻重为序安排国民经济计划等；朱德提出了要注意发展手工业和农业多种经营；陈云提出了计划指标必须切合实际、建设规模必须同国力相适应、人民生活和国家建设必须兼顾等；邓小平提出了整顿工业企业、改善和加强企业管理等；邓子恢等提出了农业要实行生产责任制。也正是在这样的认识基础上，中国共产党和政府调整政策，对国民经济实行调整，实现了国民经济的快速恢复，这又成为社会主义建设的重要经验。

思考题

1. 试述"大跃进"发动的历史背景及其教训。
2. 试述国民经济调整的措施和成效。
3. 试述"大跃进"和国民经济调整时期中央与地方的经济关系。

---

① 《马克思恩格斯选集》第 4 卷，人民出版社 1995 年版，第 679 页。

第三章 "文化大革命"时期国民经济的波动发展（1966—1976）

1966年开始的"文化大革命"十年内乱，使经国民经济调整而呈现的较好经济运行态势遭到破坏，经济发展目标、指导思想、体制、制度、政策、生产秩序等受到冲击。这一时期，在周恩来、邓小平等老一辈革命家和人民群众对这场内乱的抵制、坚持发展生产的努力下，国民经济仍取得一定程度的发展，"三五"和"四五"计划基本完成，在三线建设、社队工业、对外经济引进等方面也实现了一些突破。

第一节 社会生产力发展推动力的确定与经济发展计划的制订

"文化大革命"时期，试图把"文化大革命"作为中国社会生产力发展的一个强大推动力，强调"以阶级斗争为纲"，一切生产建设都要从属于阶级斗争。随着国际形势变化，以战备为纲，按照备战的要求来进行经济建设，成为这一时期经济建设的又一重要指导方针。"文化大革命"后期，重提"四个现代化"的宏伟目标，强调要把国民经济搞上去。

一、试图把"文化大革命"作为社会生产力发展的强大推动力

1966年5月16日，中共中央政治局扩大会议通过的《中国共产党中央委员会通知》（简称"五一六通知"），号召全党"高举无产阶级文化大革命的大旗"，夺取在这些文化领域中的领导权。为了保障工业生产，1966年6月30日，刘少奇、邓小平将《中共中央国务院关于工业交通企业和基本建设单位如何开展文化大革命运动的通知》呈报毛泽东。毛泽东于7月2日同意下发该《通知》。《通知》指出：全国工业交通和基本建设战线，同其他战线一样，无产阶级文化大革命正在轰轰烈烈地展开。这个大好的革命形势，必将深刻地改变人们的精神面貌，有力地促进生产建设高潮的发展。一切工业交通和基本建设部门，必须坚决地把无产阶级文化大革命进行到底。各级党委必须抓革命、促生产，做到革命和生产建

设双胜利。①8月1日至12日,在毛泽东主持下召开的中共八届十一中全会,通过了《中国共产党中央委员会关于无产阶级文化大革命的决定》。其主要内容是开展"文化大革命"的动员令,其中第十四条还专门谈到抓革命、促生产的问题,指出:"无产阶级文化大革命,就是为的要使人的思想革命化,因而使各项工作做得更多、更快、更好、更省。只要充分发动群众,妥善安排,就能够保证文化革命和生产两不误,保证各项工作的高质量。""文化大革命是使中国社会生产力发展的一个强大的推动力。把文化大革命同发展生产对立起来,这种看法是不对的。"②9月14日,中共中央发出《关于抓革命促生产的通知》,要求已经开展"文化大革命"的工矿企业等单位应当在党委统一领导下组成抓革命和抓生产、抓业务的两个班子,职工的"文化大革命"放在业余时间搞;还未开展"文化大革命"而生产任务又重的单位,运动可以推迟进行,学校的红卫兵和学生不要到工矿企业串连,对领导干部的撤换应通过上级党委,不采取群众直接罢官的做法;职工应当坚守工作岗位;各单位必须抓好质量、品种、节约、安全等项工作。③11月17日至12月23日召开的全国计划、工业交通会议,集中讨论了工业生产情况和如下几个突出问题:生产指挥系统不健全;运输紧张,原因是全国"大串连",到年底可能有1000多万吨物资运不出来;设备维修差;机械工业的在制品大量减少;学生、青年、徒工外出串连,企业劳动力感到不足,影响生产。12月9日,中共中央发布《关于抓革命、促生产的十条规定(草案)》。《规定》要求:重申"抓革命,促生产"的方针;坚持八小时工作制,遵守劳动纪律,完成生产定额;保证产品质量;有问题,要在本单位协商解决,必要的时候,可向上级机关反映,特别必要的时候,也可以派少数代表到北京反映,不要大批离开工矿;工人组织中工作人员一般不要脱离生产。以后,毛泽东在"文化大革命"时期反复强调抓革命、促生产、促工作、促战备,力求不使政治运动冲垮经济建设。在经济领域,一再指示不要把"批林批孔""反击右倾翻案风"全面推向经济领域。在"文化大革命"期间,周恩来也多次强调"抓革命、促生产"的政策,还指示国家计委多次开会,专门讨论"抓革命、促生产"问题。

---

① 参见国家经济贸易委员会编:《中国工业五十年·第5部(1966—1976.10)》,中国经济出版社2000年版,第199页。
② 《中国共产党中央委员会关于无产阶级文化大革命的决定》,《人民日报》1966年8月9日。
③ 参见中共中央宣传部宣传局编:《中华人民共和国40年大事记(1949—1989)》,光明日报出版社1989年版,第233页。

二、在战备中安排生产布局和制定两个五年发展计划

按照备战的要求安排生产布局,发展国民经济,这是"文化大革命"时期经济建设的又一指导方针。20世纪60年代,美国对外重心逐步从欧洲向亚洲倾斜,先后扩大侵越战争、支持台湾当局"反攻大陆"计划,长期驻兵日本与朝鲜半岛,并对中国进行核讹诈与恫吓,中国周边面临多方面的战争威胁,安全环境急剧恶化。在北部和西部,随着中苏关系由争执发展为战略对峙,苏联在中苏边境陈集重兵,制造事端。在东南沿海,美国一直占据台湾海峡,支持台湾蒋介石集团袭扰大陆。在西南,美国在越南的侵略战争严重升级,中国不但要做越南的战略后方,而且需要准备支援越南作战。在这种情况下,把国民经济全部纳入备战的体系,"以战备为纲"的经济指导方针在"三五"计划和"四五"计划的制定过程中表现得尤为明显。

在"三五"计划的形成过程中,建设重点由抓吃穿用转变为以战备为重点。1963年,中共中央提出经济工作实行"解决吃穿用、加强基础工业、兼顾国防和突破尖端"的方针。1964年4月下旬,国家计划委员会提出了《第三个五年计划(1966—1970)的初步设想(汇报提纲)》,其中规定"三五"时期的基本任务是:(一)大力发展农业,基本上解决人民的吃穿用问题;(二)适当加强国防建设,努力突破尖端技术;(三)与支援农业和加强国防相适应,加强基础工业,继续提高产品质量,增加产品品种,增加产量,使国民经济建设进一步建立在自力更生的基础上。相应地发展交通运输业、商业、文化、教育、科学研究事业,使国民经济有重点、按比例地向前发展。① 这与以发展重工业为中心任务的"一五"和"二五"计划相比发生了重大转变。随着国际形势的变化,"三五"计划的初步设想未能付诸实践。

1964年6月,毛泽东在中央工作会议上的讲话中提出,要进行备战,要搞三线工业基地的建设,一、二线也要搞点军事工业,各省都要有军事工业。8月2日夜,在北部湾,美国驱逐舰"马克多斯"号与越南海军鱼雷艇发生激战。8月4日,美国派出第七舰队大规模轰炸越南北方。越南战争的战火燃到了中国的南部边界。

1964年8月17日、20日,毛泽东在中共中央书记处会议上两次指出,要准备帝国主义可能发动侵略战争。现在工厂都集中在大城市和沿海地区,不利于

---

① 参见国家计划委员会档案:《第三个五年计划(1966—1970)的初步设想(汇报提纲)》。

备战。各省都要建立自己的战略后方。1965年4月12日，针对美国侵越战争升级的趋势，中共中央发出《关于加强备战工作的指示》。9月14日，国家计划委员会向中共中央和毛泽东报送《关于第三个五年计划安排情况的汇报提纲（草稿）》。9月18日至10月12日，中共中央工作会议在北京召开，讨论这个《汇报提纲》。《汇报提纲》强调：第三个五年计划必须立足于战争，从准备大打、早打出发，积极备战，把国防建设放在第一位，加快三线建设，逐步改变工业布局；发展农业生产，相应地发展轻工业，逐步改善人民生活；加强基础工业和交通运输的建设；充分发挥一、二线的生产潜力；积极、有目标、有重点地发展新技术，努力赶上和超过世界先进技术水平。《汇报提纲》预期"三五"计划完成的1970年底的各项指标是：粮食4400亿—4800亿斤，钢产量1600万吨，原煤2.8亿—2.9亿吨，发电量1100亿度，原油1850万吨。工农业总产值2700亿—2750亿元，每年平均递增7%，农业年递增4%—5%，工业年递增8%。基本建设计划施工的大中型项目共2000个左右。投资按部门分，重工业、国防工业、交通运输共628亿元，比例占74%；农业120亿元，由原来的20%下降为14.1%；轻工业37.5亿元，占4.4%。按地区分，三线建设总投资为360亿元，占42.4%。[①]与"三五"计划的初步设想相比，这个《汇报提纲》是一个典型的"战备计划"，其指导思想由解决吃穿用转变为加强国防战备建设，安排顺序由农轻重转变为重农轻。在中央工作会议上也讨论了《一九六六年国民经济计划纲要》。《纲要》强调要积极备战，集中国家必要的人力、物力和财力，加快国防工业和大小三线的建设。《纲要》提出，国家预算内基本建设投资155.7亿元，其中大小三线建设和一、二线国防工业、备战工程占总投资的一半。

在"四五"计划中，强调"狠抓备战"。1970年2月15日至3月21日，全国计划会议召开。会议的主要任务是讨论、拟订《1970年国民经济计划和第四个五年国民经济计划纲要（草案）》（简称《"四五"纲要（草案）》）。《"四五"纲要（草案）》提出国民经济发展的任务是：狠抓备战，集中力量建设大三线强大的战略后方，改善布局；大力发展农业、加速农业机械化的进程；狠抓钢铁、军工、基础工业和交通运输的建设；加强协作，大搞综合利用，积极发展轻纺工业；建立经济协作区和各有特点、不同水平的经济体系，做到各自为战、大力协同；大力发展新技术，赶超世界先进水平；初步建成中国独立的、比较完善的工业体系和国民经济体系，促进国民经济新飞跃。与"三五"计划相比，《"四五"

[①] 参见《建国以来重要文献选编》第20册，中央文献出版社2011年版，第354—362页。

纲要（草案）》更加强调了备战的重要性，认为战备压倒一切，用军事工业可以带动国家工业化。《"四五"纲要（草案）》强调，建设的重点是大三线战略后方，到1975年，大三线地区将建成一个部门比较齐全、各有特点、工业和农业协调发展的强大的战略后方。因此，1970年计划用于大三线的建设投资和大中型建设项目均占全国计划内投资和大中型项目的一半以上。为了适应备战的需要，《"四五"纲要（草案）》还提出，在全国划分西南、西北、中原、华南、华东、华北、东北、山东、闽赣、新疆10个经济协作区，尽快建立各有特点、不同水平、工业和农业协调发展的经济体系，各省、市、自治区要在最短时间内，做到粮食、油料自给有余，一般轻纺产品逐步自给。这种基本从战争而不是区域经济合作出发的考虑，加剧了各地区经济发展相对封闭、片面强调自给、缺乏协作配套的状态。《"四五"纲要（草案）》还强调，要大力发展地方"五小"工业，在全国形成大中小相结合、星罗棋布、各自为战的钢铁工业布局。根据《"四五"纲要（草案）》强调的重点任务，可以看出"四五"是一个"以临战姿态，准备打仗"的计划。

三、"四个现代化"宏伟目标的重申与"国民经济十年规划纲要"的形成

"文化大革命"后期，经济建设的指导方针发生了一些变化，重提"四个现代化"的宏伟目标，强调要把国民经济搞上去。1975年1月13日，第四届全国人民代表大会第一次会议在北京举行。周恩来在大会上代表国务院作政府工作报告，重申了1964年12月三届全国人大政府工作报告中提出的把中国建设成为社会主义的现代化强国的宏伟目标和"两步设想"的蓝图：第一步，用15年时间，即在1980年以前，建成一个独立的比较完整的工业体系和国民经济体系；第二步，在20世纪内，全面实现农业、工业、国防和科学技术现代化，使中国国民经济走在世界前列。

为实现四届全国人大提出的20世纪发展国民经济分两步走的设想，1975年12月，经中共中央政治局和国务院多次讨论修改，形成了《发展国民经济十年规划纲要（草案）》。《纲要》指出，1976年至1985年的10年，是实现现代化宏图的关键。这10年中的主要目标是，在1980年以前，建成中国独立的比较完整的工业体系和国民经济体系；到1985年，进一步完善全国的经济体系，基本完成国民经济的技术改造，实现笨重体力劳动机械化。基本建成六个不同水平，各有特点，各自为战，大力协同，农、轻、重比较协调发展的大区经济体系。农业方

面，要以粮为纲，全面发展，建立比较稳固的农业基础。工业方面，要以钢为纲，建立比较强大的工业基础；要发展轻工业和石油化工；要大力加强国防工业和国防科研，准备打仗；要充实和加强三线战略后方基地，进一步发挥一、二线作用。《纲要》对"五五"计划提出的要求是：建立起比较稳固的农业基础，粮食产量比1975年增长16%—25%，棉花产量增长18%—24%；建立起比较丰富多彩、适应国内市场和外贸需要的轻工业，棉纱产量比1975年增长26%；建立起比较发达的重工业，钢产量比1975年增长58%，煤炭增长30%，石油增长95%，发电量增长60%。整个"五五"计划期间，工农业总产值平均每年增长7.5%—8.1%。按照《纲要》的排序可以看出，三线地区已经被放到最后的位置，与一、二线地区并重。这说明，随着国内外形势的变化和"三五""四五"计划的基本完成，以战备为纲的经济建设指导思想得到全面调整。《纲要》还反映了国家和人民实现现代化宏伟蓝图的决心和步骤，但是，处于"文化大革命"动荡政治环境下，指标明显过高，无法贯彻执行。加之1975年11月发动的"批邓、反击右倾翻案风"运动，使得讨论《纲要》的全国计划会议受到干扰，因此，《纲要》和"五五"计划未能正式下达，直到"文化大革命"结束后的1978年2月才在五届全国人大上正式通过。

第二节 经济管理体制的变动

"文化大革命"初期，所谓的"革命大批判"，把有关方针政策、经济理论、规章制度都当作修正主义来批判，导致经济体制遭受严重冲击和破坏。到1970年，又开始了一场以向地方盲目下放权力为主要内容的经济体制的大变动。1971年至1973年和1975年，周恩来、邓小平先后主持中共中央、国务院日常工作期间，对经济体制进行了调整和整顿。

一、"文化大革命"初期对经济体制的冲击

1966年5月，"文化大革命"的发动使全国陷入全面动乱，中国的经济体制也遭到严重的冲击和破坏。

第一，政治动乱使经济管理体制受到严重冲击。"文化大革命"中，林彪、江青一伙为阴谋夺权的需要，利用中央文革小组的名义，竭力煽动"打倒一切，全面内战"，使国家的政治生活、经济生活和社会生活陷入全面动乱，经济管理体制

也随之遭到严重破坏。各级党政领导机关和经济管理机构，上至中央各部委，下至企业的生产指挥系统，都受到冲击，有的甚至被撤销；各级领导干部绝大多数挨批斗，被当成"走资派"而排斥；大量宝贵的档案资料被抢劫或销毁；一批投机分子、打砸抢分子、阴谋分子乘机爬上各级领导岗位。国家已不能正常行使管理国民经济的职能。

第二，"文化大革命"开展的所谓"革命大批判"，把许多有关经济体制的方针政策、规章制度、理论观点，都当作修正主义或资本主义的东西横加批判，否定了中国共产党在新中国成立后经济建设积累的宝贵经验。包括：把按照生产力发展的实际水平调整生产关系，在坚持农村集体经济的前提下，允许农民有少量自留地、家庭副业，开放集市贸易等，批判为"刮单干风""复辟资本主义"；把重视价值规律的作用，提倡用经济办法管理经济，努力改善经营、增加盈利，诬为"资产阶级自由化""利润挂帅"；把坚持社会主义的物质利益原则和按劳分配原则，说成"腐蚀工人阶级"，是"产生贫富悬殊和阶级分化的经济根源"；把加强中央对经济工作的必要的集中统一领导，斥为"条条专政""扼杀地方积极性"；把严格责任制、建立健全各项规章制度，说成"修正主义的管、卡、压"；把在坚持自力更生的基础上发展对外经济贸易关系，学习外国先进技术，诬为"洋奴哲学""爬行主义"。

第三，大搞生产资料所有制的"升级""过渡"和割所谓"资本主义尾巴"。"农业学大寨"运动走上歧途，农村政策遭到严重破坏。1967年，搞所有制的"升级""过渡"（指农村由生产小队核算升为大队核算，大队核算升为公社核算；"小集体"向"大集体"过渡，"大集体"向国营过渡）。一些地区将农民从事编织、采集、渔猎、饲养等家庭副业，说成"资本主义尾巴"，统统砍掉；把自留地说成"资本主义的复辟地"，强迫社员搞"三献一并"（献自留地、宅边地、自有果树，并队"升级"）。人为地使经济结构单一化，造成严重后果。在农村强制扩社并队、轻率改变核算单位的过程中，集体经济又一次受到破坏，许多社队储备粮、公积金被"分光吃净"。对农村多种经营和社员家庭副业的限制，减少了农副土特产品的供应，引起市场紧张，影响人民生活。随着集体商业、服务业、手工业的缩减，集市贸易的关闭，以及个体商贩的取消，商业服务业网点大大减少，基本上形成了国营商业独家经营的局面，流通渠道日趋单一。这样，一方面限制了生产的发展，另一方面又造成买难卖难、吃饭难、做衣难、修理难等，给人民生活带来极大不便。

二、经济管理权的再次下放

1969年以前,经济体制已受到冲击和破坏。到1970年,又开始了一场以向地方盲目下放权力为中心内容的经济体制的大变动。这次经济体制变动主要是下放企业和精简机构,下放财政、物资、基建投资权,简化税收、信贷、劳动工资制度等。

（一）下放企业和精简机构

1970年3月5日,根据《"四五"纲要（草案）》精神,国务院拟定了《关于国务院工业交通各部直属企业下放地方管理的通知（草案）》,要求国务院工交各部的直属企业、事业单位绝大部分下放给地方管理；少数由中央部和地方双重领导,以地方为主；极少数的大型或骨干企业,由中央部和地方双重领导,以中央部为主。正在施工的各直属基本建设项目也按上述精神分别下放地方管理。随后,一场企业大下放的运动全面展开。包括大庆油田、长春汽车厂、开滦煤矿、吉林化学工业公司等关系国计民生的大型骨干企业在内的2600多个中央直属企业、事业和建设单位,被下放给各省、市、自治区管理,有的又层层下放到专区、市、县。冶金工业部原有的70个直属钢铁企业,除两个独立矿山外,包括鞍山、本溪、包头、太原、武汉、马鞍山等大型钢铁厂在内,全部下放给地方或实行以地方为主的双重领导。煤炭工业部原有的72个直属矿务局,1968年下放23个,其余50个在1970年内也全部下放给地方。部直属的设计院、科研机构,除保留个别单位外,一律下放。第一机械工业部当时有直属企业310个,也全部下放给地方。

随着工业企业的下放,商业部也将所属一级批发站全部下放给省,省属二级批发站下放给专区。外贸部在各地的企业也全部下放给地方,实行双重领导,以地方为主。各部直属的高等院校全部下放给地方管理。

1965年,中央直属企业曾经增加到10533个,其工业产值占全民所有制工业总产值的46.9%,占全国工业总产值的42.2%。经过1970年的大下放,中央各民用工业部门的直属企业、事业单位仅剩下500多个,其中工厂142个,中央直属企业的工业产值在全民所有制工业总产值中的比重下降到8%左右。

盲目下放企业造成一系列问题。第一,下放过急、过猛,组织工作没有跟上,原有协作关系被打乱,企业的正常生产秩序难以维持,生产经营效益大大降低。第二,不加区别地下放,下放过多,地方管不了,致使中央部门继续按"条条"下达生产计划、供应物资,造成中央、地方多头多层管理,人权、财权、物权、计划权相互脱节，企业的管理效率进一步降低。1970年工业劳动生产率比1969年提高了10%，而1971年和1972年则分别比前一年下降了0.2%和1.5%。1976年全国工业企业的资金利润率只有1965年的一半，亏损企业达到1/3，亏损金额达到73亿元。

（二）财政收支、物资分配和基本建设投资实行"大包干"

在《"四五"纲要（草案）》确定下放企业的同时，相应提出了实行财政、物资和基本建设投资的"大包干"，以扩大地方的财权、物权和投资权。

财政收支"大包干"。《"四五"纲要（草案）》中要求大力发展地方工业，为实现这个要求，必须有相应的财力保证。因此，随着企业的下放，相应提出了下放财权的问题。《"四五"纲要（草案）》中规定实行财政收支"大包干"，即在国家统一预算下，对省、市、自治区试行定收定支，收支包干，保证上缴（或差额贴补），结余留用或者全额分成、收入留成的办法。1971年，全国开始实行"财政收支包干"的体制。国家财政收入除中央部直接管理的企业收入和海关关税收入归中央外，其余全部划归地方；国家财政支出除中央部门直接管理的基本建设、国防战备、对外援助、国家物资储备等支出归中央外，其余也全部划归地方，由地方统筹安排。各地方的预算收支经中央综合平衡，核定下达，收入大于支出的，按包干数额上缴中央财政；支出大于收入的，由中央财政按差额数量包干给予贴补。在执行中，超收或结余都归地方支配使用，短收或超支由地方自求平衡。"大包干"的财政体制，扩大了地方的财政权限，但也很快暴露出新的矛盾：一是收入打不准，年初分配给地方的财政收入指标很难做到完全符合实际，执行中形成有的地区超收很多，有的地区没有超收，甚至短收，导致地区间机动财力不均衡；二是一个地区有的年份超收较多，有的年份超收很少，甚至短收，导致机动财力不稳定，不便于地方统筹安排；三是超收的全部归地方支配，短收的不能保证上交，还要中央补贴，实际是包而不干；四是有些地区把财政包干指标又层层包到地区和县，造成地方机动财力过于分散。鉴于以上矛盾和问题，1972年，对包干办法作出部分修订，规定年终支出结余仍留归地方。超收不满1亿元的，全部归地方，超过1亿元的，超收部分上交中央财政50%。1973年再次修订财政体制，在华北、东北地区和江苏省试行"财政收入固定比例留成"的办法，即财政收入按固定比例留成，超收另定分成比例，支出按指标包干。这种办法有利于地方积极组织收入，但弊病在于收支不挂钩。从1976年起又改为实行"定收定支、收支挂钩、总额分成、一年一定"的办法。地方多收可以多支，少收则要少支，既可以保证地方有较稳定的机动财力，也可以使收支挂钩。1976年按固定数额分给地方的机动财力就达 21 亿元，加上地方预备费 10.7 亿元，共计 31.7 亿元，平均每省 1 亿元以上。

物资分配"大包干"。1970 年，随着企业的大下放，相应提出要试行物资分配"大包干"，即在国家统一计划下，实行地区平衡、差额调拨、品种调剂、保证上缴的办法。首先，调整和减少了国家统一分配和中央各部管理的物资种类。1966 年统配、部管物资为 579 种，1972 年减为 217 种，减少了 60% 以上。由于大量物资分配权层层下放，组织工作没有跟上，致使原有协作关系被打乱，削弱了物资的统筹安排和综合平衡，以致 1973 年又将统配、部管物资增加到 617 种，基本恢复到"文化大革命"前的状况。其次，将下放企业的物资分配和供应工作移交地方管理。1972 年，华北地区和江苏省 400 多个下放单位的物资分配和供应工作交地方管理。但由于许多下放企业的产品面向全国，生产计划不得不仍由中央部安排，而中央部制订计划时无法知道地方给企业物资的多少，地方分配物资时，也不知道中央给企业安排生产任务的多少，致使生产任务与物资供应难以衔接。而且这些企业所需的物资数量大、品种多、质量高，且协作面广，地方管不了，不得不仍由中央部代管。因此，从 1976 年起，下放企业的物资分配供应工作不再移交地方管理。最后，在国家统一计划下，实行地区平衡、差额调拨、品种调剂、保证上缴的办法。1970 年开始，先后对水泥、煤炭、木材、钢材、生铁、废钢铁、硫酸、烧碱、汽车、轮胎以及火工产品等 12 种重要物资，在全国范围或部分地区试行"地区平衡、差额调拨"的办法。1972 年起，又在华北协作区和江苏省进行以地区为单位的"地区平衡、差额调拨"的试点，即根据各地区的生产和需求平衡情况，按不同产品分别确定一定的调出量和调入量后，由各地区统筹安排，组织本地区企业的物资分配和供应。

基本建设投资"大包干"。1970 年，国家在拟定《"四五"纲要（草案）》的同时，为了支持地方发展"五小"企业，实现自给自足、自成体系，提出要"试行基本建设投资大包干"，即按照国家规定的建设任务，由地方负责包干建设。投资、设备、材料由地方统筹安排，调剂使用，结余归地方。地方暂时办不了的少数重点项目，实行双重领导。首先决定下放基本折旧基金。1966 年以前，基本折旧基金全部上缴中央。1967 年决定将地方企业基本折旧基金留给企业和主管部门。随着企业的大批下放，1971 年又决定除第二机械工业部、水利电力部的基本折旧基金仍上缴 60% 外，其余的基本折旧基金全部下放地方，用于设备更新、技术改造和综合利用。为了支持地方"五小"企业的发展，1970 年，国家还提出在此后 5 年内，安排 80 亿元专项资金，由省、市、自治区统一掌握，重点使用。

1974年进一步采取按"四、三、三"的比例分配投资,即投资的40%由中央主管部门直接安排,30%由中央部商同地方安排,30%由地方统筹安排。地方工业的发展,有的较合理,但不少带有很大的盲目性,造成了严重损失和浪费。

(三)简化税收、信贷和劳动工资制度

1970年以后,对税收制度、信贷管理制度及劳动工资制度也进行了一些改变。变动的方向,除扩大地方的管理权限外,一个重要的特点就是尽力简化制度。

简化税收制度。1970年召开的全国财政银行工作座谈会提出要改变国营企业的工商税收制度,一个行业一般按一个税率征收,并在一些地区进行试点。1972年为扩大试点,国务院颁发了《中华人民共和国工商税条例(草案)》,规定税制改动的主要内容为:(1)合并税种,把工商统一税及其附加、城市房地产税、车船使用牌照税、盐税、屠宰税合并为工商税。税种合并后,对国营企业只征收工商税,对集体所有制企业只征收工商税和所得税,改变了对一个企业征多种税的做法。(2)简化税目、税率。税目由过去的108个减为44个,税率由过去的141个减为82个。在82个新税率中,不相同的税率只有16个,多数企业可以简化到只用一个税率征税。(3)一部分税收管理权下放给地方,地方有权对当地新兴工业、"五小"企业、社队企业以及综合利用、协作生产等确定征税或减免税。这次税收制度变动,简化了过去行之有效的复税制,基本上成了单一税制,削弱了税收对经济的调节作用。税收管理权的一再下放,也导致政出多门,管理混乱,减少了中央财政的收入。

简化信贷管理制度。包括合并机构、下放权力、改变信贷方式、简化利率种类、调整利率水平等。1970年,根据财政部军管会和中国人民银行军代表的报告,国务院决定将中国人民建设银行并入中国人民银行。这一合并削弱了对基本建设财务和拨款的监督工作,国家不得不在1972年又恢复了中国人民建设银行及其在各地的分行。在1970年召开的全国财政银行座谈会上,还提出要下放信贷管理权,实行农村信贷包干,一定一年的信贷管理办法。1971年底,又决定全面调整银行利率,主要是简化利率种类和降低利率水平。调整后,城镇集体经济和国营企业实行统一利率。贷款利率一般降低30%左右,存款利率一般降低20%左右,并规定国营企业由此少支付的利息,应作为利润上缴国家。同时,取消一些优待利率,这使利息这一重要经济杠杆的调节作用被进一步削弱。

简化劳动工资制度。新中国成立以来,中国基本上形成了以固定工为主,用工形式比较单一的劳动制度。"文化大革命"中,对"两种劳动制度"进行了批判,大批临时工、合同工、外包工要求转为正式工。1971年,国务院作出决定,改革全民所有制企业、事业单位的临时工、轮换工制度。国务院规定，在常年性的生产和工作岗位上的临时工，凡是企业、事业单位生产和工作确实需要，本人政治历史清楚，表现好，年龄和健康状况又适合于继续工作的，可以转为固定工（临时性、季节性的生产、工作岗位，仍使用临时工）。这一改变，使1971年临时工在职工总数中的比重，从之前的12%—14%下降到6%，进一步强化了单一固定工制度，增加了国家安排就业方面的压力。在此期间，还一度将增加临时工的权力下放给省、市，有的省又下放给专区、市。1970年至1972年，全国全民所有制企业职工增加1200多万人，是新中国成立以来第二次职工人数的大突破。后来，中央不得不再次收回这一权力。

"文化大革命"时期经济管理权力的下放，管理体制中原有的弊端并没有得到实质性解决，而且导致经济生活的混乱。同时，这次放权依然局限于行政性分权的框框，忽视市场调节，不注意发挥经济杠杆的作用，对企业管得过细、过死、统得过多，企业缺乏经营管理自主权的状况并没有得到改变。企业仍然严格依据国家计划生产产品，分配资金、生产资料和劳动力，限制了企业积极性的正常发挥。

三、两次整顿中对经济体制的调整

针对林彪、江青等人在"文化大革命"中推行极左路线对国民经济造成的严重破坏，1971年至1973年和1975年周恩来和邓小平先后主持中共中央和国务院的日常工作时，对经济体制进行了调整。

1971年至1973年，在周恩来主持的整顿工作中对经济体制进行调整。1971年12月5日，周恩来在听取国家计划委员会汇报时明确指出，企业乱得很，要整顿，要联系实际肃清林彪一伙干扰破坏造成的恶果。1972年初，全国计划会议在周恩来指示下形成一个会议纪要稿，制定出一系列重要措施：加强国家计划、整顿企业管理、落实各项政策、反对无政府主义等。在企业管理方面，明确规定要恢复和健全岗位责任制、经济核算制、考勤制度、技术操作规程、质量管理制度、设备管理维修制度和安全生产制度七项规章制度；要狠抓产量、品种、质量、原材料和燃料动力消耗、劳动生产率和利润等七项经济技术指标。1972年8月8日，周恩来又提出要批判林彪鼓吹的"空头政治"，强调政治挂帅要落实到业务上，鼓励各级领导干部要打消顾虑，理直气壮地抓生产、抓业务、抓管理。根据周恩来的指示，1972年10月，国家计划委员会、财政部和农林部在北京召开了加强经济核算、扭转企业亏损会议，提出企业要切实抓好整顿，实行严格的经济核算，建立健全企业的各项规章制度和经营管理的基础工作，企业在完成七项经济技术指标后可以从利润中提取一定比例的奖励基金，用于对先进生产者的物质奖励和职工集体福利。1973年10月，全国计划会议提出了改进经济管理体制的十项规定，提出企业要实行党委领导下的厂长负责制，建立强有力的生产指挥系统，广泛推行计时工资加奖励，对重体力劳动行业可实行计件工资。在工业调整的同时，也开始在农村纠正"左"的政策。1971年12月26日，中共中央发出《关于农村人民公社分配问题的指示》，针对当时农村存在的"分光吃尽"、集体增产个人不增收、分配不兑现及劳动计酬上的平均主义等现象，强调指出：应在发展生产的基础上逐步增加积累，公共积累不要一下子增加过多，要使农民在增加生产基础上增加个人收入；口粮分配要做到有利于调动最大多数社员的积极性；要坚持"按劳分配"原则，学习大寨的劳动管理方法要从实际出发，不能生搬硬套。还提出：要注意农业的全面发展，不能把党的政策允许的多种经营当作资本主义去批判。1973年全国计划会议上，又系统地批判了林彪、陈伯达一伙在农村强迫"扩社并队"、大搞"穷过渡"和"一平二调"、没收自留地、乱砍家庭副业的谬论和罪行，重申了党在农村的一些基本政策。但周恩来领导制定的一系列经济体制调整措施，遭到了江青、张春桥等人的仇视和反对，1974年初，江青等人借"批林批孔"运动，批判的矛头直接指向周恩来，第一次经济体制调整工作未达到预期目的。

1974年11月，毛泽东听了李先念关于"批林批孔"使国民经济总趋势不好的汇报后，指示要"把国民经济搞上去"。1975年四届全国人大后，邓小平先后主持国务院和中共中央政治局工作，按照四届全国人大确立的"四个现代化"宏伟目标和毛泽东"把国民经济搞上去"的指示，在主持的整顿工作中对经济体制进行调整。1975年2月25日至3月8日，中共中央召开全国主管工业党委书记会议，着重解决铁路运输问题。邓小平在会上讲话指出：毛主席说，要抓革命，促生产，促工作，促战备。听说现在有的同志只敢抓革命，不敢抓生产，说什么"抓革命保险，抓生产危险"。这是大错特错的。怎样才能把国民经济搞上去？分析的结果，当前的薄弱环节是铁路。解决铁路问题的办法是要加强集中统一，建立必要的规章制度，增强组织性和纪律性，对闹派性的人要再教育，要反对闹派性的坏头头。[①]3月5日，中共中央发出《关于加强铁路工作的决定》，规定全国铁路由铁道部加强统一集中管理和指挥，建立健全岗位责任制，加强技术操作、质

---

① 参见《邓小平文选》第2卷，人民出版社1994年版，第4—6页。

量检验和设备维修管理，调整充实各级领导班子，加强对干部、工人的组织纪律教育，严惩违法乱纪的坏人。随后，为了扭转钢铁生产的严峻局面，邓小平提出对钢铁工业进行整顿。5月29日，邓小平在全国钢铁工业座谈会上的讲话中强调说：必须建立一个强有力的领导班子，克服软、懒、散状况，不称职的立即撤换；必须和派性、闹派性的人进行坚决斗争；要认真落实政策，调动群众特别是老工人、老劳模的积极性；必须建立必要的规章制度，严肃执行，宁可严一些。国务院于6月间召开了一次计划工作务虚会，对经济工作的路线、方针和政策问题，进行了比较全面的研究，提出了一些重要意见。例如：当前经济生活中主要的问题是乱和散，必须狠抓整顿，强调集中；在计划体制上，要实行自上而下、上下结合、块块为主的办法等。这次务虚会还就如何发展钢铁工业、调整机械工业、缩短基本建设战线、安排好轻工市场、发展科学技术等问题，提出了一些设想。为了进一步解决工业发展方向不明、政策不清、无章可循、管理混乱等问题，国务院委托国家计划委员会起草了《关于加快工业发展的若干问题》。8月，在国务院讨论这个文件草稿时，邓小平作了《关于发展工业的几点意见》的讲话。他在讲话中就工业支援农业、引进技术设备、企业科研工作、企业管理秩序、产品质量、规章制度、按劳分配原则等问题，发表了重要意见。根据邓小平的意见，文件由原来的14条改写成20条，在征求各地意见时，得到普遍赞同。在对工业整顿的同时，对农业也进行了整顿。9月15日，在全国农业学大寨会议上，邓小平强调发展农业的重要性，指出农业搞得不好要拉国家建设的后腿，并提出要落实农村干部政策等主张。9月27日，在农村工作座谈会上，邓小平讲"农业要整顿"，"整顿的核心是党的整顿。整党主要放在整顿各级领导班子上，农村包括公社、大队一级"。1975年对经济体制的全面整顿，对消除"文化大革命"中的错误起了很大作用，但也激起了江青一伙的仇视。1975年11月，江青一伙在所谓"反击右倾翻案风"运动中，把矛头直指邓小平。1976年4月"天安门事件"以后，又错误地撤销了邓小平党内外一切职务，在全国范围内公开进行"批邓、反击右倾翻案风"运动，从而使第二次经济体制整顿工作也以中途受挫而告终。

第三节　经济建设的开展与成套设备的引进

"文化大革命"期间，在实施以备战为重点的"三五""四五"计划中，大规模开展三线建设，推进石油、电子、煤炭工业以及地方"五小"工业、农田水利基本建设和社队工业发展,组织重大国防科技攻关,启动实施了以引进成套生产设备为内容的"四三方案"。

一、大规模经济建设的开展

(一)三线建设在战备高潮中大规模展开

1967年,三线建设受到严重冲击。邓小平、李富春、薄一波、罗瑞卿、李井泉、程子华、彭德怀等中央到地方负责三线建设的领导人遭到林彪、江青一伙的污蔑批判,三线建设的领导工作受到严重冲击。许多科技人员在"批判反动学术权威""清理阶级队伍"运动中也遭到伤害,致使一些三线国防尖端科研攻关项目停滞不前。1967年和1968年国家完成的基建投资总额,只分别相当于1966年的66.9%和50%。1969年,全国进入战备高潮,中共中央批准有关省、市成立支援重点项目建设办公室,组织各省对施工力量、设备材料、物资运输进行统一指挥;国家基本建设委员会革命委员会成立;中共中央向全国批转成都军区、四川省革委会关于加速四川地区三线建设的报告,要求把国防工业、科研的重点项目迅速抢上去。1970年2月,全国计划工作会议强调要重点建设大三线战略后方。经过这些部署,三线建设重新全面展开。1970年至1972年,国防工业投资共91.23亿元,占同期工业基本建设投资总额的16%左右,是1949年至1985年国防工业完成基本建设投资比重最高的三年。[①]

1965年至1980年,历经3个五年计划,共投入2052亿元资金,几百万人力,在13个省、自治区开展的三线建设,规模之大,时间之长,动员之广,行动之快,在中国建设史上是空前的。三线建设建立起来的国防工业体系和基地,对巩固国防力量和加速国防现代化建设具有重要战略意义。三线建设还推动了中国生产力布局由沿海向内地的大幅度推移,加速了内地的工业化建设,初步建立起具有相当规模、门类齐全、科研和生产结合的战略大后方现代工业交通体系,初步改变了中国内地基础工业薄弱、交通落后、资源开发水平低下的状况。

在国防科技工业方面,建立了一大批尖端科研试验基地。以重庆为中心的常规兵器工业基地,能够大批量生产轻武器和先进重武器,到1975年,兵器生产能力已占全国的近一半。四川、贵州、陕西的电子工业基地,形成了生产门类齐全、元器件与整机配套、军民用兼有的体系。四川、陕西等地的核战略武器科研生产

[①] 参见《当代中国的基本建设》编辑委员会编:《当代中国的基本建设》(上),当代中国出版社、香港祖国出版社2009年版,第130—131页。

基地，拥有从铀矿开采提取、元件制造到核动力、核武器研制的核工业系统。贵州、陕西、四川、湖北等地的航空工业基地建成的125个项目，到1975年占全国生产能力的2/3。四川、陕西、贵州、湖北、湖南等地的航天工业基地，建成了中国第一个自行设计建设的卫星地面测控中心、西昌卫星发射中心。长江中上游的川东、鄂西、广西、云南、江西等地，建设了造船、船用设备、水中兵器生产基地和十余个科研设计机构。到1975年，三线地区国防工业的固定资产原值、净值，主要产品生产能力，技术力量和设备水平，都超过一、二线地区。三线建设建立起来的国防体系和基地，改变了工业布局，扩展了国家战略纵深，营造了战略大后方，增强了反侵略战争的潜能，具有预防、遏制战争，让侵略者"打不起"，从而抑制强敌对中国的军事冒险，为中国社会主义建设提供了保障，特别是为改革开放以来赢得长时期和平发展机会奠定了基础。这是一个经济落后的大国维持国家和平与自主发展，并争得时间壮大实力的成功战略。

在交通运输方面，从1965年起，先后建成了川黔、贵昆、成昆、湘黔、襄渝、阳安、太焦、焦枝和青藏铁路西宁至格尔木段等10条干线，加上支线和专线，共新增铁路8046公里，占全国同期新增里程数的55%，使三线地区的铁路占全国的比重由1964年的19.2%提高到34.7%，货物周转量增长4倍多，占全国的1/3。公路建设方面，新增里程数22.78万公里，占全国同期的55%。这些铁路、公路的建设，改变了西南地区交通闭塞的状况，对以后内地的现代化建设发挥了重要作用。

在基础工业建设方面，建成了一大批机械工业、能源工业、原材料工业的重点企业和基地。1965年至1975年，三线地区共建成124个机械工业大中项目。湖北第二汽车制造厂、陕西汽车制造厂、四川汽车制造厂生产的汽车，占当时全国汽车年产量的1/3。东方电机厂、东方汽轮机厂、东方锅炉厂形成了内地电机工业的主要体系。12个重型机器、矿山、起重、压延机械厂的建成，增强了三线地区的重型机器设备制造能力。三线地区还初步形成了重庆、成都、贵阳、汉中、襄阳、西宁等新的机械工业基地，到1979年，机械产品生产能力已相当于1965年的全国水平。在能源工业建设方面，建成了贵州六盘水地区和陕西渭北地区的煤炭基地，湖北的葛洲坝水电站，甘肃的刘家峡、八盘峡水电站，贵州的乌江渡水电站，四川石油天然气开发，陕西秦岭火电站等。到1975年，三线地区的煤炭产量从1964年的8367万吨增加到2.12亿吨，占全国同期增加总额的47.9%；年发电量从1964年的149亿度增加到635亿度。在原材料工业建设方面，建成了攀枝花钢铁基地和以重庆钢铁公司、重庆特殊钢厂、长城钢铁厂、成都无缝钢管厂为骨干的重庆、成都钢铁基地，在四川西昌、甘肃兰州等地还建成了铜、铝工业基地。这一时期共建成钢铁企业984个，工业总产值比1964年增长4.5倍；建成有色金属企业945个，占全国总数的41%，10种有色金属产量占全国的50%。

三线建设还为内地城市带来了发展机遇，促进了内地经济社会发展。三线建设中，除了原有的一批中心城市得到进一步发展外，在过去人烟稀少的荒山僻野，还建成了攀枝花、六盘水、绵阳、十堰、西昌等以钢铁、煤炭、汽车和有色金属等为特色的新兴工业城市。三线建设还使建设项目所在地的古老城镇面貌发生重大改变，如四川的德阳、绵阳、广元、乐山、自贡、泸州，贵州的遵义、安顺、都匀、凯里，云南的曲靖，陕西的宝鸡、汉中、铜川，甘肃的天水，河南的平顶山、南阳，湖北的襄樊、宜昌，山西的侯马等城市，随着三线建设的开展发展成工业城市。三线建设的实施，一些铁路和公路的开通、矿产资源的开发以及科研机构和大专院校的入驻，还显著地提高了长期不发达的内地和少数民族地区的社会经济和科技文化水平。

三线建设由于片面强调战备的要求，在实施中也存在一些问题，主要有：建设规模铺得过大，进程过快过急，造成了严重浪费与遗留问题；过分突出以国防工业为重点的重工业建设，造成了国民经济各部门间比例严重失调，生活欠账十分严重；在选定厂址上，强调"靠山、分散、隐蔽"，影响了经济效益的提高。但是，不能因为上述问题片面否定三线建设的战略决策，要从历史的辩证的视角对三线建设的战略决策进行评价。凡事预则立，不预则废。尽管中国政府和人民不希望看到战争，但也决不畏惧战争而放弃一寸领土，因此，将战争伤亡和经济损失减小到最低程度的预防是完全必要的。有准备而战争没有爆发，至多是造成一些浪费；没有准备而遇到战争，则要面临遭受沉重打击甚至灭亡的风险。同时，还应当看到，通过三线建设实现战略纵深布局和遏制战争，不仅为国防现代化道路的探索作出了历史贡献，还为中国社会主义建设提供了保障，为后来发展西部奠定了基础，特别是为改革开放以来赢得长时期和平发展机会奠定了基础。

（二）石油、煤炭、电子工业的发展和地方"五小"工业的兴起

石油工业的发展。从20世纪60年代起，中国已勘探出大庆、胜利、大港等油田，但受"文化大革命"的严重干扰，工交企业一度出现供油紧张状况。进入70年代，周恩来、李先念、余秋里、康世恩等领导人对石油工业进行了整顿。1970年，对大庆油田进行了开发调整，到1973年，原油产量比1970年增长50%

以上。同时，对胜利、大港等油田也进行了开发，胜利油田的原油产量从1966年的134万吨，增加到1978年的1946万吨，成为全国第二大油田；大港油田从1966年的11.4万吨，提高到1978年的300万吨；克拉玛依油田从1966年的114.7万吨增加到1978年的345.8万吨；吉林扶余油田从1972年到1978年，原油产量由126.3万吨提高到185.1万吨。[①]

煤炭工业的发展。从"三五"时期起，中国煤炭工业开始调集队伍建设江南煤矿。1969年全国计划会议决定要"重点安排江南九省区的煤炭建设，充分发动群众，大搞小煤矿，力争奋战三五年，改变北煤南运的局面"。到1970年制定"四五"计划时，又提出到1972年江南要力争实现煤炭自给。为此，全国煤炭地质勘探队伍的40%都被调到江南。经过10年建设，国家在江南投资建成矿井295处，形成生产能力3936万吨。江南煤炭产量由1965年的3071万吨提高到1985年的8105万吨，使江西、湖南两省基本实现自给。

电子工业的发展。"文化大革命"初期，电子工业的发展遭受冲击，1967年和1968年产值连续下降。由于电子工业的高科技地位日益重要，1970年，中央领导层在制定"四五"计划时，对加快发展电子工业进行了相关部署。经过广大干部群众的努力，电子工业获得较快发展：卫星通信设备和技术的研制开发取得进展，建立了多个卫星通信地面站；收音机、录音机等基本实现半导体化；随着三线建设的恢复，全国地方电子工业企业由1969年的1600多个增加到1970年的5200多个，建成了贵州、四川、陕西、甘肃、安徽、江西、山西、湖南、湖北等一批内地后方基地。

地方"五小"工业的兴起。中共九大召开以后，为了实现毛泽东于1966年2月提出的到1980年"基本上实现农业机械化"的目标，也为了战备的需要，国家开始重视地方"五小"工业的发展。1970年2月召开的全国计划会议，强调各地都要建立自己的"五小"工业，形成为农业服务的小而全的工业体系。从1970年起的5年中，中央安排了80亿元扶植地方"五小"工业，中央财政预算之外的投资也由1970年的100万元增加到1973年的1.48亿元。当时大批企业和管理权限的下放，也使地方建设的积极性提高。下放到地方的机关干部、科研人员及上山下乡知识青年还给农村地区传播了科技文化知识和经济信息，地方"五小"工业开始蓬勃发展。1970年，全国近300个县、市兴建了小钢铁厂，90%的县建立了农机修造厂，20多个省、市、自治区建起手扶拖拉机厂、动力机械厂和农机具制

[①] 参见《当代中国的石油工业》，中国社会科学出版社1988年版，第51—52页。

造厂。地方"五小"工业的发展还提高了农业机械化水平，促进了农业技术改造的进程。1975 年底，地方"五小"工业中的钢、原煤、水泥、化肥年产量分别占全国的 6.8%、37.1%、58.8%、69%。① 全国小化肥厂的合成氨产量比 1964 年增长 18 倍，农业机械总动力比 1964 年增长了近 10 倍。

（三）农田水利基本建设的推进

从 20 世纪 70 年代前期起，全国农村广大干部群众开展的治山造田、治河修渠的大搞农田水利基本建设运动取得重大成就。在长江中下游兴建了荆江、汉江分洪等工程，共建成 500 多座大中型水库；全面治理黄河取得重大进展，扭转了黄河历史上"三年两决口"的险恶局面；治理淮河成绩显著，共开挖 11 条大河道，建成 30 多座大水库、2000 多座中小水库；根治海河取得巨大成就，治理了子牙河等五大河系，修堤 4300 公里，疏浚 270 条河道，建成 80 座大中型水库、1500 座小水库。在这一时期，各地还先后完成一些重要的水利工程：豫、皖、苏三省开挖新汴河、治理沱河工程，河北黑龙港地区防洪排涝主要工程，京郊治涝工程三条主河道通水工程，宝鸡峡引渭灌溉骨干工程，汉江丹江口水利枢纽初期工程，江苏淮安水利枢纽工程，丹江渠道主体工程，青铜峡水利枢纽工程，黑龙江北部引嫩工程，三门峡水利枢纽工程等。在打井抗旱、兴建水电站方面也取得重要成就。据统计，1977 年全国农田灌溉面积比 1965 年增长 41%，年均增长 2.9%；1977 年全国机电排灌面积以及各种水电站机电总装机容量分别比 1965 年增长 255.58% 和 543%，年均增长 11.15% 和 16.8%；1975 年全国机井数比 1965 年增长 835.89%，年均增长 25%。

（四）社队工业企业的兴起

20 世纪 70 年代初，一方面，农村人口持续增长，沿海省区农业劳动力出现富余，人多地少的矛盾开始凸显；另一方面，国家号召实现农业机械化，但又拿不出较多资金予以扶植，而国营大中企业受"文化大革命"动乱的影响，效益较低，不能满足社会市场。在这种情况下，不需国家投资的社队工业企业得到发展的机会。1970 年，国务院召开的北方地区农业会议提出要大办地方农机厂、农具厂以及与农业有关的其他企业。江苏、浙江、广东等省纷纷兴办各种规模的农具、粮油加工、建材、编织、服装等社队工业。这些社队工业围绕农业办工业，为农业服务；为城市工业加工服务；就地取材，就地生产，就地销售，适应了当时农村较低的生产力状况，具有很强的生命力。1975 年 9 月 5 日，浙江省永康县人民

---

① 汪海波等：《新中国工业经济史》，经济管理出版社 1986 年版，第 357 页。

银行干部周长庚致信毛泽东,建议改变1962年中央关于公社工作六十条中社队"一般不办企业"的规定,积极发展农村工业。毛泽东作出批示,引起中央有关部门的重视。1975年10月,《红旗》杂志发表了《大有希望的新生事物——江苏省无锡县发展社队工业的调查报告》,指出社队工业"对于发展农业、建设社会主义新农村、改造小生产的习惯势力有着很大的作用"。10月11日,《人民日报》刊发了《伟大的光明灿烂的希望——河南巩县回郭镇公社围绕农业办工业、办好工业促农业的调查》,指出社队工业在巩固人民公社集体经济、改进农业生产条件、发挥人民公社"一大二公"的优越性等方面已显示出强大的生命力,发挥着不可估量的作用。1965年至1976年,按不变价格计算,全国社办工业产值由5.3亿元增加到123.9亿元,在全国工业产值中的比重由0.4%上升到3.8%。社队工业的发展为农业机械化、农田水利建设提供了大力支持,还吸纳了大量农村劳动力,增加了农民收入,为改革开放后乡镇企业的发展奠定了良好基础。

二、国防科技事业的新突破

面对"文化大革命"导致国防科技工作的领导人、国防科研院所的归国专家和技术人员被打倒和批斗,一批重要实验被迫停止的严峻形势,周恩来、聂荣臻竭力保护国防科技专家,保证科研生产和试验的正常进行。1966年8月,聂荣臻在第五十五次中央军委常委会上提出,导弹和原子弹实验基地的任务很重,应该推迟进行"文化大革命",只进行正面教育。10月8日,周恩来主持中央专委会会议时又指出:对这些基地,要武装保卫,排除红卫兵的干扰,保证试验安全进行。1967年3月,聂荣臻在《关于军事接管和调整改组国防科研机构的报告》中提出,现在国防工业部的各研究院和中科院承担国防科研的各研究所,大多已瘫痪,研究工作停顿,三线建设问题很多,这种状况十分不利,必须迅速改变。他建议由国防科委组织人员迅速对这些单位实行军管,以恢复科研工作。1969年8月,周恩来主持召开国防尖端科研会议,指出要想尽一切办法使尖端科研不受干扰,不受冲击。1972年9月13日,周恩来与朱德、叶剑英等视察七机部装配运载火箭工厂时强调说:大家要团结起来,反对派性,把精力全部集中到科研生产上,争取试验成功。①1974年4月12日,周恩来在主持召开的中央专委会会议上指出:"要清除林彪一伙的影响,克服派性,和派性作斗争,要采取措施进行整顿。""一定要牢记中国的尖端科技事业现在还处在初级阶段,争取时间尽快搞

---

① 参见《周恩来年谱(1949—1976)》(下),中央文献出版社2007年版,第550页。

上去！"①

在周恩来等领导人的努力下，国防科技事业取得了突破性进展。1966年10月27日，中国第一枚导弹核武器发射成功。12月26日，第一枚中程地地导弹发射成功。12月28日，氢弹原理试验获得完全成功。1967年6月17日，首次全当量氢弹空爆试验成功，比原计划提前突破原子弹、氢弹技术，实现了中国核武器发展进程中一个质的飞跃。1970年1月，一、二两级火箭飞行试验获得成功。4月24日，中国研制的第一颗人造地球卫星"东方红一号"发射成功，为中国航天技术发展奠定了良好基础。自1971年3月至1976年底，中国又陆续成功发射了1颗科学实验卫星、2颗返回式遥感卫星和3颗技术试验卫星，并对返回式遥感卫星成功地进行了回收。在导弹核潜艇的研制方面，1967年，国防科委依据中央军委批准的反潜鱼雷核潜艇的战术技术要求，组织审定了鱼雷核潜艇工程的总体方案。1968年2月，中央军委同意国防科委成立核潜艇工程办公室。1969年10月，国务院、中央军委决定组成在其直接领导下的核潜艇工程领导小组，下设办公室，负责处理日常工作。1970年4月，关系到试验安全和潜艇核动力装置质量的陆上模式堆工程提前建成。1971年8月和1974年4月，第一艘核潜艇的系泊试验和航行试验相继完成。结果证明，设计和建造是成功的，可以交付海军部队使用。

三、"四三方案"的实施与对外经济交往的拓展

1972年1月22日，李先念、纪登奎、华国锋联名向周恩来报送国家计划委员会《关于进口成套化纤、化肥技术设备的报告》，建议引进中国急需的化纤新技术成套设备4套、化肥设备2套及部分关键设备和材料，约需4亿美元。2月5日，经周恩来批示呈报，毛泽东圈阅批准了该报告。随后，周恩来等人以此为突破口，将对外引进交流规模进一步扩大。11月7日，国家计划委员会再次提出《关于进口成套化工设备的请示报告》，建议进口6亿美元的23套化工设备。周恩来在批准该报告的同时，要求将总额33亿美元的另一进口方案送他合并考虑，准备采取一个更大规模的引进方案。1973年1月，国家计划委员会提交《关于增加设备进口、扩大经济交流的请示报告》，对前一阶段和今后的对外引进项目作出总结和统一规划，建议今后3—5年内引进43亿美元的成套设备。其中包括13套大化肥、4套大化纤、3套石油化工、10个烷基苯工厂、43套综合采煤机组、3个大

---

① 《周恩来年谱（1949—1976）》（下），中央文献出版社2007年版，第664页。

电站、武钢1.7米轧机及透平压缩机、燃气轮机、工业汽轮机工厂等项目。这个方案被通称为"四三方案"。以后，在此方案的基础上，又陆续追加了一批项目，计划进口总额达51.4亿美元。

利用"四三方案"引进的成套生产设备，通过国内自力更生的生产和设备改造，中国兴建了26个大型工业项目，其中10亿元以上的特大型项目有1.7米轧机工程、北京石油化工总厂、上海石油化工总厂一期工程、辽阳石油化纤厂和黑龙江石油化工总厂5个。1978年，一批项目建成投产，1979年，大部分引进项目建成投产，包括国内配套工程在内累计完成基本建设投资240亿元。1982年，"四三方案"引进项目全部建成投产，为社会主义现代化建设事业增添了重要的生力军。分行业情况是：化肥工业方面，1973年开始，中国陆续从美国、荷兰、日本、法国引进的13套日产1000吨合成氨和1620—1740吨尿素的大型成套生产装置，以天然气和石油为原料，技术水平达到当时的世界先进水平。化纤工业方面，1972年起，为了加快合成纤维工业建设以解决纺织工业原料不足的矛盾，引进4套大型石油（天然气）化工化学纤维联合生产装置，开始建设上海石油化工总厂一期工程、辽宁辽阳石油化纤总厂、天津石油化纤总厂、四川长寿天然气维尼纶厂4个现代化的大型企业，作为石油化纤原料的重要生产基地。冶金工业方面，武汉钢铁公司1.7米轧机是"四三方案"中最大的单项引进项目，主要设备和生产技术从联邦德国和日本引进。整个工程共建33条作业线，由143项单项工程组成（主体工程40项，辅助配套工程103项）。煤炭工业方面，1973年，为缩短与世界采煤技术和装备水平的差距，从国外引进了43套大型综合采煤设备。1978年，经邓小平、李先念批准，又进口了100套。还进口了100套掘进设备和其他成套设备。两次集中引进，使统配煤矿的综采能力初具规模。机械工业方面，从联邦德国、意大利等国家引进了包括杭州汽轮机厂的工业汽轮机、南京汽轮发电机厂的燃气轮机、沈阳鼓风机厂的透平压缩机，以及三条轴承生产线、冶炼高级合金钢的精炼炉、汽车刹车用摩擦材料和汽车玻璃7个成套项目，对提高中国机械工业技术水平发挥了积极作用。

除"四三方案"的主要项目外，重要的引进项目还有：从美国引进彩色显像管成套生产技术项目；利用外汇贷款购买新旧船舶，组建远洋船队；购买英国三叉戟飞机，增强民航运输力量等。1972年9月，国家计划委员会成立了进口技术设备领导小组，负责审查进口设备和综合平衡及长期计划衔接工作，还组织有关部委派出多个考察小组，到国外考察检查进口设备。同时，在国内恢复举办先进科技国家的技术贸易展览会，学习吸取国外先进技术。

20世纪70年代前期的对外引进和经济交流新局面的开拓，对于中国打破长期被封锁状态起到了积极作用，也为80年代中国实行对外开放政策进行了一定的物质和思想准备。

第四节　国民经济的波动与调整

"文化大革命"时期，经济政策和经济工作遭受严重破坏，党和国家对经济秩序进行调整整顿，国民经济呈大波动和缓慢增长态势。

一、"文化大革命"初期国民经济遭受严重干扰和破坏

1966年5月"文化大革命"发动后，各地许多大中学校纷纷掀起"造反"浪潮，并开始建立红卫兵组织。政治上的混乱对1966年下半年的经济发展造成许多干扰和破坏。第一，"大串连"高潮导致交通阻塞。铁路运输到年底估计有1000万吨物资被积压待运。主要是江南地区和三线建设需要的煤炭、木材、水泥、钢铁、矿山建筑材料、食盐、农副产品等。公路运输普遍紧张，黑龙江省11、12月汽车货运量共有900万吨，但运力只有500万吨，有98万吨粮食集中不起来，7万吨甜菜运不到糖厂；湖北省第四季度汽车货运量共有204万吨，但只能安排130万吨；湖南省积压物资77万吨，天津市积压物资56万吨，辽宁省有80万吨粮食集中不起来，山东和四川各积压物资30万吨左右，河北和安徽各积压物资20万吨，陕西省积压物资12万吨。水运、港口物资积压也十分严重，上海港积压14万吨，广州港积压14万吨，重庆港积压3.4万吨。西南地区由于水泥运不进去，成昆线有63个隧道口停工，攀枝花选矿厂工地有4500工人停工，华东电网11月22日煤炭库存量只够9天的周转量。① 第二，工业企业的领导班子瘫痪，生产指挥系统不能正常调度，工业生产中出现设备维护差、事故增多、产品质量下降，少数青工、徒工擅离生产岗位等现象，致使基本建设的经济效益下降。1966年新增固定资产比1965年减少20亿元。固定资产交付使用率由1965年的93.6%下降到1966年的70.4%，大中型项目建成投产率由1965年的22.9%下降到1966年的18.1%。第三，商业、外贸、邮电、金融等经济部门

---

① 参见国家计划委员会档案：《全国计划、工业交通会议简报》第1期，1966年11月27日。

也受到不同程度的影响。以商业部门为例,如红卫兵扫"四旧",把一批传统、名牌或为人民喜用的商品打入"冷宫",1966年8月北京市百货大楼停售"有问题"的商品达6800多种。1966年全国日用商品零售额比1965年下降1.7%,减少1.2亿元。

虽然"文化大革命"的发动对国民经济运行造成一定破坏,但由于动乱主要集中在上层建筑领域,真正影响到经济领域是从1966年第四季度开始的。因此,综观全年经济,仍有较大幅度的增长。工农业总产值比上年增长17.3%。其中农业超额完成计划的6.8%,比上年增长8.6%。粮食产量比上年增长10%,棉花比上年增长11.4%。工业总产值超额完成计划的11.5%,比上年增长20.9%。钢产量比上年增长25.3%,原油增长28.6%,原煤增长8.6%,棉纱增长20.4%,化肥增长39.6%。国家预算内基本建设投资比上年增加24亿元。铁路货运量和公路货运量分别比上年增长11.9%和7.2%。社会商品零售总额比上年增长9.3%。国家财政收入比上年增长24.4%。

1967年和1968年,全国出现"打倒一切""全面内战"的政治局面,国民经济状况急剧恶化。第一,经济指挥和管理机构基本上瘫痪,国民经济处于无计划状态。第二,许多行之有效的经济政策和规章制度,如"工业七十条""商业四十条""科学十四条""高教六十条",以及企业管理中生产责任制、劳动纪律、质量检验、安全操作等许多规章制度都被当作"修正主义"的"管、卡、压"、"复辟资本主义"等加以批判,无政府主义猖獗。第三,交通运输特别是铁路运输遭到严重冲击。从1967年上半年起,津浦路徐州、蚌埠地区,广西柳州、桂林、南宁地区,东北长春、四平地区等许多路段被迫停止通车,或断续通车。到8月,铁路平均货运日装车比7月下降45%。1967年铁路日平均装车数仅为计划的46%。沿海和长江航运8月货运量比7月减少21.6%。第四,煤炭、冶金、原油生产均遭受破坏。煤炭:自1967年初起生产连续下降,8月,部属煤矿平均日产量比7月减少30%。12月,煤炭部直属各矿务局日产煤水平只达到正常生产水平的50%左右,是新中国成立后历史上的最低水平。冶金:1967年8月上旬,全国平均日产量钢19200吨、生铁19000吨,比7月下旬分别减少1800多吨,到8月底又分别减少11100吨和8800吨,9月比8月分别再减少1800吨和3400吨。长城、重庆特钢厂停产,大冶、抚顺、大连钢厂半停产。电力:1967年8月底,平均每天发电1.82亿度,比7月下旬减少0.35亿度,下降16%。华东电厂从7月底开始限电;西安电网负荷一度从23万千瓦下降到8万千瓦;东北电网发电量下降25%。

原油：1967 年 8 月底，平均日产量为 2 万吨，比 7 月下降 50% 以上，9 月又下降为 1.86 万吨。大庆油田 8 月平均日产量 1.6 万吨，比 7 月下降 40%，9 月又下降到 1.3 万吨。化工：1967 年 8 月下旬，18 个重点企业的合成氨平均日产量由 7 月的 3000 吨减少为 1100 吨，到 9 月又减少为 980 吨，只相当 7 月的 30%。吉林、太原两个化肥厂被迫停产。全国共有 33 个制药厂停产。

两年的动乱，致使生产连年下降，财政收入减少，市场供应紧张，国民经济全面衰退。1967 年，全国工农业生产总值比上年下降了 9%，1968 年比 1967 年又下降 4%。主要工农业产品产量与上年相比，1967 年，钢产量减少 503 万吨，原煤产量减少 0.46 亿吨，原油产量减少 67 万吨，发电量减少 51 亿度；1968 年，钢产量减少 125 万吨，发电量减少 58 亿度。此外，棉布、化肥、木材等产量都是连续递减。

二、1969 年至 1973 年经济建设的"冒进"与调整

1969 年中共九大召开后，国家政治局势稍趋稳定，经济得到缓慢复苏。1969 年，在广大干部和群众的共同努力下，工农业总产值比上年增长 23.8%，比 1966 年增长 7.2%。其中农业总产值比上年增长 1.1%，工业总产值比上年增长 34.3%。除粮、棉外，工农业产品产量都有较大幅度增加。

1970 年，为尽快扭转"文化大革命"对"三五"计划进度造成的影响，从年初起，经济建设开始"冒进"，到 1971 年，国民经济建设出现了长达两年的"过热"。首先，在制定"四五"计划中盲目追求高速度、高指标。其次，基本建设规模急剧扩大。1969 年，包括工业在内的基建投资额为 186 亿元，1970 年猛增到 295 亿元，1971 年又增加到 316 亿元。经济过热导致国民经济出现"三个突破"。即职工人数突破 5000 万，工资支出突破 300 亿元，粮食销量突破 800 亿斤。经济过热还导致国民经济比例严重失调和经济效益的降低。国民经济比例严重失调主要表现是积累率过高，农轻重比例不合理。1969 年积累率为 23.2%，1970 年为 32.9%，1971 年为 34.1%。1971 年农业投资只占总投资额的 10%，工业投资却达 65.2%，但轻工业投资仅占 5.8%。这种依靠高投资实现高积累，以保证工业增长高速度的做法，导致职工生活水平下降，对以后的经济建设也造成严重影响。经济过热还导致 1971 年计划建成投产的 356 个项目，实际只建成 115 个；39 种主要产品新增生产能力，有 36 种没有完成计划。1972 年计划投产的大中型项目 260 个，实际上完成 120 个。计划投产的单项工程 700 多个，实际上只完成 370 多个。

41种产品的新增生产能力，完成计划的只有2种。同时，又忽视科研和技术培训，排斥科学管理，从农村招收的大批新工人素质较差，导致劳动生产率的下降。由于一味追求高速度，生产中浪费现象也比较严重。

"九一三"事件后，周恩来主持中央工作，从1972年起，国家开始对国民经济采取多方面的调整措施。第一，恢复制定经济管理规章制度，加强国家的宏观控制。第二，压缩了"四五"计划的工业高指标。经1973年5月中央工作会议讨论，对"四五"计划中的主要经济指标作出以下改动：适当放慢大三线建设的进度，将"四五"计划规定的工业年平均增长速度12.8%下调到7.7%，将1975年原定3500万—4000万吨的钢产指标压低到3000万吨。第三，压缩基建规模，调整国民经济各部门投资比例。1972年工业基建投资比1971年降低了21.24亿元，减少国防工业和国防科研投资11.37亿元，1973年再次予以减少。全国计划会议确定本年大中型建设项目1280个，比上年施工项目减少280个。工业投资的比重由1971年的61.5%，降低为53.8%。在工业内部，轻工业投资由3.7%提高到6%左右。同时加强了对农业的支援，1973年对农业的财政投资和支农工业投资，比上年增长19%。第四，压缩、调整军事工业规模。1972年初的全国计划会议以批判林彪集团罪行的形式，对国防工业进行了调整。指出林彪一伙鼓吹什么"打仗就是比例"，打着战备的幌子，不顾国家经济力量的可能，不顾各方面的比例关系，大量增加军费和国防军工建设的费用，破坏国民经济有计划按比例的发展，也破坏了国防工业建设。

经过两年调整，1973年国民经济各个领域都出现好转：工农业总产值完成计划102.8%。其中工业总产值完成计划102.3%，比上年增长9.5%；农业总产值完成计划103.9%，比上年增长8.4%。全民工业劳动生产率比上年提高3.3%。固定资产交付使用率比上年提高13%。同时，"三个突破"基本得到控制。全民职工人数和工资总额分别只比上年增长2.6%和4.1%。由于农业丰收，国家粮食库存比上年增加93.5亿斤。

三、"批林批孔"运动对国民经济的冲击与1975年整顿

从1974年初开始，江青集团利用毛泽东对孔子错误认识及倡导"反潮流"精神，发动了"批林批孔"运动，再度冲击了生产建设领域。（1）工业欠产。1974年1月至5月，全国重点煤矿欠产835万吨，比上年同期下降6.2%；钢欠产188万吨，比上年同期下降9.4%；化肥欠产185万吨，比上年同期下降3.7%。（2）铁

路运输堵塞。铁路货运量1月至5月欠运2100万吨，比上年同期下降2.5%。津浦线上的徐州、京广线上的长沙、京包线上的包头、贵昆线上的贵阳，这些区段均不畅通。铁路运输的受阻，致使山西、河南的煤炭和其他物资不能及时外运。到6月，山西煤矿存煤达到195万吨。郑州铁路局1月至10月每天平均欠装煤炭273车，平顶山、鹤壁、焦作等几个大矿存煤上升到33.3万吨。（3）港口压船。在"要当码头的主人，不做吨位的奴隶"口号的影响下，许多港口不敢再抓装卸和疏运吨位指标，劳动效率大幅度下降，船舶停港时间不断延长。从1月以来，全国在港船舶数量经常保持在240—250艘，其中超过1个月的船有40多条，最长的超过100天，仅1月外贸租船等待泊位一项就损失租金186万英镑。（4）财政出现赤字。1月至5月，全国财政收入比上年同期减少5亿元，财政支出比上年同期增加25亿元，出现财政赤字5亿元。（5）市场商品供应紧张。生产形势的恶化，导致消费品品种、数量都大大减少，影响了广大人民群众的生活。

为了扭转经济的被动局面，1974年7月1日，经毛泽东批准，中共中央发出《关于抓革命、促生产的通知》，部分地区和单位的生产有所回升，但7月全国的工交生产仍在继续下降，到了8月工交生产有所回升，但整个工交生产并未根本好转。1974年，工农业总产值仅完成计划的95.6%，比上年仅增长1.4%。其中，农业总产值完成计划的101.5%，比上年增长4.2%，工业总产值仅完成了计划的93.2%，比上年仅增长0.3%。除粮食和黄、红麻完成了计划外，其他主要经济作物均未完成计划。大部分重工业产品和轻工业产品也都没有完成计划。与上年相比，棉花减产4%，钢减产16.3%，原煤减产1%，棉纱减产8.4%，铁路货运量下降5.3%，新增固定资产交付使用率下降5.3%。这一年，外贸逆差6.7亿美元，当年财政赤字7.7亿元。

1975年，邓小平主持工作期间，在毛泽东、周恩来的支持下，对铁路部门、钢铁工业、农业展开了全面整顿。整顿工作从3月展开，到7月、8月、9月进入高潮，取得明显成效。铁路运输四通八达，畅通无阻。上半年全路货运量比上年增长8.6%，煤炭、木材等重点物资运输实现一年时间过半，完成任务过半。1975年货运量比上年增长12.7%。基本建设方面，由于坚决压缩新建设规模，停建和缓建了一些项目，铺轨里程少于1974年，但因保了重点，注意工程的配套收尾，营业里程的增加比1974年提高19.3%，完成了宝成铁路全线的电气化改造。铁路工业坚持"修造并举，以修为主"的方针，坚持"挖潜、革新、改造"，总产值超过了 1973 年，改变了 1974 年总产值下降的状况。① 5 月和 6 月，原油、原煤、发电量、化肥、水泥、内燃机、造纸等连续创造月产量历史最高水平。上半年全国工业总产值完成全年计划的 47.4%，财政收支平衡，略有盈余。到年底，工农业总产值比上年增长 11.5%，其中工业总产值比上年增长 15.1%，农业增长 4.6%。这一年由于整顿，"四五"计划的多数指标基本完成。对照调整后的"四五"计划纲要（修正草案），工农业总产值完成计划的 101.7%，其中工业总产值完成 100.6%，列入计划的 41 种主要工业产品，有 20 种如原煤、原油、发电量等完成和超额完成，7 种如铁路货运量、棉纱等接近完成，14 种如钢铁等没有完成。农业总产值完成计划的 104.5%，粮食完成 103.5%，生猪、水产品达到指标，棉花在 1973 年曾经提前完成"四五"计划指标，1975 年因受灾，只完成 95.2%。

四、1976 年"批邓、反击右倾翻案风"使国民经济再遭挫折

"四人帮"出于他们的目的，从 1975 年 11 月开始，首先在清华大学掀起一场所谓"教育革命大辩论"，进而把"反击右倾翻案风"运动推向全国。他们把 1975 年邓小平主持中央日常工作以来，中共中央和国务院所采取的各项政策和措施说成"右倾翻案风"，把对各方面工作进行的整顿诬蔑为"复辟"；攻击"四个现代化"是"资本主义化"，"卫星上天，红旗落地"；批判抓社会主义生产建设是所谓"唯生产力论"；诬蔑按劳分配原则是"产生资产阶级分子的基础"，关心群众生活是搞"物质刺激"，出口石油是"卖国主义"，引进技术设备是"崇洋媚外"，加强企业管理是"管、卡、压"，搞社会主义经济核算是"利润挂帅"。

"批邓、反击右倾翻案风"运动使各级经济管理机构再次陷于瘫痪与半瘫痪，正常的经济秩序遭到很大破坏。郑州铁路局在 1976 年一年共发生 12 次全局性的大堵塞，使京广线处于半瘫痪状态，全路局比国家计划少装 1400 多万吨货物，少运煤炭近 1100 万吨，造成 12 个省、市煤炭供应紧张。东南地区的徐州、蚌埠，中南地区的武汉、南昌，西南地区的贵阳、昆明，西北地区的西安、兰州、乌鲁木齐等交通枢纽也被阻塞。全国共有十几条铁路干线经常处于不通畅的严重局面，造成不少地区缺煤少电，相当一批工厂停工减产，严重影响了国民经济和人民生活。

"批邓、反击右倾翻案风"运动还阻碍了国民经济的十年规划和 1976 年计划的顺利实施。1976 年 1 月至 5 月，钢欠产 123 万吨，化肥、棉纱等其他主要工

---

① 《当代中国的铁道事业》（上），中国社会科学出版社 1990 年版，第 77 页。

业品也大量欠产，影响市场少供应商品14亿元，影响财政减收20亿元，原定的1976年国民经济计划已经不可能完成。1976年7月召开的全国计划座谈会调整了原来的计划，钢由原来的2600万吨调到2400万吨，基本建设投资比原定计划减少20亿元，从外贸库存中再拿出20亿元商品投放市场，进口计划压缩5亿美元，社会集团购买力压缩10%—20%，原定调整工资计划推迟实行。

1976年，周恩来、朱德、毛泽东等党和国家领袖相继逝世，邓小平等老一辈革命家遭受诬陷离开工作岗位，经济建设再次遭受严重破坏。全年工农业总产值比上年只增长1.54%，远低于原计划的7%—7.5%，工农业总产值指数比上年下降了9.12%。主要工农业产品中有多种未完成计划，其中棉花完成计划的79%；钢完成计划的79%，比上年下降14.4%；棉纱完成计划的88%；棉布、硫酸、矿山设备、发电设备、机床、汽车、拖拉机的产量比上年都有较大的下降。国家基本建设投资比上年减少32.3亿元，固定资产交付使用率比上年下降5%，建成大中型项目比上年减少82个。进出口贸易金额比上年下降9%。全国国营企业亏损额177亿元，国家财政收入比上年减少39亿元，出现财政赤字29.6亿元。

"文化大革命"十年期间，中国经济工作在艰难中取得重要进展，在遭受严重冲击下，经济几度濒临崩溃的边缘。1967年和1968年两年的内乱，致使许多地方生产停滞，财政收入减少，市场供应紧张，经济全面衰退，发生严重负增长；1976年"反击右倾翻案风"运动，使经1975年整顿有所好转的经济秩序又遭受严重破坏，经济负增长，人民生活陷入困境。中国经济与一些发达资本主义国家的差距拉大。1966年，美国、日本和中国国内生产总值分别为8150亿美元、1056.28亿美元和767.2亿美元，到1976年，美国、日本和中国国内生产总值分别为18800亿美元、5861.62亿美元和1539.4亿美元。1966年至1976年，美国、日本的国内生产总值分别增加10650亿美元、4805.34亿美元，而中国仅增加772.2亿美元。1966年，美国、日本国内生产总值分别是中国的10.62倍、1.38倍，差额为7382.8亿美元、289.08亿美元。1976年，美国、日本国内生产总值相比中国的倍数提高到12.21倍、3.80倍，差额扩大到17260.6亿美元和4322.22亿美元。"文化大革命"的重大错误是以阶级斗争为纲，偏离了以经济建设为中心的方向。"文化大革命"深刻的教训值得汲取，它告诉人们，中国要走社会主义道路，必须首先搞清楚什么是社会主义、怎样建设社会主义的问题，并且要正确地估计和把握国内外形势，维护国内安定团结的政治局面，否则，若以阶级斗争为纲，没有政治上的稳定，就不可能有经济上的正常发展。

思考题

1. 试述"三五"计划的指导思想是如何由"解决吃穿用"转变为"以战备为中心"的。
2. 如何评价三线建设的历史地位?
3. 如何评价"文化大革命"时期的经济管理体制变动?
4. 20世纪六七十年代中国的国防科技事业取得了哪些重大突破?
5. 试述党内为抵制"文化大革命"对国民经济的破坏做了哪些努力。

第四章　在徘徊中前进与改革开放的起航（1976—1984）

1976年粉碎"四人帮"后到1984年中共十二届三中全会前的中国经济，是新中国经济史上前所未有的大转折、大变化时期。粉碎"四人帮"、结束"文化大革命"以后，中国面临着向何处去的三条道路抉择。一条"邪路"，是继续坚持"文化大革命"的"阶级斗争为纲"路线；一条"老路"，是回到"文化大革命"前17年的计划经济体制中去；一条"新路"，是总结过去的经验教训，在新的国内外形势下，走出一条有中国特色的社会主义经济发展道路来。经过真理标准大讨论，走新路的呼声日益高涨。邓小平倡导的解放思想、实事求是思想路线，使越来越多的人认识到，中国必须改革，不改革只能是死路一条。

第一节　经济工作指导思想的历史性转变

1976年10月至1984年10月，中国共产党经济建设的指导思想，经历了拨乱反正、实事求是地认识国情、解放思想探索适合中国特色社会主义经济理论的三个阶段。

一、经济领域的拨乱反正和政策的恢复调整

（一）经济领域的拨乱反正

1977年3月30日，中共中央转发了国家计划委员会向中共中央政治局提出的《关于一九七七年国民经济计划几个问题的汇报提纲》。《汇报提纲》针对当时经济领域存在的思想混乱，提出了10个问题。以此为开端，在经济思想领域主要围绕以下四个方面的问题，进行了一场拨乱反正大讨论。

一是坚持按劳分配的社会主义原则。这是经济理论界拨乱反正过程中发动早、范围广、持续时间长的一场大讨论。1977年2月，国家计划委员会经济研究所、中国科学院经济研究所、国家劳动总局、北京大学等共同发起了全国性的经济理论讨论会，对按劳分配和"资产阶级法权"、政治和经济、革命和生产等问题进行了较集中的讨论。《人民日报》《光明日报》等报刊选载了一批讨论文章，把讨论推向了社会。邓小平对大讨论予以了积极支持和推动。1978年3月，他说：一定

要坚持按劳分配的社会主义原则，不能是按政治，也不能是按资格。要实行全面考核制度，今后职工提级要根据考核的成绩，不合格的不提。5月5日，由胡乔木组织撰写、以特约评论员署名的文章《贯彻执行按劳分配的社会主义原则》在《人民日报》发表，指出按劳分配是社会主义生产关系的一个不可缺少的方面，它能够促进生产力的发展，提高劳动生产率，不仅不会产生资本主义，而且是消灭资本主义的重要条件。这篇文章与其后发表的《实践是检验真理的唯一标准》，在理论界都引起了很大反响。

二是鼓励发展社会主义商品经济。1977年12月5日，国务院发出召开城乡商业学大庆学大寨会议的通知，明确提出：社会主义的商品生产和商品流通，同资本主义的商品生产和商品流通，有本质的差别。我们要理直气壮地促进社会主义商品生产，发展社会主义商品流通。《人民日报》也发表一系列文章，纠正1975年"限制资产阶级法权"把商品经济说成"和旧社会没有多少区别"的错误。

三是提出科学技术是生产力、知识分子是工人阶级一部分的重要观点。1978年3月，全国科学大会在北京隆重开幕。邓小平在会上说："四个现代化，关键是科学技术的现代化。""承认科学技术是生产力，就连带要答复一个问题：怎么看待科学研究这种脑力劳动？科学技术正在成为越来越重要的生产力，那末，从事科学技术工作的人是不是劳动者呢？"他的结论是：知识分子绝大多数"已经是工人阶级自己的一部分"。[1] 邓小平的这一观点，不仅仅是以往在这个问题上的再次肯定，而且赋予了全新的内涵和高度，为以后经济建设和现代化确定了主攻方向。

四是提倡按客观经济规律办事。1978年7月7日，华国锋在全国财贸学大庆学大寨会议的讲话中指出："不利用价值规律，违背这个规律，我们的经济工作就不能正确有效地进行，就不能以最少的消耗取得充分的效果，就必然产生严重的浪费和亏损，破坏社会主义生产，受到客观规律的惩罚。"[2] 9月18日，邓小平访问朝鲜回国途中在鞍山听取汇报时更深刻指出：按照经济规律来管理经济，"一句话，就是要革命，不要改良，不要修修补补"[3]。这实际上已经提出了经济体制改革的要求。根据这些讲话精神，10月6日，胡乔木在《人民日报》发表题为《按照经济规律办事，加快实现四个现代化》的文章。

总的来说，真理标准问题大讨论前经济思想领域的拨乱反正，主要是从马列主义经典著作和毛泽东过去的正确论述中寻找支持，把被"文化大革命"破坏了

---

[1] 《邓小平文选》第2卷，人民出版社1994年版，第86、88、89页。
[2] 华国锋：《在全国财贸学大庆学大寨会议上的讲话》，《人民日报》1978年7月12日。
[3] 《邓小平文选》第2卷，人民出版社1994年版，第130页。

的经济政策、理论，恢复到"文化大革命"前行之有效的状况。真理标准问题大讨论开展以后，经济思想领域的大讨论也向着解放思想的方向迅速发展，形成了经济管理体制改革的新思维。

（二）经济政策的恢复调整

粉碎"四人帮"后的两年中，在恢复和落实经济政策方面，采取了一系列措施。中共中央和国务院先后召开了农业、计划、铁路、基建、工业、财贸、煤炭、电力、运输、粮食等经济部门会议，解决工农业生产被"文化大革命"搞乱了的问题。

1978年4月20日，中共中央颁发了在1975年邓小平指示制定的"工业二十条"基础上修订的加快工业发展的"工业三十条"，对整顿企业提出了具体标准，明确规定了企业的任务、制度、工作方法和管理政策。至此，"文化大革命"时期遭到破坏的经济政策基本得到恢复。

在改善人民生活、减轻农民负担方面，主要做了两件大事：一是提高城镇职工的工资和生活福利待遇。1977年8月10日，国务院决定调整部分职工工资，全国职工60%的3000多万人的工资都得到了提高。二是在农村实行免税和提高农产品价格政策。1978年2月，第五届全国人大政府工作报告要求：适当提高农产品的收购价格，适当降低工业产品特别是支农产品的销售价格。还要执行一系列对农民让利的政策，要求做到正常年景下90%的农民收入逐年有所增加。[①]

"文化大革命"结束以后两年，国民经济各个方面都有了较快的恢复和发展。1978年与1976年相比，工业总产值增长30.2%，钢增长55.3%，煤炭增长20%，原油增长19.4%，发电量增长26.3%，货运量增长23.4%，布增长24.8%，化纤增长94.8%，基本建设总投资增长33%；农林牧渔业总产值下降0.4%，粮食增长6.4%，棉花增长5.5%，油料增长30%。这几项指标都达到了新中国成立以来的最好水平。全国居民平均消费水平由1976年的161元增加到1978年的175元，是1961年以来增长幅度最大的。

二、改革开放和以经济建设为中心的决策

1978年7月、10月先后召开的国务院务虚会和全国计划会议，成为经济改革探索的先声。

国务院务虚会形成了两个重要文件，一个是李先念的总结报告，另一个是胡

---

① 参见华国锋：《团结起来，为建设社会主义的现代化强国而奋斗》，《人民日报》1978年3月7日。

乔木的长篇发言。李先念报告的重点是经济体制改革问题。报告指出："我国已经不止一次改革经济体制，并取得了许多成效。但是在企业经济管理体制方面，往往从行政权力的转移着眼多，往往在放了收、收了放的老套中循环，因而难以符合经济发展的要求。"在经济领导工作中，要坚决地摆脱墨守行政层次、行政区划、行政权力、行政方式而不讲经济核算、经济效果、经济效率、经济责任的老框框，掌握领导和管理现代化工农业大生产的本领。① 胡乔木的发言着重提出了对外开放问题，回答了为什么资本主义国家的经济管理方法值得我们学习的问题，指出："只有把社会主义制度的优越性同发达的资本主义国家的先进科学技术和先进管理经验结合起来，把外国经验中一切有用的东西和我们自己的具体情况、成功经验结合起来，我们才能够迅速提高按照客观经济规律办事的能力，才能够加快实现四个现代化的步伐。"②

其后召开的全国计划会议，进一步呼吁进行经济管理体制改革："必须多方面地改变不适应生产力发展的生产关系，改变不适应经济基础的上层建筑，改变工农业企业的管理方式和思想方式，使之适应于现代化的大经济的需要。"③ 会议讨论的范围已经远远超出了计划体制的范围，各省市的经济领导干部针对工业、基本建设、物资、财政、劳动工资、商业、物价、外贸等方面的改革，提出了大量意见。这两次会议提出的许多建议，在20世纪八九十年代逐步付诸实施。

全国计划会议初步提出了把工作重心转移到经济建设，实行改革和开放的要求。会议呼吁，经济战线必须实行三个转变：一是从上到下都要把主要注意力转到生产斗争和技术革命上来；二是从那种不计经济效果、不讲工作效率的官僚主义管理制度和方法，转到按照经济规律办事、把民主和集中很好地结合起来的科学管理轨道上来；三是从那种不同资本主义国家进行经济技术交流的闭关自守或半闭关自守状态，转到积极地引进国外先进技术、利用国外资金、大胆进入国际市场上来。④

到1978年秋季，揭批"四人帮"的工作已经取得了基本胜利，中共中央开始考虑将工作重心转移到经济建设的问题。1977年8月12日，华国锋在中共十一大报告中明确提出"把国民经济搞上去"，"科学研究工作，应当走到经济建设的

---

① 参见《李先念论财政金融贸易》（下），中国财政经济出版社1992年版，第376页。
② 《胡乔木文集》第2卷，人民出版社1993年版，第432页。
③ 国家计划委员会档案：《全国计划会议简报》（1978年9月26日）。
④ 参见《当代中国的计划工作》办公室编：《中华人民共和国国民经济和社会发展计划大事辑要（1949—1985）》，红旗出版社1987年版，第398页。

前面……这个问题关系社会主义建设的全局，必须认真抓起来"。10月11日，邓小平在全国工会九大上代表中共中央和国务院明确宣布："我们一定要把揭批'四人帮'的斗争进行到底，但是同样很明显，这个斗争在全国广大范围内已经取得决定性的胜利，我们已经能够在这一胜利的基础上开始新的战斗任务。"①

经过两年的拨乱反正和思想解放，关系全局的重大战略决策被提到1978年12月召开的中共十一届三中全会上来。中共中央于11月10日至12月15日召开了中央工作会议。经过中共中央常委讨论和一致同意，华国锋代表中央宣布：要在新时期总路线和总任务的指引下，从明年1月起，把全党工作的着重点转移到社会主义现代化上来。邓小平在闭幕会上发表了题为《解放思想，实事求是，团结一致向前看》的讲话，严肃地批评了党内存在的思想僵化和半僵化状态，对于真理标准问题大讨论的重大意义给予高度评价，指出：只有思想解放了，真正发扬了政治民主和经济民主，才能实事求是地解决过去的遗留问题，研究新情况、新问题，团结一致，确定实现"四个现代化"的具体道路、方针、方法和措施。邓小平的这个讲话实际上成为中共十一届三中全会的主题报告，是开辟新时期新道路、开创建设有中国特色社会主义新道路的宣言书。

1978年12月18日至22日，中共十一届三中全会在北京召开。全会把"解放思想，开动脑筋，实事求是，团结一致向前看"确立为中国共产党在新的历史时期的总的指导思想。全会认真讨论了党的工作重心转移问题，重新恢复和确认了中共八大对中国社会主要矛盾的正确估计，果断停止使用"以阶级斗争为纲""无产阶级专政下继续革命"等错误口号，作出了从1979年起把全党工作重点转移到社会主义现代化建设上来的战略决策，完成了中国共产党在政治路线上最根本的拨乱反正。

全会的另一个重要贡献是明确提出了经济体制改革的时代任务。全会公报指出："实现四个现代化，要求大幅度地提高生产力，也就必然要求多方面地改变同生产力发展不适应的生产关系和上层建筑，改变一切不适应的管理方式、活动方式和思想方式，因而是一场广泛、深刻的革命。"全会认为，在经济建设中要恢复和坚持长期行之有效的各项经济政策，还要根据新的历史条件和实践经验，对经济管理体制和经营管理方法着手认真地改革。中国经济管理体制的一个严重缺点，是权力过于集中，应该有领导地大胆下放，让地方和企业在国家统一计划的指导下有更多的经营自主权；应该大力精简各级行政机构，把它们的大部分职权转交

---

① 《邓小平文选》第2卷，人民出版社1994年版，第135页。

给企业性的专业公司或联合公司;应该坚决按经济规律办事,重视价值规律的作用,注意把思想政治工作和经济手段结合起来;应该在党的一元化领导下,认真解决党政不分、以党代政、以政代企的现象。①

在经济工作方面,中共十一届三中全会还正确地估计了国民经济存在的问题。全会认为,前两年的经济恢复和发展是有明显成效的,但国民经济中一些重大的比例失调状况没有完全改变过来,生产、建设、流通、分配中的一些混乱现象没有完全消除,城乡人民生活中积累下来的一系列问题必须妥善解决。因此这几年经济工作不是急于组织新的跃进,而应切实做好综合平衡,以便为迅速发展奠定稳固的基础。

中共十一届三中全会是中国共产党和中华人民共和国历史上具有深远意义的伟大转折,是通过改革开放实现经济快速发展的中国奇迹的历史起点。

三、有中国特色社会主义经济理论的初探

对经济体制改革理论的探索,主要表现为在认识当时阶段国情的基础上,逐步放弃从苏联接受过来的社会主义模式,开始从单一公有制转向多种经济成分并存,从计划经济转向商品经济,从封闭式现代化转向开放式现代化的新模式。

中共十一届三中全会以后,越来越多的人认识到:新中国成立以来,经济建设中出现的多次波动和错误,主要是对国情认识不清醒,经济目标急于求成和生产关系的不适宜"过渡"。

在这些认识基础上,1981年6月中共十一届六中全会通过的《关于建国以来党的若干历史问题的决议》,第一次提出:我们的社会主义制度还处在初级阶段。社会主义生产关系的变革和完善,必须适应生产力的状况,有利于生产的发展;社会主义经济建设必须量力而行,积极奋斗,有步骤分阶段地实现现代化的目标。1982年9月,中共十二大通过的《全面开创社会主义现代化建设的新局面》的政治报告正式提出:"我国的社会主义社会现在还处在初级发展阶段,物质文明还不发达。"② 社会主义初级阶段理论开始初步得到确认。

社会主义初级阶段应该实行什么样的经济体制?马克思曾设想未来社会将有计划地组织全社会的生产和经济活动,不存在商品生产和商品交换。新中国成立后,毛泽东曾提出要重视价值规律的作用、发展商品生产和商品交换等,指出商

---

① 参见《中共十一届三中全会公报》,《人民日报》1978年12月24日。
② 胡耀邦:《全面开创社会主义现代化建设的新局面》,《人民日报》1982年9月8日。

品生产同社会主义制度相联系就是社会主义的商品生产。陈云在中共八大上提出了"国家市场是主体，自由市场是补充"等观点。这些理论观点对传统观点进行了局部突破。但是，对社会主义到底实行什么样的经济体制的探索突破，是在中共十一届三中全会前后。

首先形成的是"计划经济为主，市场经济为辅"的思路。在1978年7月至9月的国务院务虚会上，李先念在会议报告中提出了"计划经济与市场经济相结合"的说法。

中共十一届三中全会后，1979年11月26日，邓小平在接见外宾的谈话中说："市场经济不能说只是资本主义的"，"社会主义也可以搞市场经济"。[①] 这时的"市场经济"还是市场调节的概念。1981年6月，中共十一届六中全会通过的《关于建国以来党的若干历史问题的决议》提出："必须在公有制基础上实行计划经济，同时发挥市场调节的辅助作用。"关系到国计民生的重要产品由国家统一计划、统一规定价格、统一进行分配。其他产品由企业根据市场的供求情况自行确定。在中共十二大上，"计划经济为主，市场调节为辅"的原则得到了确认。同年将其写进了新修改的《中华人民共和国宪法》，即"国家在社会主义公有制基础上实行计划经济。国家通过经济计划的综合平衡和市场调节的辅助作用，保证国民经济按比例地协调发展"。这标志着"计划经济为主，市场调节为辅"的经济体制正式确立。

1984年，为推动改革开放，中共中央决定召开十二届三中全会专门研究经济体制改革问题。根据经济学家的一些意见，9月9日，中央领导人写了题为《关于经济体制改革中三个问题的意见》的一封信，提出："社会主义经济是以公有制为基础的有计划的商品经济。计划要通过价值规律来实现，要运用价值规律为计划服务。"[②] 邓小平、陈云批示完全同意。这样，中共十二届三中全会关于经济体制改革的决定的起草工作就在新的理论框架下进行了。

第二节　追求国民经济的过快增长与国民经济的调整

粉碎"四人帮"以后，由于对过去经济建设的经验教训没有进行认真总结，

---

① 《邓小平文选》第2卷，人民出版社1994年版，第236页。
② 《陈云年谱》（修订本）下卷，中央文献出版社2015年版，第411页。

对经济好转的形势估计过高，经济工作急于求成的情绪滋长起来。要不要进行国民经济调整，如何进行调整，是对能不能坚持中共十一届三中全会解放思想、实事求是思想路线的重大考验。

一、超越国力的高指标和大规模引进计划

粉碎"四人帮"刚刚半年，《人民日报》发表了题为《抓纲治国，推动国民经济新跃进》的社论，提出"一个新的跃进形势正在形成"[①]。

1977年11月至12月，全国计划会议研究了长远规划，向中共中央政治局提出了《关于经济计划的汇报要点》，建议：今后到2000年的23年中，分三个阶段打几个大战役，到20世纪末，使中国的主要工业产品产量分别接近、赶上和超过最发达的资本主义国家，各项经济技术指标分别接近、赶上和超过世界先进水平。1981年至1985年，展开基本建设的大计划，工业方面要建成120个大项目，粮食产量要达到8000亿斤，钢铁产量要达到6000万吨，原油要达到2.5亿吨。在2000年以前全面实现"四个现代化"，使中国经济走在世界前列。1978年3月，五届全国人大一次会议通过了以《汇报要点》高指标为基础的《一九七六——一九八五年发展国民经济十年规划纲要》。

1978年7月，国务院务虚会提出：要组织国民经济"新的大跃进"，在20世纪末实现更高程度的现代化，放手利用外国资金，大量引进国外先进技术设备。在当时的热烈气氛下，务虚会决定了对外引进的高指标，并且一再加码。在会议过程中，少数人头脑比较冷静，认为对一些重大项目需要深入广泛的讨论和科学的论证，再付诸实施。7月31日，没有参加会议的陈云专门找有关人说，就算人家借给你那么多钱，我们自己有那么多配套资金吗？但他的意见没有得到重视。

在这种指导思想下确定的1978年至1985年引进规模，由原来的65亿美元迅速提高到550亿美元，1978年7月更提出了850亿美元的设想。而且引进草率，有的协议甚至在国外的宴会上就敲定了。仅1978年12月的最后10天，就签订了以化工项目为主的31亿美元的协议，没有进行可行性研究和综合平衡，给以后造成了隐患。开展大规模经济建设的初衷是好的，大力引进和利用外国资金的方向也是正确的。问题在于摊子铺得过急过大，超过了中国的综合国力和现实条件。

当时中国经济和社会存在的严重问题，主要是：

首先，基本建设规模过大，战线过长，投资效果差，浪费严重。新中国成立

[①] 《抓纲治国，推动国民经济新跃进》，《人民日报》1977年4月19日。

以来至1977年基建投资6000亿元，其中有2000亿元未完成。投资效益下降，"一五"时期每百元投资新增固定资产84元，新增国民收入35元；1978年分别只有69元、20元。建设周期大大延长，从"一五"时期的5年延长到10年。片面发展重工业导致设备利用率低，产品库存多，资金效果差。许多产品一方面大量进口，另一方面库存不断增加。

其次，大规模引进超出承受能力。按当年国家财政能够提供的投资额计算，即使不再新增基建项目，要完成1978年一年全民所有制在建项目，大约需要10年时间。[①] 引进基本上是成套进口，买制造技术和技术专利少，投资少、见效快、赚外汇多的项目更少，给外汇支付和国内配套造成了困难，将进一步加剧国内资金、物资、能源、交通的紧张状况，而且有可能在对外开放起步时就背上大批债务。

最后，人民生活严重欠账，难以继续"勒紧裤带""大干快上"。农业严重落后和农民普遍贫困，人均粮食占有量停留在1957年的水平，棉油占有量则低于1957年水平。1976年至1978年三年净进口粮食265亿斤，还挖了粮食库存几十亿斤。有两亿多人生活在贫困线以下，没有解决温饱。

显然，在这种情况下，启动新的一轮经济跃进，是危险的。

二、按照"调整、改革、整顿、提高"方针对国民经济进行调整

最早提出调整建议的是陈云。1978年12月10日，他在中央工作会议东北组发言，提醒大家要清醒，引进项目要循序而进，不要一拥而上。各方面都要上，样样有缺口，实际上挤了农业、轻工业和城市建设。这就把比例失调的问题摆到全党面前。

邓小平建议成立国务院财经委员会，陈云任主任，主持全国财经工作。

1979年3月14日，李先念、陈云就财经工作联名致信中共中央，提出前进的步子要稳。不要再折腾，必须避免反复和出现大的马鞍形。借外债必须充分考虑还本付息的支付能力，考虑国内投资能力，做到基本上循序进行。现在的国民经济是没有综合平衡的。比例失调的情况是相当严重的，因此要有两三年的调整时期，才能把各方面的比例失调情况大体上调整过来。邓小平支持陈云关于调整的意见。3月23日，他说，中心任务是三年调整。这是个大方针、大政策。经过调整，会更快地形成新的生产能力。4月，中共中央召开工作会议，决定对国民经济实行"调整、改革、整顿、提高"的新八字方针，用三年的时间调整国民经济

---

① 参见《经济研究参考资料》1979年第76期，经济科学出版社1979年版。

比例关系。

国民经济第一阶段调整，主要抓了以下工作：

一是降低增长速度，压缩基本建设规模。国家计划委员会对1979年国民经济计划有关指标作了大幅度调整。农业产值指标降低1—2个百分点；工业产值指标降低2—4个百分点。其中主要降低重工业特别是钢的速度。轻工业增长速度安排快于重工业的增长。缩短基本建设战线，全国财政预算内的基本建设投资，1978年为389亿元，1979年为397亿元，1980年压缩为300亿元。

二是集中力量促进农业发展。国家在减少并稳定粮食征购的同时，每年进口约1300万吨粮食，以减轻农民粮食生产的负担。农村开始改变片面发展粮食生产的做法，因地制宜地发展多种经营，1979年至1981年减少粮食播种面积5000万亩，扩大了经济作物种植面积。国家大幅度提高了农副产品的收购价格。1979年至1980年，国家每年拿出80亿—90亿元用于调价，国家财政收入可以正常增长的部分基本都用于农业。国家通过提高农副产品收购价格和减免税收，使农民在两年内得益约300亿元。这是新中国成立以来工农关系的一个大调整。

三是调整经济结构，加快发展轻工业和民生服务业。国家在投资、原料、电力、运输、设备等方面加大对轻工业的支持。1980年基本建设投资中轻工业比重由1978年的5.8%上升到9.1%。同时采取"重转轻""军转民"等形式，在机械工业及国防军工企业中腾出一定生产能力，生产市场需要的日用消费品和家用电器。用于职工住宅、城市公用事业等非生产建设投资的比重大幅度上升，1978年为20.9%，1979年上升为30.25%，1980年又上升到35.7%。

第一阶段的调整取得了初步成果。主要比例关系开始改善，1978年至1980年，农轻重比例由24.8∶32.4∶42.8调整为27.2∶34.36∶38.44，积累与消费的比例由36∶64改变为31.6∶68.4。1979年和1980年，人民生活有较多改善，社会商品零售总额这两年分别比上年增长12.4%和12.2%，是近20年最好的形势。但是，也出现了新问题，主要是财政连年出现巨额赤字。1980年12月，中央工作会议召开。邓小平、陈云、李先念在会上指出：造成当前财政经济困难的根本原因就是长期以来经济建设中"左"的错误一直没有得到纠正。要进一步调整，把该退的退够，使经济建设从此真正从中国实际情况出发，量力而行，循序前进。讲话统一了全党对经济调整决策的认识，一致同意从1981年起对国民经济进一步调整。

第二阶段的调整着重采取的措施有：

一是进一步压缩基本建设规模，调整经济结构。1981年基本建设投资比1980

年实际完成规模压缩了 20.7%；年末在建的大中型项目 663 个，比 1980 年减少了 241 个。1981 年投资额中，轻工业比重由上年的 9.1% 提高到 10%，非生产性建设比重由 35.7% 上升到 43%。这样，基本建设规模过大问题基本得到解决，有力地支持了财政收支的平衡，经济结构渐趋合理。

二是下决心调整一批消耗高、质量差、产品不对路、亏损大的工业企业。1983 年，国务院作出对三线建设形成的企业进行调整改造、发挥作用的方针。1984 年起，对 1945 个三线企业中生存环境恶劣、布局分散、产品没有需要、常年亏损靠国家补贴的近 200 个国防和基础工业企业，分别实行关、停、并、转、迁。为了缓解能源、原材料供应不足，还裁并了一批国营小型重工业企业；对与大企业争原料、燃料运输和生产任务的落后企业采用行政办法加以撤并，对与大企业争原料的社队工业恢复征收工商税并与城镇集体企业一样征收所得税。这样，1981 年重工业小企业共减少 4400 个，缓解了与大工业的矛盾。

三是争取财政收支平衡，稳定财政金融和物价。进一步压缩基本建设拨款，同时较大幅度压缩国防费、行政管理费和其他费用，要求地方财政节约开支。为了稳定金融，中央工作会议决定将发行的国库券用于弥补前两年财政赤字，减轻银行的压力。

经过 1979 年至 1984 年的调整，在社会总产值年平均增长 8.2%、国民收入年平均增长 7.1% 的较高速度条件下，国民经济比例关系逐渐协调。1979 年至 1983 年，农业总产值与工业总产值的增长速度相同，年平均增长速度都达到 7.9%，这是 30 多年中少有的。积累与消费的比例关系也有改善，积累率由 1978 年的 36.5% 降低到 1983 年的 30%，消费率则由 63.5% 上升到 70%，基本上解决了过去的高积累、低消费的问题。1983 年与 1978 年相比，扣除物价上升因素之后，全国居民消费水平提高 41.3%；农民收入增长 98.4%，职工平均工资增长 15.3%；城乡居民储蓄增加 324%。人民生活改善的速度是新中国 30 多年间最快的。

这 5 年国民经济调整，与 20 世纪 60 年代初的国民经济调整相比，具有新的特点：

首先，这次调整是在中共十一届三中全会开启的经济改革大潮中进行的。1981 年 12 月中央工作会议指出，必须正确处理调整与改革的关系。在调整时期，对改革要坚定不移，要在加强宏观经济计划指导和行政干预的同时，继续发挥企业和基层单位的积极性、主动性，把该搞活的事情搞活。在调整中，并不是单纯的下马和后退，而是采取了控制宏观经济、扩大企业自主权和允许城镇个体经济发展的办法，促进企业的改组和联合，搞好市场调节，引导生产市场急需的产品，提高了经济效益，为 1985 年开始的国有企业改革打下了基础。在一定意义上，调整也是改革的一部分。

其次，较好地处理了新增加的国际因素。这次调整，如何处理好与外国的关系成为 20 世纪 60 年代初国民经济调整时没有的新问题，不能完全像过去那样依靠行政手段大量压缩项目。有的引进项目已经开工建设，下马不仅要赔偿毁约损失，而且会造成不良国际影响。如宝钢就是一个两难选择。经过反复调查研究，中央同意陈云、李先念批准上报的关于宝钢建设问题报告：宝钢一期工程继续干，二期工程延期，加强技术引进；二期对外已签的合同进行赔偿，已进口的设备妥善保管。这样，在调整中对外引进能够继续，避免了一些经济损失。

最后，妥善地解决就业问题，提高了人民生活水平。20 世纪 60 年代初的调整，国家迫不得已采取精减城镇人口，降低食品供应的办法，从而付出了沉重代价。这次调整，国家通过改革，鼓励自谋出路，从事商业、服务业个体经营，一方面为提高人民生活水平提供了大量商品和服务，另一方面缓解了就业压力。5 年调整时期，全国工业企业数量和职工人数都有增长，市场出现多年少有的繁荣，长期以来供不应求的肉、禽、蛋已经敞开供应。从 1982 年开始，国家陆续对部分纺织品实行减收或免收布票，敞开供应。1984 年，长达 30 年的布票供应终于成为历史。粮票、油票的作用也日趋降低。

三、"六五"计划的制定与小康目标的提出

1981 年至 1985 年的国民经济第六个五年计划，在 1975 年和 1978 年，作为《国民经济十年远景规划（1976—1985）》的后一部分，曾经编制过两次。

1981 年，在探索发展经济的新路子这一思想指导下，国家计划委员会重新进行测算，并到全国各地调查研究，将"六五"计划方案报请国务院，形成"六五"计划的初步设想。

"六五"计划编制的关键，是如何体现改革开放条件下中国经济发展长远战略目标和步骤。1964 年底三届全国人大一次会议上周恩来代表国家提出的在 20 世纪末实现"四个现代化"的宏伟蓝图，由于"文化大革命"的干扰，到 80 年代初已经不具有可操作性。这一时期，邓小平开始考虑这一问题。

1979 年 7 月 28 日，邓小平在青岛会见山东地方领导时首次提出具体指标："如果我们人均收入达到一千美元，就很不错。"[①] 10 月 4 日，邓小平在全国省市自

---

① 《邓小平年谱（1975—1997）》（上），中央文献出版社 2004 年版，第 540 页。

治区第一书记座谈会上，首次提出了这一人均的具体指标。他说："我们到本世纪末国民生产总值能不能达到人均上千美元？""等到人均达到一千美元的时候，我们的日子可能就比较好过了。"①12月6日，邓小平会见日本首相大平正芳，提出了一个"小康"的概念。邓小平说："我们的四个现代化的概念，不是像你们那样的现代化的概念，而是'小康之家'。"②以后，邓小平又对小康社会实现的步骤、手段和内涵，进行了完善。1982年8月21日，他在与联合国秘书长德奎利亚尔谈话中初步形成了两个阶段的发展战略。他说："我们摆在第一位的任务是在本世纪末实现现代化的一个初步目标，这就是达到小康的水平"，"再花三十年到五十年时间，接近发达国家的水平"。③1983年春，邓小平到江苏、浙江、上海视察，把原来的小康概念扩大到更为宽泛的社会概念，不仅关注人民吃穿用及住房等生活、小城镇建设、就业、人口流动和劳动力转移问题，而且关心教育、文化、体育和其他公共福利事业，以及精神面貌的变化等未来社会问题。④小康的含义由原来较单一的经济指标，拓展到一个较为全面的社会概念。1984年6月30日，邓小平会见日本朋友时，强调中国的小康建设是以社会主义为前提的。他说："如果按资本主义的分配方法，绝大多数人还摆脱不了贫穷落后状态，按社会主义的分配原则，就可以使全国人民普遍过上小康生活。这就是我们为什么要坚持社会主义的道理。不坚持社会主义，中国的小康社会形成不了。"⑤这表明邓小平的小康社会目标已经日臻成熟。首先，邓小平的小康社会指的是"中国式的现代化"，水平是比较低的，是有中国特色的、处在初级阶段的社会主义。其次，小康社会生产力、社会结构和社会组织、法律制度及思想观念，都具有了现代性。最后，小康社会思想表述了人民群众共同享受到较高水准的物质文明和精神文明的生活状态，体现了中国共产党为人民幸福而奋斗的宗旨。

1982年9月召开的中共十二大的报告中，邓小平的战略构想得到了明确阐述："从1981年到本世纪末的二十年，我国经济建设总的奋斗目标是，在不断提高经济效益的前提下，力争使全国工农业的年总产值翻两番，即由1980年的7100亿元增加到2000年的28000亿元左右。实现了这个目标，我国国民收入总额和主要工农业产品的产量将居于世界前列，整个国民经济的现代化过程将取得

---

① 《邓小平文选》第2卷，人民出版社1983年版，第194页。
② 《邓小平文选》第2卷，人民出版社1983年版，第237页。
③ 《邓小平文选》第2卷，人民出版社1994年版，第416—417页。
④ 参见《邓小平文选》第3卷，人民出版社1993年版，第24—25页。
⑤ 《邓小平文选》第3卷，人民出版社1993年版，第64页。

重大进展，城乡人民的生活将成倍增长，人民的物质文化生活可以达到小康水平。"①报告提出，为实现这一目标，要分两步走。前10年主要是打好基础，积蓄力量，创造条件。其中，又分"六五""七五"计划两小步。

由此，中国经济发展战略目标有了根本变化，原来的到20世纪末实现"四个现代化"战略目标及分两步走（1976年至1985年和1986年至2000年），不再使用，代之以新的分两步走（1981年至1990年和1991年至2000年）初步实现小康社会。这就为编制"六五"计划定下了基调。在中共十二大精神指导下再经研究，"六五"计划草案才编制完毕，1982年12月经五届全国人大五次会议审议批准，向全国人民公布。"六五"计划的基本任务是，继续贯彻执行"调整、改革、整顿、提高"的方针，进一步解决过去遗留下来的阻碍经济发展的各种问题，争取财政经济状况根本好转，实现财政收支基本平衡，并为"七五"时期国民经济和社会发展奠定更好的基础，创造更好的条件。

"六五"计划公布时，已经过去了近两年。因此，"六五"计划作为五年计划的价值主要不在执行上，其深远历史意义是实行了三大战略转变：第一，在经济和社会的发展战略上，从片面追求工业特别是重工业产值产量的增长，开始转向以提高经济效益为中心，注重农轻重协调发展，注重经济、科技、教育、文化、社会的全面发展。第二，在经济体制上，从管得过多、统得过死的僵化体制，开始向适应在公有制基础上有计划发展商品经济要求的、充满生机和活力的新体制转变。第三，在对外经济关系上，从封闭半封闭经济开始转向积极利用国际交换的开放型经济。

第三节　改革开放的初步展开

中国的经济体制改革，率先从农村改革和对外开放两个方面突破。改革并没有一个事先设计好的方案，它是在人民、基层干部、地方政府和中央领导人各个层次、各个方面的互动过程中探索开展的。

一、农村改革的率先突破

改革的探索首先从农村开始，这不是偶然的。其原因在于，在计划经济体制

---

① 《胡耀邦在中国共产党第十二次全国代表大会上的报告》，《人民日报》1982年9月12日。

和传统工业化发展战略下,农业、农村成了最薄弱的环节,已经到了非改不可的地步。1979年9月28日中共十一届四中全会通过的《关于加快农业发展若干问题的决定》有段评价:"一九七八年全国平均每人占有的粮食大体上还只相当于一九五七年,全国农业人口平均每人全年的收入只有七十多元,有近四分之一的生产队社员收入在五十元以下,平均每个生产大队的集体积累不到一万元,有的地方甚至不能维持简单再生产。"①

1977年6月,万里出任中共安徽省委第一书记。他经过3个月的农村调查,了解到全省28万个生产队中,只有10%的生产队能维持温饱。

这时,"实践是检验真理的唯一标准"的全国性大讨论使人们的思想得到了解放。1978年夏秋,安徽遭到了特大旱灾,粮食大减产,农民生活十分困难。一些思想活跃起来的干部和群众提出了"借地度荒"和"包产到组"的办法,得到万里的支持。9月8日,他主持召开了省委紧急会议,允许每个农民种半亩"保命麦"。农民的积极性一下子就调动起来了,全省增加秋种1000多万亩,当年就取得了显著的成效。新华社安徽分社写出了肯定这些做法的内部报道,中共十一届三中全会以后,《人民日报》公开进行了刊载。

包干到户同样起源于安徽。凤阳县梨园公社小岗队有18户人家,社员人均收入不到30元,生产生活主要靠政府救济,户户要过饭。1978年初冬的一个夜晚,这18户农民开了一个会,大家达成协议:我们分田到户,如以后干成,每户保证完成上缴任务,如果不成,干部坐牢,掉头也甘心。大家保证把干部的小孩养到18岁。各户主在保证书上捺下手印。小岗悄悄搞起了包干到户,头一年,生产粮食132370斤,相当于1966年至1970年5年粮食产量的总和;油料产量超过此前20年的总产;生猪饲养量超过历史任何一年。

包产到户与包干到户的区别在于:包产到户保留了集体分配的环节,包干到户则不同,农户按合同上缴国家征购任务,交足集体的提留,剩下的都是自己的,奖赔都在其中了。

中共十一届三中全会前后,贵州、四川、甘肃、内蒙古、河北、河南、广东等省、自治区的一些贫困社队的农民,也或明或暗地搞了包产到户、包干到户,都取得了显著成效。

但是,1979年3月15日,《人民日报》在头版头条位置,以大字标题《三级所有队为基础应该稳定》,发表了一封指责农村中出现的联产计酬作业组的甘肃读

---

① 《三中全会以来重要文献选编》上册,人民出版社1982年版,第178页。

者来信，并加编者按，要求已经"分田到组""包产到组"的地方坚决纠正错误做法。一时农村人心波动，掀起了一阵全国性的"纠偏风"。甘肃省委第一书记宋平说，作业组不是倒退。要求《甘肃日报》不要转载《人民日报》这封来信和编者按，也不要反击。当时受冲击最严重的是安徽省，不少乡村、路口、岗坡、田头，醒目地刷出了"坚决抵制单干风！""坚决批判'三自一包'、'四大自由'的流毒！"等大标语。4月3日，中共中央批转的国家农委党组报送的《关于农村工作问题座谈会纪要》指出，除特殊情况经县委批准者以外，都不许包产到户，不许划小核算单位，一律不许分田单干。①

6月，万里出席五届全国人大二次会议时对陈云说，安徽一些农村已经搞起了包产到户，怎么办？陈云答复："我双手赞成。"以后，万里又去找邓小平谈，邓小平答复："不要争论，你就这么干下去就完了，就实事求是干下去。"②到1979年底，全国实行各种责任制的生产队已占总数的84.7%，但主要还是包工到组和包产到组这两种形式。

1980年5月31日，邓小平就农村政策问题发表谈话，明确表示了支持包产到户和大包干的态度。他说：农村政策放宽以后，一些适宜搞包产到户的地方搞了包产到户，效果很好，变化很快。安徽肥西县绝大多数生产队搞了包产到户，增产幅度很大。"凤阳花鼓"中唱的那个凤阳县，绝大多数生产队搞了大包干，也是一年翻身，改变面貌。有的同志担心，这样搞会不会影响集体经济。我看这种担心是不必要的。我们总的方向是发展集体经济。实行包产到户的地方，经济的主体现在也还是生产队。③

1980年9月14日至22日，中共中央召开各省、市、自治区党委第一书记座谈会，专门讨论包产到户问题。会议通过了《关于进一步加强和完善农业生产责任制几个问题》的会议纪要，最主要的突破，是承认了少数地区包产到户和包干到户的合法性。纪要指出："在那些边远山区和贫困落后地区，长期'吃粮靠返销，生产靠贷款，生活靠救济'的生产队，群众对集体丧失信心，因而要求包产到户的，应当支持群众的要求，可以包产到户，也可以包干到户，并在一个较长的时间内保持稳定。"包产到户"不会脱离社会主义轨道，没有什么复辟资本主义的危险，因而并不可怕"。④1981年底，实行"双包"到户的生产队已占总数的50%。

---

① 参见《农业集体化重要文件汇编》下册，中国农业出版社1981年版，第1010页。
② 《陈云年谱》（修订本）下卷，中央文献出版社2015年版，第280页。
③ 参见《邓小平文选》第2卷，人民出版社1994年版，第315页。
④ 参见《农业集体化重要文件汇编》下册，中国农业出版社1981年版，第1051页。

1982年1月1日，中共中央以当年文件编号为一号的方式批转《全国农村工作会议纪要》，高度评价农村出现的"双包"改革，认为"反映了亿万农民要求按照中国农村的实际状况来发展社会主义农业的强烈愿望"，"是一场牵动亿万群众的深刻而复杂的变革"。[①] 文件指出：包干到户这种形式，在一些生产队实行以后，经营方式起了变化，基本上变为分户经营、自负盈亏，但是它是建立在土地公有制基础上的，农户和集体经济保持承包关系，由集体统一管理和使用土地、大型农机具和水利设施，接受国家的计划指导，有一定的共同提留，统一安排烈军属、"五保户"、困难户的生活，有的还在统一规划下进行农业基本建设。所以它不同于合作化以前的小私有的个体经济，而是社会主义农业经济的组成部分。"双包"到户的社会主义性质的明确，结束了持续两年之久的"双包"到户姓"社"姓"资"的争论。从1982年起，中共中央连续5年发出5个一号文件，有力地推动了农村改革。

1983年1月2日，中共中央再次发出一号文件《当前农村经济政策的若干问题》，进一步肯定了以家庭联产承包为主要形式的农业生产责任制，高度评价"这是在党的领导下我国农民的伟大创造，是马克思主义农业合作化理论在我国实践中的新发展"[②]。年底，实行联产承包责任制的生产队已经占总数的99.5%，其中实行大包干的占总数的97.8%。1984年1月1日，中共中央发出一号文件《关于一九八四年农村工作的通知》，要求"稳定和完善生产责任制"[③]，把土地承包延长到15年以上。年底，实行大包干的生产队已经占总数的99%，包干到户成为中国农村主要的经营形式。

在推进家庭承包经营制度改革的同时，还减少农产品征购和统派购品种，改革农村商品流通体制。农副产品统派购制度改革先从水产品开始。1979年10月国务院批转国家水产总局的报告提出，国家对集体渔业的水产品试行派购和议购相结合的政策，派购比例一般为60%左右，具体可依各地不同情况酌情处理。1983年，中央一号文件提出以计划为主、市场为辅以后，逐步推行合同制，把国家计划和农民生产安排结合起来。1983年中央一号文件指出，对统购派购的农产品品种不宜过多。商业部主管的一、二类农产品从46种减少到21种，1984年进一步减少到8种。农民出售的农副产品中，国家计划牌价统购、派购的比重从

---

① 《全国农村工作会议纪要》，《人民日报》1982年4月6日。
② 《当前农村经济政策的若干问题（摘要）》，《人民日报》1983年4月10日。
③ 《中共中央关于一九八四年农村工作的通知》，《人民日报》1984年6月12日。

1978 年的 84.7% 下降到 1984 年的 39.4%。[①] 1983 年 2 月，国家经济体制改革委员会、商业部制定了《关于改革农村商品流通体制若干问题的试行规定》，指出：完成国家计划任务后的农副产品（不包括棉花）允许国营、集体、个体商业通过各种流通渠道，采取各种方式经营。供销合作社可以进城设点经营批发，兼营必要的零售业务；集体和个体等其他商业，也可以出县、出省搞长途贩运。在一些大中城市开始建立农副产品和工业品批发市场。全国新设立的农副产品批发市场有 100 多个。

一场覆盖全国的农村改革浪潮席卷大地，不仅促进了农村经济的大发展，并且成为中国经济改革的先锋。

首先，以实行家庭承包经营为主的农村改革促进了农村经济的大发展。1978 年至 1984 年，全国农林牧渔业总产值由 1397 亿元增加到 3214 亿元，按可比价格增长了 56.4%；粮食产量由 30476.5 万吨增加到 40730.5 万吨。10 亿人口基本解决吃饭问题，是中国改革能够成功的可靠保障。

其次，以家庭承包经营为主的农村改革成功，为其他经济领域的改革作出了示范，推动了国有企业的下放权力和承包经营改革。实行家庭承包经营制度，农民不仅可以自主经营，而且可以获得剩余产品的收益权，逐渐成为经营主体和财产主体。农民有了出售自己产品和支配时间的自由，许多农民通过从事农副产品销售、外出打工逐步进入城镇，为第三产业的发展提供了劳动力和开辟了市场。

二、经济特区的创立与对外开放的开拓

为了借鉴学习外国经济建设和经济管理的先进经验，1977 年至 1978 年，国家派出一批政府代表团，先后考察了日本和欧洲一些主要西方国家及港澳地区。重要的考察团有：1978 年 3 月、4 月，以上海市委书记林乎加为团长的中国赴日经济代表团，考察战后日本经济发展的经验；以国家计划委员会副主任段云为组长的港澳经济贸易考察团，对香港、澳门进行实地调查研究；5 月，由国务院副总理谷牧带领的包括 6 位省部级干部组成的代表团出访法国、联邦德国、瑞士、丹麦、比利时欧洲 5 国，这是新中国建立后首次向西方国家派出的国家级经济代表团。

1978 年 6 月，林乎加、谷牧分别向中共中央政治局作了汇报。林乎加总结

[①] 参见《当代中国的农业》，当代中国出版社 1992 年版，第 329 页。

日本战后经济快速发展的三条主要经验是：大胆地引进新技术，充分利用国外资金，大力发展教育事业和科学研究。谷牧在汇报中着重讲了三点：（1）二战后西欧发达国家的经济确有很大发展，尤其是科技日新月异，我们已经落后很多，它们在社会化大生产的组织管理方面也有许多值得借鉴的经验。（2）它们的资金、商品、技术要找市场，都看好与中国发展关系。（3）国际经济运作中有许多通行的办法，包括补偿贸易、生产合作、吸收国外投资等，我们可以研究采用。①谷牧建议：西欧资本主义国家经济萧条，资本过剩，急于找出路，应该立即与西欧几个国家进行正式谈判，争取签订长期贸易协定，把口头协定的东西尽快落实下来。

出国考察所见所闻极大地震动了中央领导人的思想——外国能搞的，我们为什么不能搞？他们认为形势不可错过，在引进问题上，应胆子大一点，步子大一点。华国锋要求出国考察的人共同研究，提出几条，在国务院务虚，一面议，一面定了就办。6月22日，邓小平听了林乎加的汇报后说：不要老是议论，看准了就干，明天就开始，搞几百个项目，从煤矿、有色、石油、电站、电子、军工、交通运输一直到饲料加工厂，明年就开工。分期付款不干了，搞补偿贸易、银行贷款。

对外开放带来的思想解放，首先表现在设立经济特区的思想准备和尝试。1978年6月3日，段云向中共中央政治局汇报指出，香港和澳门的经济10多年来发展很快，主要原因是：有充裕的资金来源和较为廉价的劳动力；购进原材料和技术设备比较方便；大力发展对外加工工业；产品适应性强。报告提出，广东宝安（深圳）、珠海两县紧邻港澳，发展出口商品生产，条件十分有利，是任何国家和地区都比不上的，对这两个县"有必要实行某些特殊管理办法"：（1）把宝安、珠海两县改为两个省辖市。（2）两个县的商品收购、出口和所需材料及设备的进口，在统一计划安排下，直接同我驻港澳贸易机构联系。（3）两个县生产建设所需的原料、材料、燃料和设备，原则上由广东省供应，有困难的可以用银行贷款通过港澳进口解决，建议免征关税，来料加工的手续也要简化。（4）除了归还贷款之外，两个县所收的税收和利润暂不上缴，留给当地，扩大再生产。（5）对到两地的港澳同胞和外宾只凭港澳居民证和护照，检查从宽，简化手续。（6）恢复1967年被废止的边境小额贸易，给当地渔民分一部分外汇。

---

① 参见谷牧：《小平同志领导我们抓对外开放》，载中共中央文献研究室编《回忆邓小平》（上），中央文献出版社1998年版，第156页。

这份报告第一次提出了在深圳、珠海设立实行特殊经济政策的出口加工区的设想，成为中国特区改革的前驱。华国锋代表中央表态说：总的精神我同意，看准了的东西，就要动手去干，就要抓落实，把它办起来。邓小平针对引进外资、扩大对外加工说，下个大决心，不要怕欠账，那个东西没危险。只要有产品，就不怕还不上钱。①这就为创立经济特区打开了第一道门。

1978年7月15日，国务院颁布《开展对外加工装备业务试行办法》，要求大力发展加工装备和补偿贸易的做法。到年底，中国已经与外商签订加工装备和补偿贸易的贸易合同698项。但是，这些尝试还是严格地把握一个界限——订货单、原料和预付资金可以进来，外资和外企不能进来。11月，李先念在会见外国客人时表示，可以外商出资金、设备来建工厂，我们用产品偿还，还可以考虑合股经营工厂。12月15日，外贸部部长李强宣布，取消不许外商在中国投资的禁区。这为创立经济特区打开了第二道门。全国一下推行引进外企新政策，确实缺乏经验，风险较大。于是，划出单独的区域进行试验，成为自下而上的共识。

1979年1月6日，广东省、交通部联合向国务院报送报告，同意招商局在广东宝安境内邻近香港地区的地方建立工业区，认为这既能利用国内较廉价的土地和劳动力，又便于利用国外的资金、先进技术和原材料。报告引起了李先念的高度重视，批示同意。邓小平认为不仅宝安、珠海县可以搞，广东、福建的其他县也都可以搞。1月17日，邓小平宴请著名的工商界五老——胡厥文、胡子昂、荣毅仁、古耕虞和周叔弢。邓小平说：香港厂商给我写信，问为什么不可以在广东开厂。"吸收外资可以采取补偿贸易的方法，也可以搞合营，先选择资金周转快的行业做起。"②这为创立经济特区打开了第三道门。

1979年1月，中共广东省委书记习仲勋布置省委领导分头下去调查后，省委书记吴南生建议在汕头划出一块地方搞加工区试验。4月8日，习仲勋在中央工作会议中南组发言说：广东邻近港澳，华侨众多，应充分利用这个有利条件，积极开展对外经济技术交流。这方面，希望中央给点权，让广东先走一步，放手干。③福建省也提出了在厦门建立出口加工区的要求。习仲勋等向华国锋作汇报后，又专门向邓小平作了汇报，希望中央下放若干权力，允许举办出口加工区。邓小平十分赞同这一设想。他说：你们上午的那个汇报不错嘛，在你们广东划出一块地方来，也搞一个特区，怎么样？"还是叫特区好，陕甘宁开始就叫特区嘛！中央没

---

① 中央领导同志听取段云汇报后的谈话（1978年6月3日）。
② 《邓小平文选》第2卷，人民出版社1994年版，第156页。
③ 参见《中央工作会议简报》第13号，1979年4月。

有钱，可以给些政策，你们自己去搞，杀出一条血路来。"①6月6日和6月9日，中共广东和福建省委分别向中央递交了报告。广东省委明确提出在深圳、珠海和汕头市试办出口特区，允许华侨、港澳商直接投资办厂，也允许某些外国厂商投资办厂，或同他们兴办合营企业和旅游事业等。福建省委在报告中也提出了设立厦门出口特区的建议。

中共中央于1979年7月15日批转了两省的报告。批示指出：对两省对外经济活动实行特殊政策和灵活措施，给地方以更多的主动权，使之发挥优越条件，抓紧当前有利的国际形势，先走一步，把经济尽快搞上去。这是一个重要的决策，对加强中国的"四个现代化"建设，有重要的意义。1980年5月，中共中央和国务院发出文件，正式将"出口特区"命名为"经济特区"。8月26日，五届全国人大常委会第十五次会议批准了在广东省深圳、珠海、汕头和福建省厦门设置经济特区，通过了《中华人民共和国广东省经济特区条例》，完成了设置特区的立法程序，标志着经济特区的正式诞生。从此，新中国迈开了向世界开放的具有重要历史意义的一步。

1979年，深圳（宝安县深圳镇）只有20多家作坊式的小工厂。全县工业产值只有6061万元，农业产值只有1.14亿元，农民人均年收入仅150多元。兴办经济特区，使深圳、珠海、汕头、厦门的经济发展揭开了新的一页。到1984年，经济特区取得了飞速发展，高楼大厦拔地而起，形成了包括电子、机械、纺织、轻工、家用电器、服装、食品饮料、饲料、家具制造、印刷、石油化工、医药、建材、电力、工艺品等30多个工业生产行业；与1979年相比，发展最快的深圳经济特区工业总产值13亿元，增长20倍；财政收入4.5亿元，增长10.6倍；四个经济特区的工业总产值、财政收入、社会商品零售额分别比1980年增长1.9倍、2.3倍、21.4倍。

经济特区的建立和发展对全国产生了无法用数字估量的重大影响。经济特区坚持发展以工业为主、工贸结合的外向型经济的指导思想，卓有成效地吸收外资，引进先进技术和科学管理经验，扩大出口，开展国际经济技术合作和交流，逐步建立起适应外向型经济发展的经济运行机制，为确立中国对外开放的格局和实施沿海地区发展外向型经济的战略，进行了有益的探索。经济特区外引内联，扩大横向经济联合发展经济的路子，对内地众多地区进入国际市场起到了借鉴和推动作用。经济特区在经济体制改革的许多方面先行一步，为全国经济体制改革的深

---

① 《邓小平年谱（1975—1997）》（上），中央文献出版社2004年版，第510页。

化提供了重要的经验。同时，特区还有着联系港澳台地区的政治意义，为"一国两制"的设想提供了实践支持。

1984年2月，邓小平视察深圳后又建议："可以考虑再开放几个港口城市，如大连、青岛。这些地方不叫特区，但可以实行特区的某些政策。"[①]3月，中共中央书记处和国务院联合召开座谈会，建议进一步开放大连、秦皇岛、天津、烟台、青岛等14个沿海港口城市，扩大开放城市的权限，如放宽利用外资建设项目的审批权限，增加外汇使用额度和外汇贷款，对"三资"企业在税收、外汇管理上给予优惠待遇，可逐步兴办经济技术开发区等。5月，中共中央、国务院批转了座谈会纪要。各个沿海开放城市以广大的腹地作为后盾，原料有来源，产品有市场，劳动力有保证，又有专门的出口产品基础，成为中国对外经济关系的窗口与内外经济技术交流的枢纽。

三、开始城市改革试点

城市经济体制改革，首先是扩大企业自主权，是从1978年10月国务院批准四川省重庆钢铁公司、成都无缝钢管厂、宁江机床厂等6家地方国营工业企业进行试点开始的。改革内容是，核定企业的利润指标，规定增产增收目标，允许完成计划后提留少量利润作为企业的基金，给职工发放少量奖金。1979年5月，国家经济委员会、财政部等在北京、天津、上海选择首都钢铁公司、天津自行车厂、上海柴油机厂等8家企业，进行扩大自主权的试点。改革内容是：改企业基金制为利润留成制；企业在产品生产、销售、试制和资金使用、人事安排、职工奖惩等方面，拥有部分权力；企业实行党委领导下的厂长负责制，建立职工代表大会制度。7月，国务院发布了扩大国营工业企业经营管理自主权、实行利润留成、开征固定资产税、提高折旧率和改进折旧费使用办法、实行流动资金全额信贷五个文件。1980年试点企业扩展到6600个，约占全国预算内工业企业数的16%，产值的60%，利润的70%。通过扩权，试点企业拥有了部分计划权，在完成国家计划的前提下，多余的生产能力可根据市场需要自行安排生产；企业拥有部分销售权，完成国家计划收购任务后，多余产品可自行销售；企业拥有部分资金使用权，可按一定的比例实行利润留成，用于发展生产、改善集体福利、奖励职工；企业拥有部分干部任免权；等等。这初步改变了企业只按国家计划生产，不了解市场需要、不关心产品销路、不关心盈利亏损的状况，开始增强了经营观念、市场观

---

① 《邓小平文选》第3卷，人民出版社1993年版，第52页。

念、服务观念，企业之间开展了竞争。

企业放权改革使企业管理发生了新的变化，统得过多、管得过死的状况开始改变。地方有了较大的自主安排的权力，归地方支配的大约有 50% 的财政收入、65% 的水泥、43% 的煤炭、26% 的钢材、21% 的木材。流通渠道增加，购销形式多样，一部分长期短缺的物资、商品开始敞开供应。

在中央与地方关系方面进行的改革，是从 1980 年起实行新的财政体制。主要做法是：在 15 个省实行"划分收支、分级包干"的新办法，即划分中央与地方收入和支出的范围，再按照各省的情况确定地方上缴比例或中央定额补助，一定 5 年不变。这样，地方的收入与支出挂钩，多收多支，少收少支，促使地方增收节支，克服困难，自求收支平衡；同时，财政支出由"条条"下达改为"块块"统筹使用，地方能主动规划和安排地区经济的发展，不必事事报批，调动了地方的积极性。

在信贷方面，进行了"拨改贷"改革，即国家对基本建设投资拨款改为贷款。1979 年"拨改贷"首先在北京、上海、广东三个省市及纺织、轻工、旅游等行业试点。1980 年国家又扩大范围，规定凡是实行独立核算、有还贷能力的建设项目，都要进行"拨改贷"改革。1985 年 1 月起，"拨改贷"在全国各行业全面推行。

经济体制的新变化，使中国经济开始活跃起来。但是，改革也带来了一些问题。地方为了增加收入，千方百计扩大基本建设规模，盲目发展盈利高的企业，加剧了重复建设和某些产品的盲目生产；同时，出现了地方保护主义行政干预，地区封锁较为严重，影响商品的流通和生产向社会化发展。

为了解决改革中的新问题，从 1983 年起，实行利改税改革。

第一步，是 1983 年 4 月国务院批准财政部《关于国营企业利改税推行办法》。规定：凡有盈利的国营大中型企业，按实现利润 55% 的税率缴纳所得税。剩余利润，一部分按照国家核定的留利水平留给企业，一部分根据企业的不同情况，分别采取递增包干、固定比例、定额包干、调节税等办法上缴国家。

第二步，是 1984 年 10 月国务院关于《国营企业第二步利改税试行办法》开始实施。一是取消工商税税种，将原工商税分解为产品税、增值税、营业税、盐税，对工业产品除列出 12 个税目的产品实行增值税外，其他工业产品和规定的农产品实行产品税，商业经营和服务业实行营业税，并设立了资源税、城市维护建设税、房产税、城镇土地使用税、车船使用税等新税种。二是改革利润分配办法。对有盈利的国营大中型企业征收所得税，所得税后利润应上缴国家的部分，全部改为调节税形式上缴，调节税率按企业的不同情况分别核定，企业在执行中增长的利润减征 70% 的调节税，税后利润全部留在企业运用。利改税第二步改革无论在广度和深度上都比第一步改革前进了一大步，也是中国工商税制的一次全面改革。

与国有企业改革的逐步试点、分阶段推进相比，个体经济的发展则是在全国范围迅速展开。

就业问题日趋严峻是促使个体经济迅速发展的根本原因。中共十一届三中全会以后，三方面的劳动力需要寻找出路：一是农村承包经营制大大提高了农业生产效率，出现了农业富余劳动力；二是 20 世纪五六十年代人口出生高峰时期出生的人口纷纷进入劳动年龄；三是回城知识青年需要谋求工作岗位。当时国有企业及其他国有部门的吸纳能力十分有限，形成了大量社会待业人口。过去为了集中财力于工业化，长期抑制非直接生产部门的投资，导致商业、饮食业、服务业的发展严重滞后，不仅损失了大量就业机会，而且给群众的衣、食、住、行、用各方面造成许多困难和不便。

面对严峻的就业压力，各城市为解决就业问题采取了各种办法。北京市组织了两次调查，大体找到了解决就业问题的出路，就是把劳动就业同发展城市集体经济，特别是新兴的生产服务合作社结合起来。1979 年 4 月在全市 10 个城区和近郊区全面铺开，至 6 月底初见成效，有 6.1 万多名待业青年走上工作岗位，占全市当年计划第一批解决就业人口的 80%。[①] 7 月 24 日，中共中央、国务院将北京市的报告批转全国，肯定了北京市广开就业门路、大力发展集体所有制企业和各种生产服务事业的做法。同时，上海、天津、广州、福州等许多城市都采取了类似的做法。1980 年 8 月，中共中央召开的全国劳动就业工作会议，提出要大力扶持兴办各种类型的自筹资金、自负盈亏的合作社和合作小组，提出"一切守法的个体劳动者应当受到社会的尊重"，鼓励和扶持个体经济适当发展。1979 年至 1981 年 3 年间，城镇新安置就业总数达 2622.6 万人。有 10 个省、市、自治区把 1979 年以前的待业人员基本上安置完毕，并有一些城市和县镇基本上解决了待业人员的就业问题。[②] 这新就业的 2000 多万人，有相当一部分成为个体经济从业者，个体经济由此实现了大发展。1981 年 7 月 7 日，国务院作出《关于城镇非农业个体经济若干政策性规定》，允许个体经济雇工 7 人以下，为私人经济的发展打开了

---

① 参见《中共中央批转北京市关于安排城市青年就业问题的报告》（1979 年 7 月 24 日）。
② 参见《三中全会以来重要文献选编》上册，人民出版社 1982 年版，第 1321 页。

口子。由此，个体经济进入了快速发展时期。注册工商业户从 1978 年的 14 万户增长到 1981 年的 183 万户。[①] 全国城镇个体手工业从 1978 年前的几万户迅速增长到 1985 年底的 33 万户[②]，其增长速度远快于国有经济增长速度和国民经济的总体增长速度。

第四节　经济增长方式与城乡关系的变化

从中共十一届三中全会起，对 20 世纪 50 年代起强调优先发展重工业、以数量规模扩张为主的粗放式增长方式进行了反思，开始了经济增长方式的转变，并初步调整了城乡关系。

一、经济增长方式的转变

1980 年至 1982 年，经济理论界开始了反思旧增长方式和探索新增长方式的讨论。北京连续举行大型讨论会和研究中国经济、社会发展战略问题座谈会等一系列涉及中国增长方式的讨论。讨论批评旧方式不讲经济效益，"为完成指标而生产""为完成政治任务而生产"等，是造成积累和消费比例失调的直接原因。

1980 年 12 月，中央工作会议针对经济形势和经济调整中存在的问题，进一步总结了 30 多年间中国经济建设的经验教训，提出要实行经济发展道路的转轨，即经济不是靠多上基本建设，多铺新摊子，大量增加能源和原材料的消耗，而是要走主要靠发挥现有企业的作用，进行合理的技术改造，降低消耗，提高质量，提高效率来扩大社会生产的新路子。1981 年 10 月，中共中央政治局连续三次召开扩大会议，听取国家计划委员会关于"六五"计划汇报。汇报说：今后经济社会的发展，应当包括这样一些主要目标和指标：国民收入的增长速度和按人口平均的国民收入额，社会积累效果，城乡居民的平均生活水平，人口自然增长率和平均寿命、就业率、就学率，主要科技领域的发展水平和科技应用的社会效果，森林、草原植被率，城市和江河的污染程度，资源的综合利用水平等。经济发展战略要有大的转变：第一，把提高经济效率作为经济工作的中心任务。要

---

① 参见国家工商总局个体私营经济监督管理司：《我国个体经济发展的回顾与展望》，《中国工商报》2012 年 9 月 3 日。
② 参见国务院工业普查领导小组办公室、国家计委经济研究所编：《中国工业现状》，人民出版社 1990 年版，第 407 页。

逐步地从以外延为主转为以内涵为主。第二，要围绕发展消费品生产来安排国民经济各部门之间的比例关系，使社会生产的两大部类相互协调、相互促进，整个社会生产持续稳定增长。第三，充分利用有利的国际条件，更大范围地通过国际市场的交换，积极有效地利用国外资金，引进适用的先进技术，促进国内经济的发展。

党和国家领导人经过反复酝酿，决定转变增长方式。1981年11月五届全国人大四次会议审议通过的政府工作报告提出了10条经济建设方针。其中，最重要的是以下五方面的转变：

一是大力发展消费品生产。放弃片面发展重工业的模式，使经济的增长体现"社会主义生产目的"，逐步满足人民的需要。发展消费品生产的方针包括加快轻纺工业的发展和调整重工业的服务方向，使重工业转向主要为消费品生产服务；还包括加快农业的发展，主要不是靠增加投入，而是进一步放宽农村的经营政策和产业政策，同时加强农业技术的推广。

二是依靠现有企业。此后发展国民经济，主要不是依靠建新厂、扩大基建规模，而是依靠发挥现有企业的作用，逐步由外延为主转向内涵为主，由粗放经营转向集约经营。

三是讲究生财、聚财、用财之道。当时，经济建设面临的最大困难是财政困难，资金不足。要促进发展，不能仅靠紧缩支出，而必须尽可能多地增加收入，更多地筹集到建设资金，在这个基础上用好。根本出路在于提高效益，增加社会财富。

四是能源、交通先行。在长期实施重工业优先战略中，能源、交通的发展总赶不上冶金和机械工业的速度，始终成为制约经济发展的"瓶颈"。1980年4月，国务院成立国家能源委员会。在研究长期计划的方针时，邓小平、陈云、李先念等都提出：能源、交通要先行。同时提出，能源和交通建设要结合进行，交通还应该先行一步，保证把开采出来的煤炭能及时运出。

五是改革开放。强调经济增长方式转变的根本是：打破封闭，实行对外开放；改革经济管理体制，转变经济机制。要利用两种资源，首先是国内资源，其次是国外资源；开拓两种市场，首先是国内市场，其次是国外市场；学会两套本领，一是管理国内经济的本领，二是开展对外经济贸易的本领。

20世纪80年代初经济增长方式的转变，是对过去30年发展思路的反思，也是对1978年形成的大引进思路的重大修正，为此后中国特色社会主义经济的运行奠定了良好的基础，意义十分重大。

二、乡村治理结构的重新构建与城乡关系的初步调整

家庭承包经营制的推行,实现了土地集体所有权与经营权的分离,人民公社政社合一体制已经不再适应,必然解体。于是,改革农村长达30多年的人民公社体制,形成政社分设和村民自治的治理结构,呼之欲出。四川省广汉县是较早进行农村承包经营的地方,1979年8月又率先进行人民公社管理体制改革,将政社合一改为政社分开,成立乡政府。在一些地方探索的基础上,1983年10月,中共中央、国务院发出《关于实行政社分开、建立乡政府的通知》,要求以原公社管辖范围为基础建立乡政府,这项改革于1985年基本完成。

促进社队企业快速发展,缩小城乡经济差别。改革开放初期,家庭承包经营的全面推行使农民的生产积极性及劳动热情空前提高,农业生产迅速发展,为农村非农产业的发展提供了良好的物质条件,农业劳动生产率的迅速提高又使大量农村劳动力从土地的束缚中解放出来,迫切需要大力发展非农产业予以吸收。1979年9月,中共十一届四中全会通过《关于加快农业发展若干问题的决定》指出:"社队企业要有一个大发展,逐步提高社队企业的收入占公社三级经济收入的比重。凡是符合经济合理的原则,宜于农村加工的农副产品,要逐步由社队企业加工。城市工厂要把一部分宜于在农村加工的产品或零部件,有计划地扩散给社队企业经营,支援设备,指导技术。对社队企业的产、供、销要采取各种形式,同各级国民经济计划相衔接,以保障供销渠道能畅通无阻。国家对社队企业,分别不同情况,实行低税或免税政策。"① 在这种政策下,社队企业在全国各地广泛地兴办起来。在随即开始的国民经济调整中,社队企业得到了巩固和提高,增强了活力。1980年与1978年相比,全国社队企业减少9.9万个,从业人员却增加了173万人。这一时期,对社队企业的约束仍然比较大,主要表现在只允许办集体企业,对社队企业生产的产品在流通、价格等方面有很多限制,社队企业缺乏经营决策、招工用人和利润分配等方面的自主权,甚至一些地方随意关停社队企业。1983年中央一号文件进一步指出了发展非农产业的重要性:"现有的社队企业,不但是支持农业生产的经济力量,而且可以为农民的多种经营提供服务,应在体制改革中认真保护,勿使削弱,更不得随意破坏、分散。"② 1983年与1978年相比,社队企业共吸收农村劳动力3235万人,增长14.4%;总产值达到1017亿元,年

---

① 《中共中央关于加快农业发展若干问题的决定》,《人民日报》1979年10月6日。
② 《当前农村经济政策的若干问题(摘要)》,《人民日报》1983年4月10日。

均增长21%。乡镇企业异军突起式的大发展，是从1984年开始的。3月1日，中共中央批转农牧渔业部和部党组《关于开创社队企业新局面的报告》。报告以大量数据和事实，说明社队企业已成为国民经济的一支重要力量，农业现代化和安排富余劳动力都离不开社队企业的发展；提出1984年、1985年两年，社队企业应在调整中继续发展，切实加强计划指导，争取完成整顿企业，开创出新的局面，使社队企业工业产值占社队企业总产值3/4；提出将社队企业易名为乡镇企业。此后，乡镇企业进入了第一个全面发展的高峰期。1984年底，乡镇企业数量猛增到606.52万家，较上年净增471.88万家，其中乡村办企业净增51.66万家，私营企业和个体企业开始涌现。

探索建立城乡经济协作区。1981年10月和1982年2月，国务院批准在湖北省沙市市和江苏省常州市进行经济体制综合改革试点。1983年2月，中共中央、国务院又批准在重庆市进行经济体制综合改革试点，目的是通过改革，合理组织重庆及其周围城乡地区的经济，发展与外地、外省的经济联合，打通与海外的经济联系，使重庆真正成为一个综合性的开放型的经济中心，为四川、为西南、为全国的城乡经济发展和改革作出大的贡献。一些省实行了撤销专区行署、由市领导县的城乡结合新体制。这样做有利于条块结合、城乡结合，发挥中心城市的经济、科技、文化优势，充分利用农村资源，以城市支援农村，促进城乡经济的协调发展。国务院还批准进行了包括上海市和江苏、浙江两个省部分地区共10个市57个县所辖地区的上海经济区实验。

1984年9月，中共中央、国务院批准湖北省委、省政府上报的《关于武汉市经济体制综合改革方案》，武汉成为重庆之后全国特大城市中经济体制改革的第二个试点城市。武汉市经济体制改革的目标定为有步骤地搞好企业下放，改革外经贸体制，改革价格、税收、信贷体制，改革科技体制等10个方面。主旨是以"两通"（商业流通和交通）为突破口，发挥中心城市的优势。通过改革，逐步探索一套条块合理分工、城乡密切结合、政企职权分明的社会主义区域经济管理体制。

1978年至1984年是新中国经济史上凯歌行进时期。这一时期确立的把工作重心转移到经济建设上来的伟大战略，形成的初级阶段认识、转变增长方式、经济建设要适合综合国力等重要建设原则和经验，开辟的计划与市场关系、经济特区试验、家庭承包经营制等理论和实践探索，提出的脚踏实地建设小康社会的蓝图，在整个改革开放时期直到现在仍然是必须坚持和借鉴的宝贵财富。

中共十一届三中全会以后的6年为什么能取得巨大成功？首先依托于中国共产党在改革开放前所形成的生产力，在此基础上，总结宝贵的历史经验教训，领导全国人民解放思想、实事求是地探索和创新,再加上国际条件的客观有利因素。最终在以邓小平为核心的中共中央的领导下,走出了一条有中国特色的社会主义经济建设道路。

首先,是世界进入了以和平与发展为两大主题、高科技迅猛发展的新时期。20世纪80年代初期的中国,面临着新中国成立以来最有利的国际环境。美国、苏联两个超级大国经过越南、阿富汗战争,无力再进行大规模的争夺霸权较量,欧洲刚刚遭受一轮新的经济衰退。邓小平敏锐地抓住有利时机,及时地提出了一个时期内不会有战争威胁、要大胆引进外资、科学技术是第一生产力的判断,不仅使中国赢得较长的和平建设时间,也带来了引进外资和先进技术设备、扩大出口的机遇。

其次,是新中国经过近30年的经济建设,在1979年宣布初步建成了独立的比较完整的工业体系和国民经济体系。叶剑英代表中共中央发表讲话宣布:"我们在旧中国遗留下来的'一穷二白'的基础上,建立了独立的比较完整的工业体系和国民经济体系。""目前,全国工业企业达到35万个,全民所有制企业的固定资产达到3200亿元,相当于旧中国近百年积累起来的工业固定资产的25倍。"[①]这个工业体系虽然还存在经济结构不够合理、经济效益较差、轻工业发展相对缓慢等问题,但在几千年的中国历史上,第一次建立了包括原子能、航天、电子工业等的现代工业基础,以及大批的社队工业等,为改革开放时期中国经济腾飞,准备了重要的物质条件。

最后,是经过对"文化大革命"教训的总结,全党全国人民一致认为,必须一心一意搞经济建设,再也不能折腾,也不能再走过去僵化体制的老路,改革开放思想深入人心。中国共产党和国家民主生活的完善,解放思想、实事求是思想路线的重新确立,使全国上下在经济建设中迸发了极大的积极性和探索创新精神。这一时期的经济建设决策有两个特点:一是充分尊重实践的检验,尊重人民的意愿。中国的农民、城镇居民、基层干部,以极大的勇气,在农村家庭承包经营制、个体经济发展和经济特区等方面推进改革,同时也通过实践经验的总结推动政策的调整。二是"摸着石头过河"前进。如对要不要进行国民经济调整、能不能在农村搞包干到户、要不要发展个体经济、计划与市场何者为主等问题,都是经过党内国内民主讨论后逐渐形成的,避免了过去"一刀切"的弊端。这两个特点,都是中共十一届三中全会"解放思想,实事求是"思想路线的最好体现。

---

① 叶剑英:《在庆祝中华人民共和国成立三十周年大会上的讲话》,《人民日报》1979年9月30日。

思考题

1. 经济领域的拨乱反正主要包括哪些内容?
2. 中国经济体制改革为什么从农村开始?
3. 试比较20世纪60年代和中共十一届三中全会之后的两次国民经济调整。
4. 试述20世纪70年代末到80年代初经济体制改革有哪些内容。

第五章 经济体制改革的全面推进与国民经济的治理整顿（1984—1991）

1984年10月，中共十二届三中全会作出《中共中央关于经济体制改革的决定》，开启了全面推进经济体制改革历程。在经济体制改革过程中，由于经济过热，加之1988年决定理顺价格的"闯关"未果，导致经济秩序的混乱和通货膨胀等问题。鉴于此，中国对国民经济进行治理整顿。

第一节 "三步走"战略的形成与经济体制改革理论的重大突破

在中共十二大提出建设有中国特色的社会主义科学命题下，中国共产党和政府从国情出发，推进马克思主义中国化，作出了社会主义经济是在公有制基础上的有计划的商品经济的理论创新，作出了中国正处在社会主义初级阶段的重要判断，明确了中国经济建设"三步走"战略，借此进一步解放了思想，为改革发展提供了强大的思想武器。

一、"三步走"战略的确立与"七五"计划的制定

1984年4月18日，邓小平会见英国外交大臣杰弗里·豪时说："自从大臣阁下一九七八年访华以来，中国发生了很大变化。但同我们的大目标相比，这仅仅是开始。我们的第一个目标就是到本世纪末达到小康水平，第二个目标就是要在三十年至五十年内达到或接近发达国家的水平。"①5月29日，在会见巴西总统若昂·菲格雷多时，他又说，在实现本世纪末翻两番的基础上，"再发展三十年到五十年，我们就可以接近发达国家的水平"②。6月30日，邓小平会见日本朋友时，又提出"翻两番"的具体小康目标。邓小平说："所谓小康，从国民生产总值来说，就是年人均达到八百美元。""中国现在有十亿人口，到那时候十二亿人口，国民生产总值可以达到一万亿美元。"③10月6日，邓小平进一步表述了这一设想，说："我们第一步是实现翻两番，需要二十年，还有第二步，需要三十年到五十年，恐

---

① 《邓小平年谱（1975—1997）》（下），中央文献出版社2004年版，第970页。
② 《邓小平年谱（1975—1997）》（下），中央文献出版社2004年版，第979页。
③ 《邓小平文选》第3卷，人民出版社1993年版，第64页。

怕是要五十年，接近发达国家的水平。"①

1987年10月25日至11月1日召开的中共十三大，根据邓小平关于"三步走"战略的蓝图，正式确定了"三步走"战略。党的十三大报告指出，中国经济建设的战略部署大体分"三步走"。第一步是，实现国民生产总值比1980年翻一番，解决人民的温饱问题；第二步，到20世纪末，使国民生产总值再增长一倍，人民生活达到小康水平；第三步，到21世纪中叶，人均国民生产总值达到中等发达国家水平，人民生活比较富裕，基本实现现代化。报告进一步指出："现在，最重要的是走好第二步。实现了第二步任务，我国现代化建设将取得新的巨大进展：社会经济效益、劳动生产率和产品质量明显提高，国民生产总值和主要工农业产品产量大幅度增长，人均国民生产总值在世界上所占位次明显上升。工业主要领域在技术方面大体接近经济发达国家七十年代或八十年代初的水平，农业和其它产业部门的技术水平也将有较大提高。城镇和绝大部分农村普及初中教育，大城市基本普及高中和相当于高中的职业技术教育。人民群众将能过上比较殷实的小康生活。在我们这样一个人口众多而又基础落后的国家，人民普遍丰衣足食，安居乐业，无疑是一项宏伟壮丽而又十分艰巨的事业。"报告在分析了实现第二步奋斗目标的困难和矛盾后指出，只有在提高经济效益上扎扎实实地做好工作，争取年年有所进步，才能逐步缓解中国人口众多、资源相对不足、资金严重短缺等矛盾，保证国民经济以较高的速度持续发展。因此，必须坚定不移地贯彻执行注重效益、提高质量、协调发展、稳定增长的战略。这个战略的基本要求是，努力提高产品质量，讲求产品适销对路，降低物质消耗和劳动消耗，实现生产要素合理配置，提高资金使用效益和资源利用效率，归根结底，就是要从粗放经营为主逐步转向集约经营为主的轨道。

面对1989年政治风波后对"三步走"战略和"翻两番"小康目标的一些疑虑，邓小平于1989年6月9日及时指出："在六十一年后，一个十五亿人口的国家，达到中等发达国家的水平，是了不起的事情。实现这样一个目标，应该是能够做到的。不能因为这次事件的发生，就说我们的战略目标错了。"②

"三步走"战略的构想，逐步体现在国民经济和社会发展五年计划中。1985年9月，中国共产党全国代表会议通过《中共中央关于制定国民经济和社会发展第七个五年计划的建议》，明确提出了"七五"计划的指导思想、主要任务和一系列

---

① 《邓小平文选》第3卷，人民出版社1993年版，第79页。
② 《邓小平文选》第3卷，人民出版社1993年版，第305页。

适应新形势的方针政策。1986年3月至4月召开的六届全国人大四次会议，通过了关于第七个五年计划和第七个五年计划的报告的决议。报告提出了"七五"时期的基本任务和主要建设方针，指出经济建设的方针是：第一，确定适度的经济增长率，促进国民经济按比例、高效益地向前发展；第二，规定恰当的投资规模，合理调整投资结构，努力提高投资效益；第三，坚持把科技进步和智力开发放在重要的战略地位，更好地发展科学、教育事业；第四，以增强出口创汇能力为中心，推动对外经济贸易和技术交流进一步向纵深发展；第五，按照兼顾生产建设和生活消费的原则，恰当地确定提高人民生活水平的幅度。1990年12月，中共十三届七中全会通过《中共中央关于制定国民经济和社会发展十年规划和"八五"计划的建议》。《建议》提出了20世纪最后10年实现国民生产总值翻一番、人民生活水平达到小康的目标，还规定了实现第二步战略目标的一系列基本指导方针，如坚持走社会主义道路、坚持改革开放、坚持国民经济持续稳定协调发展等。

二、有计划的商品经济的提出

中共十二届三中全会总结了新中国成立以来特别是十一届三中全会以来经济体制改革的成功经验，比较系统地提出和阐明了经济体制改革中的重大理论和实践问题。全会认为，社会主义经济是在公有制基础上的有计划的商品经济。实行计划经济同运用价值规律、发展商品经济，不是相互排斥的，而是统一的。全会通过了《中共中央关于经济体制改革的决定》。在实行家庭承包经营为主的农村改革成功和城市企业扩大自主权的试点工作收到明显成效的基础上，面对理论界日趋激烈的计划经济还是市场经济之争，这一《决定》实现了历史性突破：

一是关于社会主义经济的本质属性。第一次在中共中央的文件中突破了把计划经济同商品经济对立起来的老框框，明确提出社会主义经济是"在公有制基础上的有计划的商品经济"，强调只有充分发展商品经济，才能把经济真正搞活，促使各个企业提高效率，灵活经营，灵敏地适应复杂多变的社会需求，而这是单纯依靠行政手段和指令性计划不能做到的。

二是关于所有制结构。明确肯定集体经济是"社会主义经济的重要组成部分"，个体经济是"社会主义经济必要的有益的补充"，突破了"一大二公"、公有制程度越高越好的传统观念。

三是关于经济调节机制。突破了中共十二大提出的经济体制改革要"正确贯彻计划经济为主、市场调节为辅的原则"，明确指出国民经济计划就总体来说只能是粗线条的和有弹性的，只能通过计划的综合平衡和经济手段的调节，做到大的方面管住管好、小的方面放开放活，保证重大比例关系比较适当；要有步骤地适当缩小指令性计划的范围，适当扩大指导性计划的范围。

四是关于国家和企业的关系。明确提出"所有权同经营权是可以适当分开的"，"要使企业真正成为相对独立的经济实体，成为自主经营、自负盈亏的社会主义商品生产者和经营者，具有自我改造和自我发展的能力，成为具有一定权利和义务的法人"，要按照政企职责分开、简政放权的原则进行改革，各级政府部门原则上不再直接经营管理企业，突破了全民所有与国家机构直接经营企业混为一谈的传统观念及政府对企业实行集中统一、包揽一切的做法。

五是关于企业领导体制。明确规定企业要实行厂长（经理）负责制，企业中的党组织要积极支持厂长行使统一指挥生产经营活动的职权。

六是关于经济利益分配。明确指出要允许和鼓励一部分地区、一部分企业和一部分人依靠勤奋劳动先富起来，带动越来越多的人一浪接一浪地走向富裕，强调在企业内部，要实行工资奖金同经济利益挂钩，扩大工资差距，拉开档次，以充分体现奖勤罚懒、奖优罚劣，突破了"社会主义就是要平均""把共同富裕理解为完全平均和同步富裕"的传统观念和忽视企业、劳动者个人利益的做法。

七是关于经济结构和地区布局。明确要求地区之间、行业之间都打破封锁，打开门户，按照扬长避短、形式多样、互利互惠、共同发展的原则，大力促进横向经济联系，"逐步形成以城市特别是大、中城市为依托的，不同规模的，开放式、网络型的经济区"，突破了以纵向联系为主、条块分割、互相封锁的格局。

《决定》通过后，邓小平在会上发言说："这个决定，是马克思主义的基本原理和中国社会主义实践相结合的政治经济学。"① 这一《决定》理论上的创新和对改革实践的部署，成为全面进行经济体制改革的纲领性文献。中共十三大对十二届三中全会提出的公有制基础上有计划的商品经济体制作了进一步阐述，指出社会主义有计划商品经济的体制，应该是计划与市场内在统一的体制。社会主义商品经济同资本主义商品经济的本质区别，在于所有制基础不同。计划和市场的作用范围都是覆盖全社会的。新的经济运行机制，总体上来说应当是国家调节市场，市场引导企业。

随着实践的发展，进一步深化了计划调节与市场调节的认识。1990 年 12 月，邓小平在同几位中央负责同志谈话时指出："我们必须从理论上搞懂，资本主义与社会主义的区分不在于是计划还是市场这样的问题。社会主义也有市场经

---

① 《邓小平年谱（1975—1997）》（下），中央文献出版社 2004 年版，第 1006 页。

济，资本主义也有计划控制。""不搞市场，连世界上的信息都不知道，是自甘落后。"①1991年2月6日，邓小平在视察上海时指出："不要以为，一说计划经济就是社会主义，一说市场经济就是资本主义，不是那么回事，两者都是手段，市场也可以为社会主义服务。"②在实践上，国家出台了多项政策，促进有计划的商品经济的发展。

三、社会主义初级阶段及其经济改革发展指导思想

正确认识中国所处的发展阶段是建设有中国特色的社会主义的首要问题，是制定和执行正确的路线和政策的基本依据。中共十三大作出了中国处在社会主义初级阶段的论断。大会指出，中国处在社会主义初级阶段包括两层含义：第一，中国社会已经是社会主义社会，我们必须坚持而不能离开社会主义；第二，中国的社会主义社会还处在初级阶段，我们必须从这个实际出发，而不能超越这个阶段。在近代中国的具体历史条件下，不承认中国人民可以不经过资本主义充分发展阶段而走上社会主义道路，是革命发展问题上的机械论，是右倾错误的重要认识根源；以为不经过生产力的巨大发展就可以越过社会主义初级阶段，是革命发展问题上的空想论，是"左"倾错误的重要认识根源。中国社会主义的初级阶段，不是泛指任何国家进入社会主义都会经历的起始阶段，而是特指中国在生产力落后、商品经济不发达条件下建设社会主义必然要经历的特定阶段。从生产资料私有制的社会主义改造基本完成，到社会主义现代化的基本实现，至少需要上百年时间，都属于这个阶段。在社会主义初级阶段中，主要矛盾是人民日益增长的物质文化需要同落后的社会生产之间的矛盾。阶级斗争在一定范围内还会存在，但不是主要矛盾。党和国家的主要任务是发展生产力，推进社会主义现代化建设。党在社会主义初级阶段的基本路线是：领导和团结全国各族人民，以经济建设为中心，坚持四项基本原则，坚持改革开放，自力更生，艰苦创业，为把中国建设成为富强、民主、文明的社会主义现代化国家而奋斗。

从中国处于社会主义初级阶段的实际出发，中共十三大确立了有长远意义的经济改革发展指导方针：

第一，必须集中力量进行现代化建设。社会主义社会的根本任务是发展生产力。在初级阶段，为了摆脱贫穷和落后，尤其要把发展生产力作为全部工作的中

---

① 《邓小平文选》第3卷，人民出版社1993年版，第364页。
② 《邓小平文选》第3卷，人民出版社1993年版，第367页。

心。是否有利于发展生产力,应当成为我们考虑一切问题的出发点和检验一切工作的根本标准。必须始终不渝地发扬艰苦奋斗精神,勤俭建国,勤俭办一切事业。

第二,必须坚持全面改革。社会主义是在改革中前进的社会。在初级阶段,特别在当前时期,由于长期形成的僵化体制严重束缚着生产力的发展,改革更成为迫切的历史要求。改革是社会主义生产关系和上层建筑的自我完善,是推进一切工作的动力。

第三,必须坚持对外开放。当代国际经济关系越来越密切,任何国家都不可能在封闭状态下求得发展。在落后基础上建设社会主义,尤其要发展对外经济技术交流和合作,努力吸收世界文明成果,逐步缩小同发达国家的差距。闭关自守只能越来越落后。

第四,必须以公有制为主体,大力发展有计划的商品经济。商品经济的充分发展,是社会经济发展不可逾越的阶段,是实现生产社会化、现代化的必不可少的基本条件。在所有制和分配上,社会主义社会并不要求纯而又纯,绝对平均。在初级阶段,尤其要在以公有制为主体的前提下发展多种经济成分,在以按劳分配为主体的前提下实行多种分配方式,在共同富裕的目标下鼓励一部分人通过诚实劳动和合法经营先富起来。

第二节 发展有计划的商品经济

基于社会主义经济是公有制基础上的有计划商品经济的理论创新,中共十二届三中全会通过的《中共中央关于经济体制改革的决定》指出改革的基本任务是从根本上改变束缚生产力发展的经济体制,从"改革是当前中国形势发展的迫切需要""改革是为了建立充满生机的社会主义经济体制""增强企业活力是经济体制改革的中心环节""建立自觉运用价值规律的计划体制,发展社会主义商品经济""建立合理的价格体系,充分重视经济杠杆的作用""实行政企职责分开,正确发挥政府机构管理经济的职能""建立多种形式的经济责任制,认真贯彻按劳分配原则""积极发展多种经济形式,进一步扩大对外的和国内的经济技术交流""起用一代新人,造就一支社会主义经济管理干部的宏大队伍""加强党的领导,保证改革的顺利进行"十个方面进行了阐述和部署,推动计划体制、多种所有制经济、政府职能转变、对外开放等改革步伐的加快。在改革进程中,经济活力逐步增强。

一、缩小指令性计划范围，扩大指导性计划范围

1984年10月4日国务院批转的国家计划委员会《关于改进计划体制的若干暂行规定》，从1985年开始试行。《规定》指出，现行计划体制的主要问题是集中过多，管得过死，指令性计划的比重过大，忽视市场调节，不善于运用经济调节手段。根据"大的方面管住管好、小的方面放开放活"的精神，适当缩小指令性计划的范围，扩大指导性计划的市场调节的范围。这就形成了指令性计划、指导性计划和市场调节三种管理方式。计划管理体制从此开始进行重大改革，主要体现在大幅度削减指令性计划，指导性计划和市场调节范围扩大。1988年2月27日，国务院批转国家经济体制改革委员会提出的《一九八八年深化经济体制改革的总体方案》。《方案》提出：1988年的经济工作总的方针是：经济要进一步稳定，改革要进一步深入。经济体制改革要从这一全局出发，立足于解决当前经济运行中亟须解决的矛盾和问题，把经济体制改革同经济发展和政治体制改革紧密结合起来。

这一时期，按照商品经济发展的要求，主要从以下方面对计划管理体制进行了改革：在生产领域，多数行业开始取消指令性计划，主要农产品和各工业部门纷纷向市场调节转轨。在农业部门，国家对粮食、棉花、油料、烤烟、黄红麻、生猪等关系国计民生的大宗农产品进行收购和调拨，按照数量、品种、质量规定指令性指标，并自下而上地签订收购合同加以落实；超过收购计划部分，全部放开。其他农产品生产和销售实行市场调节。在工业部门，主要工业品的生产实行指导性计划。国家统一分配调拨的煤炭、原油及各种油品、钢材、有色金属、木材、水泥、发电量、基本化工原料、化肥、重要机电设备、化纤、新闻纸、卷烟以及军工产品等重要产品（包括数量和品种），实行指令性计划。1985年至1987年，实行指令性计划管理的产品由1984年以前的120种减少到60种左右，政府部门下达指令性生产计划的工业产品由1900种减少到380种左右。此外，将70种左右的工业产品及总产值指标改为客观反映市场情况的指导性计划。各部门和地方政府扩大工业品指导性计划的覆盖范围，其他产品的产销一律放开，不再实行统购统配的管理体制。企业在确保完成国家计划和供货合同的前提下，超产部分可以自销。

在交通运输领域，国家综合考虑交通运输力量的综合平衡和社会经济发展的基础性功能，规定对全国铁路货运量、公路汽车货运量、港口吞吐量、水运轮驳船货运量、民航运输总周转量、邮电业务总量实施指导性计划；重点物资的铁路

货运量、部直属水运货运量、沿海主要港口吞吐量实行指令性计划。

在基础设施方面，为多方筹集和有效使用建设资金，合理确定国家公共资金的使用范围，加强建设单位的经济责任制，提高投资收益，从 1985 年 1 月起，全国各行业凡是由国家预算内拨款安排的建设项目，都改为银行贷款。实行"拨改贷"以后，原来的"国家预算直接安排的投资"渠道相应取消。全民所有制单位固定资产投资总规模仍由国家计划控制，国家对预算内拨款、纳入国家信贷计划的基建贷款、利用国际金融组织和外国政府贷款的投资实行指令性计划管理。对地方和部门自行安排的投资、吸收外商直接投资及集体所有制单位的投资实行指导性计划，其他投资一律实行市场调节。

在流通领域，国家突出宏观管理，对煤炭、钢铁、木材、水泥等少数重要物资实行计划分配制度，对全社会商品零售总额实行指导性计划。国家计划委员会负责平衡和分配的指令性物资品种减少为 23 种，实行指令性计划收购和调拨的大类商品减少为 20 种。1986 年 5 月 30 日，国务院批转国家经济体制改革委员会、商业部等单位《关于一九八六年商业体制改革几个问题报告的通知》，就广泛发展商品流通领域的横向经济联合、进一步搞活国营大中型商业企业、继续放开国营小型商业企业、加强对市场商品流通的宏观调节和管理、进一步简政放权等问题作出规定。

在对外经贸领域，进一步调整计划和市场的关系。1984 年开始，对部分进口商品实行外贸代理制，从按国内价格作价改为按进口成本加外贸代理手续费等费用和应纳税金作价。1985 年开始，外经贸部不再编制、下达外贸收购计划和调拨计划。国家只下达进出口总额指标的指导性计划和属于列名管理的主要商品数量的指令性计划。国家对统一安排的 21 种出口商品和 13 种进口商品实行指令性计划，对统借统还的外债实行指令性计划，其他多数商品分别实行指导性计划和市场调节。1987 年，外经贸部对所属外贸专业总公司实行了出口承包经营责任制。各外贸专业总公司向外经贸部承包出口总额、出口商品换汇成本、出口盈亏总额三项指标，实行超亏不补，减亏留用，增盈对半分成，并按三项指标完成情况兑现出口奖励。1988 年 2 月，国务院发出《关于加快和深化对外贸易体制改革若干问题的规定》，全面推行外贸承包经营责任制。1990 年 12 月 9 日，国务院作出《关于进一步改革和完善对外贸易体制若干问题的决定》，以促进外贸平等竞争、自主经营、自负盈亏、工贸结合和推行代理制。到 1990 年底，除中央外汇进口的粮食、化肥等几种商品外，其他进口商品已全部实行外贸代理制。

在分配领域，国家逐步缩小指令性计划，扩大市场调节比重。在 1980 年开始实行"划分收支、分级包干"的基础上，1985年起又调整为"划分税种、核定收支、分级包干"，国家财政进一步增长。在改革和完善财政体制的同时，城镇取消了凭证供应的配给制，各种票证自然消亡。从1991年5月1日起，粮油统销价格得到调整。国家定量供应城镇居民的大米、面粉、玉米三种粮食的统销价格每500克平均提价0.10元，六种食油统销价格每500克平均提价1.35元。这一措施施行后，国家财政补贴减少75亿元，扣除职工补贴增加与企业利税上缴减少的因素，仍可净减少财政支出30亿元。对全民所有制单位的职工人数和工资总额下达计划指标，对其他所有制单位的职工人数和工资总额实行指导性计划管理。对计划内用工实行指令性计划，对计划外用工、合同用工实行市场调节。1985年开始实施划分为基础工资、职务工资、级别工资、工龄津贴的工资方案。

在价格管理方面，逐步理顺价格关系，改革价格形成机制。农业领域，1985年1月，开始改革农产品统购、派购制度，除粮食和定量供应的植物油外，放开农副产品价格。同时，国家不再对农村下达指令性计划，实行按合同收购的新政策。1986年8月18日，国家物价局、商业部印发《当前粮食、生猪价格情况及需要采取的措施的通知》，要求调节供求，控制价格。1987年9月，国务院颁布《中华人民共和国价格管理条例》，对价格政策作了进一步深化改革，商品价格继续实行国家定价、指导价和市场调节价的管理形式。《条例》对于加强价格管理，推进价格改革，促进商品经济发展起了积极作用。1988年上半年进一步放开肉、蛋、大路菜、糖等副食品的价格，城镇居民相应得到副食补贴。工业领域，放开工业品中小商品的价格，国家对约700种工业品和消费品的物价实行指令性管理，其他产品的价格分别实行计划指导价、地方定价和市场调节价。国家视供求情况不断放开有关工业品价格，由企业自行决定价格。

中国的资本市场开始起步。1984年7月成立的北京天桥百货股份有限公司开始发行由工商银行总代理的第一期股票。11月18日，飞乐音响作为第一只公开发行的股票向社会发行1万股，每股票面50元。1986年，证券交易市场开始建立。9月，新中国第一个股票交易柜台——静安证券业务部开张。11月14日，邓小平会见以美国纽约证券交易所董事长约翰·范尔霖为团长的代表团。范尔霖向邓小平赠送纽约证交所证章和证券票样后，邓小平以一张飞乐音响股份有限公司的股票回赠。①

1986年10月，深圳市政府颁布了《深圳经济特区国营企业试点股份化暂行

---

① 参见《邓小平年谱（1975—1997）》（下），中央文献出版社2004年版，第1153—1155页。

规定》，以规范和促进国营企业股份化改造。股份制企业的改革发展也为以股票为主的证券市场建立奠定了基础。1987年召开的中共十三大报告指出改革中出现的股份制形式是社会主义企业财产的一种财产组织形式，可以继续试行。1988年4月7日，深圳发展银行股票挂牌上市。到1988年底，全国共有3800家股份制企业，其中800家由国有企业改制而来，60家发行了股票。1990年11月26日，经国务院授权，由中国人民银行批准建立的上海证券交易所正式成立。12月1日，深圳证券交易所成立。上海证券交易所和深圳证券交易所相继成立，结束了新中国成立以来内地没有正规证券交易所的历史。

这一时期的市场体系建设具有三个特征：其一，商品市场正在发育，难以很好地发挥优化资源配置的作用，要素市场则刚刚出现；其二，经济领域中各种内部市场不断扩展，但市场制度未建立健全，投资和消费的扩张冲动不断涌动，形成市场力量的不均衡，价格扭曲仍很严重，难以及时掌控；其三，市场微观主体不断发展和扩大，发展步伐较快，对于市场运行规则的诉求增多，对宏观管理提出更高的要求。

二、全民所有制和多种成分经济的改革和发展

中共十二届三中全会在明确社会主义全民所有制经济占主导地位的前提下，提出大力发展多种经济形式和经营形式，发展各种经济形式之间的横向联合。

中共十二届三中全会确立了国营企业改革的目标是要使企业真正成为相对独立的经济实体，成为自主经营、自负盈亏的社会主义商品生产者和经营者，具有自我改造和自我发展能力，成为具有一定权利和义务的法人。1985年9月，国务院批转的国家经济委员会、国家经济体制改革委员会《关于增强大中型国营工业企业活力若干问题的暂行规定》，作出了14条规定：提高经营管理水平和职工队伍素质；制定经营发展战略；企业内部要实行分级分权管理；搞好全面质量管理；降低消耗，降低成本；企业要综合利用能源、资源；鼓励企业开展一业为主，多种经营；发展企业之间的横向联系；改进物资供应和产品销售的办法；适当缩小指令性计划；调减调节税，增强企业自我改造能力；给部分大型企业直接对外经营权；清理、整顿公司；部门和城市都要实行政企职责分开、简政放权。1986年12月5日，国务院发布《关于深化企业改革增强企业活力的若干规定》，要求认真落实搞活企业的有关政策规定，推行多种形式的经营承包责任制，给经营者以充分的经营自主权。同时，对国营企业的利税政策进行调整，并在具体的实施过程中通过多种形式加以完善。全民所有制企业以向国家缴纳所得税替代上缴利润

的分配办法继续实行,逐步过渡到完全以税代利,从1984年10月1日起,在计算缴纳所得税和调节税后,税后利润全部留给企业。1988年4月,为了加强对国有资产的管理,理顺国家与企业的财产关系,国务院直属国有资产管理局成立,行使国有资产所有者的代表权、监督管理权、投资和收益权、处置权。1987年大中型企业普遍推行企业承包经营责任制后,采用不同方式承包上缴利润数。

这一阶段,国家出台了一系列重要的企业法律法规。1986年12月,六届全国人大常务委员会第十八次会议通过《中华人民共和国企业破产法(试行)》,该法规定企业资不抵债时可以申请破产。1988年4月,第七届全国人民代表大会第一次会议通过《中华人民共和国全民所有制工业企业法》,这是新中国成立以来全民所有制企业的第一部基本大法,明确了全民所有制工业企业的权利和义务。其中第四十五条规定厂长是企业的法定代表人,企业建立以厂长为首的生产经营管理系统,厂长在企业中处于中心地位,对企业的物质文明建设和精神文明建设负有全面责任。

全民所有制企业改革在不断深化的同时也遇到了不少困难。由于缺乏价格、财政、税收和金融的配套改革措施,以企业承包的方式进行放权让利,没有完全实现政企分开和创造公平竞争的市场环境,无法真正实现企业的自负盈亏。例如,重要原材料价格存在双轨制,计划内价格原料稀缺,使得企业不得不按市场价组织原材料进货,企业成本大增等。

全民所有制中小型企业数量多,分布散,改革方式更为灵活。1986年7月,沈阳市将三家严重亏损的国营小商店拍卖给个人,成为改革以来小型商业企业第一个搞拍卖试点的城市。

政府力图为各类企业创造平等的竞争环境,促进不同所有制企业的发展。这些企业在提供就业岗位、改善人民生活、活跃市场环境等方面发挥了重要作用。中共十二届三中全会通过的《中共中央关于经济体制改革的决定》提出以坚持多种经济形式和经营方式的共同发展为长期的方针,强调积极发展多种经济形式。《决定》指出:"全民所有制经济是我国社会主义经济的主导力量,对于保证社会主义方向和整个经济的稳定发展起着决定性的作用,但是全民所有制经济的巩固和发展决不应以限制和排斥其他经济形式和经营方式的发展为条件。""我国现在的个体经济是和社会主义公有制相联系的,不同于和资本主义私有制相联系的个体经济,它对于发展社会生产、方便人民生活、扩大劳动就业具有不可代替的作用,是社会主义经济必要的有益的补充,是从属于社会主义经济的。当前要注意为城市和乡镇集体经济和个体经济的发展扫除障碍,创造条件,并给予法律保护。

特别是在以劳务为主和适宜分散经营的经济活动中,个体经济应该大力发展。同时,要在自愿互利的基础上广泛发展全民、集体、个体经济相互之间灵活多样的合作经营和经济联合,有些小型全民所有制企业还可以租给或包给集体或劳动者个人经营。坚持多种经济形式和经营方式的共同发展,是我们长期的方针,是社会主义前进的需要,决不是退回到建国初期那种社会主义公有制尚未在城乡占绝对优势的新民主主义经济,决不会动摇而只会有利于巩固和发展我国的社会主义经济制度。"据统计,1986年8月18日,全国城乡个体工商业者达1700万人,比10年前增加近百倍。1988年七届全国人大一次会议通过的《中华人民共和国宪法修正案》,增加了国家允许私营经济在法律规定的范围内存在和发展的内容。1988年6月,国务院发布《中华人民共和国私营企业暂行条例》,确定私营经济是社会主义公有制经济的补充,宣布国家保护私营企业的合法权益。这些法律法规为非国有经济的发展提供了法律保障。1985年至1990年,工业总产值中的城乡个体企业比重由1.9%上升至5.4%。私营经济的发展,改变了生产领域单一的所有制结构。

1984年3月,中共中央、国务院转发农牧渔业部和部党组《关于开创社队企业新局面的报告》,同意将社队企业改称乡镇企业,并提出发展乡镇企业的若干政策。与改革初期相比,乡镇企业在1984年至1988年的发展呈现出农民联户办和户办企业发展迅速、横向经济联合获得广泛发展、由"三就地"逐渐转向国际市场、由运用传统技术向运用现代科学技术转变等新特点,乡(镇)、村、联户和户办企业"四轮驱动"。受调整后政策的激励,乡镇企业发展速度加快。1987年6月12日,邓小平对乡镇企业的发展给予了高度评价:"农村改革中,我们完全没有预料到的最大的收获,就是乡镇企业发展起来了,突然冒出搞多种行业,搞商品经济,搞各种小型企业,异军突起。这不是我们中央的功绩。乡镇企业每年都是百分之二十几的增长率,持续了几年,一直到现在还是这样。乡镇企业的发展,主要是工业,还包括其他行业,解决了占农村剩余劳动力百分之五十的人的出路问题。农民不往城市跑,而是建设大批小型新型乡镇。如果说在这个问题上中央有点功绩的话,就是中央制定的搞活政策是对头的。这个政策取得了这样好的效果,使我们知道我们做了一件非常好的事情。这是我个人没有预料到的,许多同志也没有预料到,是突然冒出这样一个效果。"[①]

---

① 《邓小平文选》第3卷,人民出版社1993年版,第238页。

三、扩大对外开放地域和对外贸易行业范围

中共十二届三中全会通过的《中共中央关于经济体制改革的决定》提出:"今后必须继续放宽政策,按照既要调动各方面的积极性、又要实行统一对外的原则改革外贸体制,积极扩大对外经济技术交流和合作的规模,努力办好经济特区,进一步开放沿海港口城市。利用外资,吸引外商来我国举办合资经营企业、合作经营企业和独资企业,也是对我国社会主义经济必要的有益的补充。我们一定要充分利用国内和国外两种资源,开拓国内和国外两个市场,学会组织国内建设和发展对外经济关系两套本领。"这一时期进一步加大了对外开放力度,外向经济格局进一步形成。

首先,对外开放地域进一步扩展。继 1984 年开放上海、天津、大连、广州等沿海 14 个口岸城市后,1988 年 3 月 18 日,国务院发出《关于进一步扩大沿海经济开放区范围的通知》,决定适当扩大沿海经济开放区,新划入沿海经济开放区的有 140 个市、县,包括杭州、南京、沈阳等省会城市。4 月 13 日,第七届全国人民代表大会第一次会议通过了国务院提出的关于设立海南省和建立海南经济特区的议案。5 月 4 日,国务院发布《关于鼓励投资开发海南岛的规定》的通知,对海南经济特区实行更加灵活开放的经济政策,授予海南省人民政府更大的自主权,其中包括土地有偿使用,矿产资源有偿开采,经中国人民银行批准设立外资银行、中外合资银行等政策。1990 年 4 月,上海浦东的开发开放启动,促成了上海市浦东新区作为中国首个副省级市辖区的诞生,浦东开始实行经济技术开发区和一些经济特区的政策。1991 年,根据中共中央、国务院开发上海浦东的决策,中国银行采取两年内每年拨 1 亿美元贷款用于基础建设,港澳中银集团每年提供 2 亿美元的外贸短期周转资金等 10 项措施支持开发浦东。

在这些开放地区,出口生产企业和进口商品用户逐渐加入国际市场中。沿海开放城市和沿海经济开放区均对外商投资实行各种优惠政策,开始逐步地按照国际惯例运行,不仅吸引了外商投资,有效减少各类贸易壁垒,而且为中国企业快速地"干中学",通过出口导向型工业模仿生产过程、管理技能、资本使用提供了机会。不少企业通过学习效应,在组织形式上更加完善,经营管理上更具有活力,其产品在国内竞争中显示出了优势,在国际市场的竞争力也得到提升。

其次,对外贸易行业范围扩大。改革开放前,中国对外贸易经营权主要掌握在机械、五矿、化工、仪器进出口总公司等十几家国营对外贸易专业总公司手中。针对原有的外贸管理体制统得过死,缺乏从利益机制上调动各方面积极性的弊端,

中央1983年开始对部分国营大中型企业赋予自营进出口权的试点工作。

1984年9月国务院批转了对外经济贸易部《关于外贸体制改革意见的报告》后，外贸体制改革进入新的阶段。1985年，国务院决定将从事外贸经营许可的审批权限从中央下放到地方。1986年，开始允许外国投资企业进入外汇调剂市场，相互之间可调剂外汇供需，这些举措进一步扩大了调剂市场容量。1988年5月21日，外经贸部进一步将审批权限下放到省级外经贸主管部门及经济特区、经济开发区所在城市的外经贸主管部门，但规定不得层层下放。这些举措有效地改变了传统对外贸易体制下的出口收购制、进口拨付制等严重隔离生产方和消费方的格局。从1979年下半年至1987年，全国批准设立的外贸公司共有2200多家。同时，外国投资企业发展迅速。这些企业拥有一定的可经营本企业产品的出口和有关原材料的进口的权利，扩大了对外贸易行业的范围，特别是加大了工业制成品的进口比重。外贸体制的重大改革，大大增强了对外经贸的活力。

1989年春夏之交的政治风波后，下半年开始，以美国为首的西方国家对中国实行"制裁"，中国外贸面临着极大压力和考验。在国内外各种压力和困难面前，中国经济发展的战略目标没有改变，在1989年政治风波后不久，邓小平提出："要在今后的十一年半中争取一个比较满意的经济发展速度。"[①] 江泽民在中共十三届四中全会上表示，中共十一届三中全会以来的路线和基本政策没有变，必须继续贯彻执行。从1990年下半年起，一些西方国家开始逐步改善同中国的关系，中国积极开拓美国、日本、欧洲等发达国家和地区以及发展中国家和地区的市场，促进出口地区结构趋于合理。1985年至1990年，"三资"及合营联营企业的工业产值在工业总产值中的比重由1.2%上升到4.3%。在此期间，中国外贸体制改革一直在深入发展中。外经贸部从1989年下半年组织有关部门和单位到各地调查研究，认真总结10多年来特别是实行承包经营责任制和轻工、工艺、服装三个行业自负盈亏试点经验。1990年12月9日，国务院作出《关于进一步改革和完善对外贸易体制若干问题的决定》，决定从1991年开始，在已调整人民币汇率的基础上，建立外贸企业自负盈亏的机制，使外贸逐步走上统一政策、平等竞争、自主经营、自负盈亏、工贸结合、推行代理制的轨道。1990年，中国开始实施"市场多元化"战略，有效地分散了出口市场集中在美国、日本、欧洲等地的外贸风险，逐步使出口市场合理化、多元化。1991年，外贸实现顺差，外商直接投资达119.77亿美元，比1989年增长一倍多。

---

① 《邓小平文选》第3卷，人民出版社1993年版，第312页。

随着改革的推进，中国逐渐形成了初步开放的外向经济，中国进出口贸易总额1984年为535.5亿美元，1985年为696亿美元，1986年达到738.6亿美元。这一时期的外贸商品结构呈现出鲜明的时代特色。在经济快速发展的改革大背景下，1989年，工业制成品出口占到出口总值的71.3%。经济特区在外向型经济发展中发挥了排头兵的作用。

伴随着贸易规模的扩大，海关、商检、动植物检疫、卫生检疫、外轮代理、口岸外汇管理银行等涉外机构进一步加强和完善，为此后形成"经济特区—沿海开放城市—沿海经济开发区—内地"这一多层次、有重点、点线面结合的全方位开放格局奠定了基础，积累了经验。更为重要的是，有力地推动了中国经济现代化的进展，中国综合国力和国际地位在这一时期有较大提高，对加速具有中国特色的社会主义建设作出了重大贡献。

四、经济的快速增长与价格双轨制问题的显现

中共十二届三中全会开始的经济体制改革，促进了经济的快速增长。1984年至1988年，全国国民生产总值从7171亿元增加到14928亿元。但是，在经济的快速增长中，也产生了社会总需求超过总供给的经济过热问题。各地方政府受经济跨越发展设想的刺激，改革和建设中追求高速度，急于求成，甚至地区和部门之间互相攀比，使在建的固定资产投资项目过多，规模过大，需求扩张出现不断升级，形成国家财政支大于收、信贷规模过大、货币发行过多等问题。工业生产高速增长，农业发展仍然滞后，工农业发展不平衡的问题凸显。工业的内部结构也不平衡，有限的资源过多地投入加工工业和非生产性建设，能源、原材料和运输能力紧张。零售物价指数连续攀升，消费需求过旺，社会购买力的增长超过了商品供应量的增长，供求总量难以平衡。商品供应紧缺面的进一步扩大，存在陷入比较严重的短缺型通货膨胀的危险，流通领域秩序混乱，严重扰乱了正常的经济运行秩序，极大地影响了人们的生活。

价格双轨制在较大范围内实行。根据1984年5月国务院发布的《关于进一步扩大国营工业企业自主权的暂行规定》，国营企业生产分成计划内和计划外两部分，所需的物资供应也分为两个来源，即中央统一分配的部分和自由采购的部分。与此相适应，计划内的产品实行国家核定的价格，计划外的产品则由市场供求决定价格。从1985年起，在对自销产品的定价完全放开后，国务院开始在生产资料部门正式实行调放结合的价格双轨制，放开的那一部分就是市场价格。1986年12月24日，商业部转发国家物价局等单位《关于进一步放开小商品价格等有

关问题的意见》，要求坚持放开小商品价格，允许同一商品在同一市场的不同商店按不同价格出售。价格双轨制打破了指令性计划一统天下的格局，使经济活跃起来，企业经济活力有所增强。1987年9月，国务院发布《中华人民共和国价格管理条例》，明确规定国家现行的三种价格形式，即国家定价、国家指导价和市场调节价，并规定企业在价格管理方面享有的权利，主要是赋予企业对一部分价格的定价权。

价格双轨制使得投机者有可能利用计划价格、指导价格和市场价格之差牟利，加之双轨制自身存在计划内、计划外价格不明确，制度上也不完备，滋生了某些腐败现象，社会上出现了计划内计划外串轨，通过"走关系""批条子""走后门"等在市场上赚钱的不正常现象。一些单位和个人为牟取私利，非法倒买倒卖，制造和出售伪劣商品，更推动了物价上涨，物价逐渐难以控制，加剧了经济秩序的混乱。价格双轨制运行之初，黑龙江省工业的主要用料煤、木、油、机电产品的价格国家尚未放开，企业的生产经营出现了按计划价出售产品和按市场价进原料的局面，企业利润低，缺乏生产积极性，开工不足，生产能力闲置。对于不同物品、不同时间段中出现的具体价格问题，政府作出了相应的政策调整，颁布了一些法规。1988年1月11日国务院发布的《关于计划外生产资料全国统一最高限价暂行管理办法》，规定了最高限价水平原则上按略低于现行市场调节价水平制定，由国家物价局会同国家计划委员会、国家经济委员会等部门定期适时公布，或调整限价品种和限价水平。全国统一最高限价分为最高出厂价和最高销售价。任何部门与企业都不得在最高限价基础上再加价。针对农业生产资料供应中的价格控制问题，1988年2月22日，国务院办公厅转发《关于研究全国农业工作会议提出的几个问题的会议纪要》，要求地方各级人民政府和国务院有关部门在做好组织供应工作的同时，抓好市场的价格管理。《纪要》明确提出要控制化肥、农膜、农药、柴油等重要生产资料的价格，要求物价、商业部门制定具体品种的最高限价，各级物价、农、商部门要派出检查监督小组对那些倒买倒卖、中间盘剥、哄抬物价以及卖假肥、假药坑害农民等问题和典型案例开始查处，不要等到秋后再检查。为了解决企业政企不分、混淆行政职能和经营权以牟利的问题，1988年7月21日，中共中央办公厅、国务院办公厅又发出《关于解决公司政企不分问题的通知》，规定除国务院授权兼有行政管理职能和经营权的少数公司外，其他政企不分、政企合一的公司必须将经营权与行政权严格分开；凡是从事企业经营的公司一律不能有行业管理、政府职能的权力，凡是有政府职能、进行行业管理的公司一律不准从事企业经营。

在金融领域，金融监管尚未建立起完善的手段和有效的机制，货币政策的运用体现不明显，利率调控手段尚未使用。同时，相关的中央银行、财政、税收等也未能形成互相配合、互相制约的完整体系，进行科学的协调，这都使得市场信息系统难以正常发挥其作用。在货币政策的具体施行上，1984年，中国人民银行完全行使中央银行职能，但调控手段仍着重于狭义货币（M1）的投放量，对流动性的管理不够，主要是扩大或紧缩现金发行量和贷款计划的规模来调控经济运行。1985年4月4日，国务院批转中国人民银行《关于控制一九八五年贷款规模的若干规定》，并通知各地认真贯彻执行，努力把贷款规模和货币发行控制在国家计划以内，从当年开始实行"统一计划，划分资金，实贷实存，相互融通"的新的信贷资金管理办法。1986年，为进一步治理经济环境，整顿经济秩序，金融体制改革同财政体制改革密切配合，加强对物价的调控和管理，对扭转投资膨胀、消费膨胀和通货膨胀起到了积极的作用。但是，此后对经济过热的治理整顿工作一度被忽视。1987年9月的计划会议和经济体制改革工作会议重提保持经济的平衡和稳定发展，把紧缩财政和信贷，控制需求，稳定物价作为安排1988年计划的总方针。1988年8月11日，国务院批转中国人民银行《关于控制货币、稳定金融几项措施的报告》，指出货币、信贷是整个国民经济活动的综合反映，货币投放是否适量，金融能否保持稳定，对于保证国民经济的稳定发展，促进经济体制改革，尤其是物价改革的顺利进行，巩固安定团结的政治局面，关系极大。为了促进国民经济健康发展，防止出现恶性通货膨胀，要进一步加强货币、信贷的集中管理，调整信贷结构。但是，1988年实际执行结果是，货币发行量较上年大幅增加，上升至679.5亿元。

第三节　国民经济的治理整顿与改革的深化

针对经济过热，特别是1988年"价格闯关"改革未果导致的诸多经济、社会问题，1988年9月召开的中共十三届三中全会决定对国民经济进行治理整顿。到1991年，治理整顿任务基本完成，经济环境和经济秩序向好的方面发展。

一、推进"价格闯关"改革

在经济过热、增发货币、价格双轨制的情况下，1988年4月、5月先后出现数次商品抢购风潮，导致了严重的通货膨胀。

为在短期内迅速理顺价格体系，中国启动了"价格闯关"改革。1988年5月30日，中共中央政治局开会提出价格改革的总方向是：少数重要商品和劳务价格由国家管理，绝大多数商品价格放开，通过"闯关"的方式，使价格双轨制彻底终结，让企业可以在同样的供求环境下进行竞争。7月28日，经国务院批准，从即日起，全国各地放开名烟名酒价格，实行市场调节，同时适当提高部分高中档卷烟和粮食酿造的酒的价格。8月15日至17日，中共中央政治局第十次全体会议在北戴河召开，讨论并原则通过《关于价格、工资改革的初步方案》，正式公布五年理顺价格方案，前三年大步走，后两年微调，计划五年物价总计上升70%—90%，工资上升90%—100%。8月19日，《人民日报》报道了中共中央政治局第十次全体会议的情况和价格改革方案的基本内容，有关价格改革的消息摆在了人们面前。大幅度涨价的心理预期引发了严重的后果，8月19日当天就出现了抢购。从8月中下旬开始，一些省市的市场爆发了新中国成立以来从未有过的大规模挤兑未到期定期存款和抢购商品的风潮，并呈现蔓延之势。

抢购风引发的经济、社会风险，使"价格闯关"改革受挫，中央不得不进行紧急调整，放弃原有的整体规划，以求迅速控制物价，稳定市场。1988年8月30日，国务院召开第二十次常务会议，讨论市场和物价形势。会议解释说，价格改革方案中提到的"少数重要商品和劳务价格由国家管理，绝大多数商品价格放开，由市场调节"，指的是经过5年或更长一些时间的努力才能达到的长远目标。1989年作为实现五年改革方案的第一年，价格改革的步子是不大的，国务院将采取有力措施，确保1989年的社会商品零售物价上涨幅度明显低于1988年。为安定市场情绪，同日，国务院正式发布《关于做好当前物价工作和稳定市场的紧急通知》。《通知》承诺：下半年不再出台新的调价措施，下一年的价格改革也是走小步，工作重点从深化改革转到治理环境、整顿秩序上来；开办保值储蓄，使三年以上的存款利息不低于以至略高于物价上涨幅度；做好粮、棉、油的收购工作，保证市场供应。《通知》对平息抢购风、控制物价、稳定市场都发挥了积极作用。各地也纷纷出台紧急措施，以控制物价和稳定市场，包括保证商品生产、增加有效供应、组织开展物价大检查、加强群众对物价的监督等。中央和地方的这些措施一一落实，抢购风逐渐平息。

1988年零售物价总指数比上一年增长了18.5%，深层次的原因众多而且复杂。价格闯关的受挫，主要因为市场体系不完善，加之经济过热和通货膨胀日趋严重。在准备工作上，对价格闯关改革缺乏冷静分析和充分试验，未能稳妥、全面进行价格闯关的准备和配套工作。在实践上，有供求、货币、成本和通胀预期等各个层面的原因，而价格双轨制的弊病也导致了一定程度的市场失灵，使价格信号未能及时准确地反馈市场变化，对决策层的判断造成影响。在政策倾向上，对货币政策中介目标的调整完善经验不足，没有有效地加强对社会融资总量等的监测，对政府管理货币流动性的控制能力估计过于乐观。

对居民价格心理预期造成的恐慌性抢购、抢兑等行为估计不够，未能进行理性的市场稳定诱导，也是"价格闯关"改革受挫的原因。1984年至1987年物价逐年较大幅度地上涨，本来已经抬高了人们对通货膨胀的预期，几年间积累起来的超量发行的货币尚未集中释放。在价格闯关改革实施过程中，决策层对国家、企业和群众的承受能力未能科学评估，也未加强价格政策宣传，人们普遍认为新一轮前所未有的大涨价即将开始，心理预期加剧了通货膨胀，人们的必然行为选择就是抢购与挤兑。

二、对国民经济进行治理整顿

1988年9月23日，为扭转严峻的经济局面，安定民心，中共中央政治局召开工作会议，决定开展治理整顿。随后的中共十三届三中全会作出了《关于治理经济环境整顿经济秩序全面深化改革的决定》，提出用一段时间治理经济环境、整顿经济秩序，扭转物价上涨幅度过大的态势，创造理顺价格的条件，更好地推进改革和建设。自此，国民经济进入治理整顿时期。1988年10月24日，国务院作出《关于加强物价管理严格控制物价上涨的决定》，指出目前市场价格尚未完全稳住，一些商品的价格涨势未减；要求进一步采取坚决有力的措施，加强物价管理，整顿市场秩序，严格控制物价上涨，确保1989年的物价上涨幅度明显低于1988年；提出要取缔中间盘剥，重点是整顿经营批发业务的各类公司。

1989年3月20日，时任国务院总理李鹏在七届全国人大二次会议上作题为《坚决贯彻治理整顿和深化改革的方针》的政府工作报告。报告主要包括八个方面：一心一意进行治理整顿；当前治理整顿的重点仍然是压缩社会需求；认真整顿经济秩序特别是流通秩序；在治理整顿中认真调整经济结构；在治理整顿中确保科技和教育的发展；把治理整顿同深化改革密切结合起来；在治理整顿中积极发展对外开放；努力创造良好的稳定的社会政治环境。然而，正当中国建设和改革的重点落到治理经济环境和整顿经济秩序上来，各项工作需要进一步扎实推进，解决一些深层次的结构问题，以促进宏观经济健康、有序运行时，发生了1989年春夏之交的政治风波，这对于治理整顿和深化改革是很大的干扰，给中国经济造成相当大的损失。

1989年6月23日至24日，中共十三届四中全会产生了以江泽民同志为核心的中央领导集体。11月召开的中共十三届五中全会实事求是地分析了中国当时存在的问题、困难和有利条件，作出了《中共中央关于进一步治理整顿和深化改革的决定》。全会决定，包括1989年在内，用三年或者更长一点的时间，基本完成治理整顿任务。治理整顿的主要目标是：逐步降低通货膨胀率，使全国零售物价上涨幅度逐步下降到10%以下；扭转货币超经济发行的状况，逐步做到当年货币发行量与经济增长的合理需求相适应；努力实现财政收支平衡，逐步消灭财政赤字；在着力提高经济效益、经济素质和科技水平的基础上，保持适度的经济增长率，争取国民生产总值平均每年增长5%—6%；改善产业结构不合理状况，力争主要农产品生产逐步增长，能源、原材料供应紧张和运力不足的矛盾逐步缓解；进一步深化和完善各项改革措施，逐步建立符合计划经济与市场调节相结合原则的，经济、行政、法律手段综合运用的宏观调控体系。全会要求，治理整顿必须抓住四个重要环节。一是继续压缩社会总需求，坚持执行紧缩财政和信贷的方针，解决好国民收入超额分配的问题，下决心过几年紧日子。二是大力调整产业结构，增加有效供给，增强经济发展后劲。特别是要迅速在全党全国造成一个重视农业、支援农业和发展农业的热潮，齐心合力把农业搞上去，确保粮食、棉花等主要农产品的稳定增长。三是认真整顿经济秩序，继续下大力量清理整顿各种公司特别是流通领域的公司，克服生产、建设、流通、分配领域的严重混乱现象。四是深入开展增产节约、增收节支运动，下功夫改进企业的经营管理，挖掘内部潜力，提高科技水平，走投入少、产出多、质量高、效益好的经济发展路子。全会强调，中国的经济体制改革，是社会主义经济制度的自我完善。必须正确认识和处理治理整顿和深化改革的关系。治理整顿不仅将为改革深入和健康地进行创造必要的条件，而且它本身也需要改革的配合。在集中力量进行治理整顿期间，改革要围绕治理整顿来进行，并为它服务。当前，要着重在企业承包经营责任制、财政包干体制、金融体制、外贸承包制等方面深化和完善改革。必须继续坚持对外开放的方针，积极利用外资和引进先进技术，更有成效地扩展对外贸易和经济技术交流。经济特区和沿海开放地区的基本政策措施不变，并在实践中逐步加以完善。

根据中共中央的部署，国务院及相关部门相继出台了一系列治理整顿的措施，治理整顿取得显著成效。（1）需求控制。货币发行量由1988年的679.5亿元，调减为1989年的210亿元、1990年的300.4亿元。治理整顿有效地控制了社会需求的过快增长，1989年供需差率缩小到8.7%，1990年继续缩小到7.6%。（2）农业方面。各级政府把农业摆在经济工作的首位来抓，1990年与1988年相比，农业投资增长 26.8%。粮、棉、油、糖等主要农产品产量实现不同程度的增产。（3）工业方面。继续深化企业改革，增强企业活力，大多数国营工业企业实行了第二轮承包。工业生产基本稳定、均衡，过高的增长速度降低，产品相对丰富。（4）流通领域。把宏观控制目标层层分解，落实到各地、市、县和区直有关部门。多管齐下压需求、整秩序，认真清理从事倒买倒卖的公司，消除流通渠道过乱、环节过多的问题。（5）外贸领域。外贸体制改革取得突破性进展，连续调整汇率，创造了一个相对宽松的外贸环境。外贸出口顺利发展，1989 年至 1990 年，出口总额平均每年增长 14.3%，并在 1990 年出现对外贸易顺差。（6）物价管理。对物价实行严格的控制目标责任制，加之工农业生产的发展，市场供应比较充足，物价涨幅明显回落。零售物价指数由 1989 年的上涨 17.8% 回落至 1990 年的上涨 2.1%。到 1991 年底，中国 80% 以上的商品和服务价格放开，实行市场定价。治理整顿实质上是一次大的经济调整，整个经济形势向好发展，为经济的长期持续、稳定、协调发展打下基础。

由于 1989 年至 1990 年的经济治理整顿属于亟须解决当时问题的"急刹车"式的整顿，相应地也带来了一些问题。第一，财政货币政策的过于紧缩在当时虽然有效地抑制住了高通货膨胀率，但财政困难加大，通货膨胀的潜在压力仍然存在。第二，经济整顿政策在一定程度上约束了经济活力，从经济过热调控走向经济过冷，产业结构调整缓慢，产品积压增多，企业经济效益下降，造成经济较大震动。当时政府对此有所警惕并试图纠偏。1990 年 3 月 21 日，李鹏在政府工作报告中宣布，为了解决当前市场销售疲软问题，国务院决定在坚持财政金融"双紧"方针的前提下，从多方面采取措施缓解矛盾。这些措施包括：适度放松金融，增加一些贷款，主要用于增加企业流动资金，增加商业、物资和外贸收购资金；适当调整存贷款利率，在贷款上实行差别利率；成立专门小组尽快清理"三角债"，全面恢复银行托收承付制度，以减少企业间的相互拖欠；适当增加一些投资，主要用于计划内重点建设项目和企业的技术改造，用于在城市建设一些中低档职工住宅，在农村用以工代赈的形式搞一些水利建设和公路建设，同时严禁恢复和新建楼堂馆所；大力开拓市场，通过多条渠道促进城乡物资交流；对部分商品价格实行有升有降的适当调整。实际执行情况是，1990 年国民生产总值增长速度下降到 3.8%，这是改革以来的最低水平。1991 年又继续对治理整顿过程中出现的问题花大力气进行进一步清理。

三、在治理整顿中推进改革的深化

治理整顿是与深化改革相结合的。1990年1月4日至8日,国务院在北京召开全国经济体制改革工作会议,重点讨论了企业改革问题。会议就治理整顿深化企业改革提出七条措施:完善发展承包经营责任制;继续实行和完善厂长负责制;增强大中型企业的活力,充分发挥大中型企业的骨干作用;进一步发展企业集团;采取措施推进企业兼并;强化企业管理,向经营管理要效益;有计划地推进各项改革试点工作。8日,李鹏在会上发表《改革开放要沿着健康的轨道前进》的讲话,着重指出:治理整顿和深化改革不是互相对立的,而是相辅相成的。治理整顿的目的,是为改革开放创造更有利的条件。2月17日,商业部发出《关于在治理整顿中深化企业改革强化企业管理的通知》,提出1990年商业、粮食企业、供销社在治理整顿中深化企业改革和强化企业管理的工作:(1)继续坚持和完善以承包、租赁制为主要形式的企业改革;(2)强化企业管理,提高企业管理水平;(3)提高认识,加强领导。在外向型经济发展方面,1990年5月,国务院批转《一九九〇年经济特区工作会议纪要》并发出通知,要求经济特区在治理整顿和深化改革中求稳定、求提高、求发展,把外向型经济提高到新水平。10月,国务院批准建立中国第一家国家级规范化的粮食批发市场——郑州粮食批发市场。市场采用了全新的交易形式,第一场交易就用拍卖方式成交粮油1.95万吨,为深化粮食流通体制改革作出了积极贡献,在当时的历史条件下,更具有稳定人心、彰显中国政府继续改革态度的特殊意义。11月10日,国务院发出《关于打破地区间市场封锁进一步搞活商品流通的通知》,指出最近一个时期,地区之间市场封锁的现象有所发展,引起商品流通不畅,加剧了当前的市场疲软,对贯彻治理整顿、深化改革和保持国民经济持续、稳定、协调发展的方针带来了严重影响。《通知》提出了维护企业的生产、经营自主权,确保商品畅通无阻,加强物价管理等六条具体要求。

这一时期政府还对成为企业发展痼疾的"三角债"问题进行攻坚。当时各企业之间拖欠的"三角债"累计达3000多亿元,其中80%是全国800多家大型国有企业拖欠的。企业间连环拖欠货款形成巨额债务链,严重影响国民经济正常运行。国务院把清理"三角债"工作作为中国经济治理整顿的核心问题,也是搞好国有大中型企业、提高整体经济效益的一个突破口。1991年7月,朱镕基在东北三省四市清理"三角债"试点工作会议上提出,清理"三角债"要做到"三清":"两头清",即一头清理债权,一头清理债务;"两手清",即一手清理固定资产投资拖欠,一手清理流动资金拖欠;"思想清",即各级政府和企业应高度重视"清欠"工作,消除试点工作的阻力。经过注入资金、压货挂钩、结构调整、扼住源头、连环清欠等一整套铁拳式的措施,清理拖欠款 125 亿元。东北的"三角债"问题基本解决后,国务院对全国的"三角债"实行限时清欠,令出必行。1991 年清理固定资产投资和流动资金拖欠款 1360 亿元,1992 年清理 830 亿元,到 1992 年 5 月,全国总计共清理固定资产项目 4283 个。通过清理"三角债",企业的资金紧张得到明显缓解,资金周转加速,经济效益有所提高,对国民经济的健康发展起到了重要作用。

第四节 五年计划的完成与经济增长新因素

1984 年至 1991 年,跨"六五""七五"和"八五"计划。有计划的商品经济的改革,增强了经济的活力,并催生了沿海地区、乡镇企业、"三来一补"①成为新的经济增长因素,初步进入国际分工格局,由此也克服了诸多困难,尽管经济发展有所波动,但是仍然完成了所规定的计划指标。

一、"七五"计划的完成

在 1985 年完成"六五"计划的基础上,历经了实施全面改革和治理整顿,解决了一度出现的通货膨胀、经济秩序混乱等问题,"七五"计划提出的目标基本得以实现。"七五"期间,在经济效益提高的同时,国民生产总值年平均增长 7.9%,工业总产值增长 13.2%。全国绝大多数地区解决了温饱问题,开始向小康社会迈进。

"七五"时期是发展有计划的商品经济时期,具有明显的阶段性特征。从 1986 年到 1988 年 9 月,经济发展持续过热,不稳定因素累积;从 1988 年 9 月到 1990 年,进入经济治理整顿时期。"七五"时期,国民生产总值增长率年度最高达到 11.6%,最低只有 3.8%。国民经济发展中存在诸多困难和问题,突出表现在基础产业难以支撑由过大的消费需求所推动的、以加工工业率先高速增长所形成的经济发展格局。第一,1985 年以后,农业发展明显减缓,特别是粮食、棉花的生产

---

① "三来一补"包括:(1)来料加工(由外国总公司免费提供材料,只委托加工);(2)来样加工(从国外获得样板,在中国制造同样的货品);(3)来件加工(国外零件到中国加工组装);(4)补偿贸易(提供中方机器设备,以生产的产品偿还)。

徘徊不前,而工业生产却高速增长,1988年农业增长3.2%,工业增长17.7%。同时,有相当大一部分农业劳动力转向非农产业,农副产品的供求矛盾日趋明显,工农业比例关系重新出现了严重不协调。第二,国民经济出现了严重的通货膨胀,1988年的"价格闯关"给居民带来的通胀心理预期并未完全消除,这都影响了"八五"计划的制定和开局。

二、经济增长的新因素

沿海地区成为中国经济的引擎。根据"七五"计划的安排,全国划分为东、中、西部三大经济地带,以三大地带梯度推移为主要内容推行地区经济发展。1984年,14个沿海港口城市的开放,使沿海地区的对外开放扩大形成南北全线的战略布局。1985年,珠江三角洲、长江三角洲和闽南三角地区被确定为经济开放区,随后又扩大到山东、辽东两个半岛,外向型经济的沿海开放地带形成。中国沿海开放地带在工业、农业、交通等方面具有领先优势,享有投资、财政、税收、信贷等多种优惠,经济发展活跃,对国民经济具有全局性的效应,强调效率的区域非均衡发展成为中国经济这一阶段的结构特征之一。沿海开放地带着重开展对外经济贸易和技术交流,成为对外贸易的基地。由于地区之间的经济发展差异,向沿海地区流动的人口规模不断扩大,有效地利用了人口红利。

乡镇企业在国民经济中所占的份额和作用进一步加大。经历了20世纪80年代中后期的高速增长后,乡镇企业产品质量提高,产值大幅度增长,成为中国国民经济体系,特别是工业体系中不可或缺的重要组成部分。这一时期,第三产业得到国家的重视和规范管理,1985年4月5日,国务院办公厅转发国家统计局《关于建立第三产业统计的报告》,对三类产业作出如下划分:第一产业为农业(包括林业、牧业、渔业等);第二产业为工业(包括采掘业、制造业,自来水、电力、蒸汽、热水、煤气等业)和建筑业;第三产业是除上述第一、第二产业以外的其他各业。乡镇企业中的商业饮食服务业和交通运输业的发展,为居民提供了物质文化生活服务,也创造了大量的就业机会。乡镇企业乘势而上,第三产业产值及劳动力在乡镇企业总产值和劳动力总量中所占份额快速提高。到1988年,乡镇企业总数发展到1888.2万个,总产值4764.3亿元,职工9545.5万人。乡镇企业的发展增强了农民依靠自身解决经济收益问题的能力,增加了农民自身收入和国家财政收入。最重要的是,乡镇企业的发展推动了国民经济的增长和农村产业结构的调整,促进了农村社会化分工分业和富余劳动力的转移,成为中国城镇化建设最具活力的主导力量。1986年7月,中共中央、国务院决定,在"七五"

期间，每年从乡镇企业增长的税收中，由中央和地方财政共同安排10亿元，作为发展粮食生产的专项资金。

中国家用电器业获得长足的发展。据1990年12月4日《人民日报》报道，家电行业产值从1985年的59亿元飞跃到1990年的250亿元。中国生产的电冰箱、洗衣机、电风扇等十多种轻工产品的数量均居世界首位。家电行业高速发展的最主要因素是中国人民生活水平提高引发的内需效应。就耐用消费品的家庭拥有量来看，据抽样调查，1986年每百户城市居民拥有洗衣机60台、录音机52台、照相机12架、冰箱13台、彩电27台。中国家电行业有着劳动力价格低廉、技术工人较多等资源禀赋优势，处在国际分工体系的有利位置，能够对西方国家家电行业的产业模式和产品组合形成较强的学习效应。国内厂家积极引进先进的生产线，提高技术，家电产品性能不断提高，在国际家电产业体系中逐渐占据了较为有利的位置。当时家电行业中的大宗产品冰箱、洗衣机被列为第一批"暂停进口、引进生产线"的项目。因此，人们对家电产品的需求从原来的依赖国外进口到对引进了先进生产线的国内家电产品的购买。从1985年开始，冰箱、洗衣机、空调的生产需要国家颁发的定点生产许可证。1988年12月，中国家用电器协会成为民政部批准的第一家行业自我管理的社团组织。

三、初步进入国际分工格局

1983年至1984年，世界经济形势与20世纪80年代初期相比有了明显的好转，美国经济增长12%，日本增长9%。西方国家经济整体复苏势头强劲，第三世界多数国家经济回升，苏联和东欧国家经济也开始扭转了停滞不前的趋势。在中国加快对外开放的过程中，新技术的发展方兴未艾，各国企业对外投资需求增加，国际分工的动力也不再仅限于自然要素的禀赋差异。日本和"亚洲四小龙"的经济发展较为平稳，成为较大的资本输出地，把大量劳动密集型产业转移到中国内地，中国经济向开放型转变。进入国际分工格局，这对于中国经济整体发展是有益的，正如邓小平针对"三资"企业不是民族经济的说法所指出的，发展经济，不开放是很难搞起来的。世界各国的经济发展都要搞开放，西方国家在资金和技术上就是互相融合、交流的。

中国进入国际分工格局，对外开放提高到了一个新水平，降低了对外贸易的行业集中度和地区集中度。1983年中国出口商品中的17大类中赢利的仅有石油、煤炭和建筑材料三类。这表明在中国出口中初级产品占主导地位，处于利用资源换外汇的阶段。这一时期，中国工业的技术装备仍多是20世纪五六十年代的水平，亟须技术进步所需的物质基础、人才培养和智力资源。中国共产党和政府切实加强对利用外资工作的领导，制定了相关措施，1987年中共十三大把发展原材料工业增列为战略重点。由于利用外资和技术引进工作发展迅猛，有效地缓解了开发和引进新技术的资金不足问题。在国家实施沿海地区发展外向型经济战略的背景下，对外贸易参与国际劳动分工和国际商品交换获得了较大的比较利益。1984年底，中国开始积极采取措施，进行外贸体制改革。初步纳入国际分工体系对中国经济进一步调整产业结构、产品结构、企业组织结构有所帮助，对增加对企业技术改造的投入，从严管理，千方百计提高产品质量有着示范效应。邓小平曾经指出："从特区可以引进技术，获得知识，学到管理，管理也是知识。"[①] 特区的开放将先进的管理知识和分工意识带入了中国大陆。同时，各地根据地区资源积极寻找大力发展外向型经济的着力点，如轻纺、机电、化工、医药等行业，努力发展品种完备的出口生产体系和与之相适应的对外贸易经营体系。1986年，纺织服装出口首次超过石油出口，一批适销对路的服装、玩具、鞋类等成为广交会上的主打产品。

中国出口贸易的地区集中性较高，主要集中在港澳地区、日本、美国。世界市场竞争激烈，美国、日本、欧共体各国以及新兴的工业国家和地区争夺市场的斗争更为激烈；许多主要资本主义国家大搞贸易保护主义，竞相设置关税壁垒和各种名目的非关税壁垒，搞贸易战和货币战。在这种形势下，中国出口贸易市场格局过于集中，就会受到这些市场的严重制约。这种情况自1990年中国提出市场多元化战略后有所改观，有效分散了国际市场风险。

这一时期出口大量增加，进口也在不同方面有所增加。在进口商品的比重中，非食用进口原料在进口产品中的比重保持了一个比较平稳的态势。这部分进口原料有效填补了中国经济建设中某些稀缺的自然资源的不足，保证了国内生产所需原材料的供应，缓解了自然资源对中国经济发展形成的制约。在对外经济技术合作和对外贸易工作的统一管理和协调方面，注重把引进技术、装备推进技术改造与开发适销对路的新产品，特别是技术含量高的机电产品结合起来，促进了出口商品结构的调整和优化。中国对外商直接投资的开放，促进了跨国公司在中国投资兴办三资企业。中国的加工贸易主要是与香港和东南亚投资企业合作的轻加工制成品，如服装、纺织品、箱包、鞋类产品的出口。境外企业利用与国际市场的联系、技术和管理经验进行投资，中国低成本的丰富劳动力资源和土地资源则作

---

① 《邓小平文选》第3卷，人民出版社1993年版，第52页。

为要素进入国际分工格局,"三来一补"的委托加工成为带动中国加入国际分工格局的主流方式。

在制定"八五"计划时,中国已经实现了以出口原料型初级产品为主向出口制成品为主的转变。工业制成品出口额已占到出口总额的70%以上。附加值高的机电产品、轻纺产品和高科技商品的出口也有所增加。中国初步进入国际分工格局所存在的问题,主要是加工工业的高速增长还远不能满足庞大的国际市场需求。同时,农业、能源、交通和重要原材料等基础产业的发展尚不能满足国际分工发展的需要。特别是处于发达国家在革新传统工业和发展新产业等方面取得较大进展的背景下,中国进入国际分工的首要目标是资金和出口市场,中国承接的相当部分为高能耗、高投入的夕阳产业,这是之后产业结构调整的原因。

对外贸易在这一时期的长足发展,对中国经济的影响不仅仅体现在对经济总量增长的贡献率上,更体现为加入国际经济格局分工对实施好后面的"八五"计划具有重要作用,对中国改革开放进程的意义和影响更为深远。

四、"八五"计划的开局

"七五"计划后期,在经济形势逐步好转的前提下,1990年初,中共中央、国务院开始组织力量,着手研究20世纪90年代经济改革发展的战略设想、奋斗目标、方针和政策。1990年12月,在"七五"计划完成的基础上,中共十三届七中全会审议通过了《中共中央关于制定国民经济和社会发展十年规划和"八五"计划的建议》,提出了今后10年国民经济和社会发展的基本任务和方针政策。《建议》提出了"八五"期间国民经济和社会发展的任务、重点和政策,制定了深化改革、扩大开放的战略措施。《建议》指出:"必须坚持国民经济持续、稳定、协调发展,始终把提高经济效益作为全部经济工作的中心。"[①]《建议》认为,必须坚持社会总需求与总供给的基本平衡,在经济建设和人民生活的安排上执行量力而行的原则,防止和克服急于求成的倾向。合理确定和安排国民经济发展的重大比例关系,保持全国财政、信贷、物资、外汇各自的和相互间的基本平衡。既要充分发挥各种资源的潜力,促进经济增长,又要防止国民收入超分配,诱发通货膨胀。坚持速度与效益的统一,注重产业结构的调整,把科学技术进步和加强管理放在突出位置,提高经济增长的质量。在商业领域,《建议》提出以建立高效、畅通、可调控的商品流通体系为目标,进一步深化商业、物资体制改革,积极发展

---

① 《十三大以来重要文献选编》(中),人民出版社1991年版,第1380页。

多种交易形式，特别是跨地区的综合性或专业性市场组织和商业集团。区别不同产品的具体情况，逐步取消生产资料价格双轨制。在外贸领域，"八五"期间中国出口商品构成的战略安排，第一位是机电产品，第二位是轻纺产品，第三位是高科技产品，第四位是农副土特产品和矿产品，第五位是创汇农产品。1991年3月，七届全国人大四次会议审议通过《关于国民经济和社会发展十年规划和第八个五年计划纲要的报告》。5月，国务院同意并批转国家经济体制改革委员会《关于一九九一年经济体制改革要点》，指出1991年是"八五"计划的第一年，经济工作的中心任务是调整经济结构和提高经济效益，把改革与发展紧密结合起来，更多地向生产要素合理流动和结构调整要效益；改革的重点是搞活企业，特别是全民所有制大中型企业；同时要积极稳妥地推进宏观、流通及其他方面的改革，并加强对改革工作的领导综合协调。

1985年至1991年，前期由于经济体制改革的全面推进增强活力，国民经济实现了快速增长，人民生活快速改善。比较而言，这一时期的经济增长速度低于之前的1979年至1984年，也低于之后的1992年至2012年。之所以如此，是因为对改革发展要求过急，以及本来就已经存在的经济过热和严重的通货膨胀，影响国民经济的健康发展。面对这些经济情况，中国共产党和政府果断采取行之有效的措施进行治理整顿，在较短时期内使经济回到了平稳运行的轨道。这充分说明，中国的经济发展过程极其复杂，但总体趋势是不断向前的。这些实践和经验教训成为宝贵的财富，也成为之后完善中国特色社会主义经济发展道路和经济持续快速发展的基石。

思考题

1. 简述1984年至1991年中国经济体制改革理论取得了哪些重大突破。
2. 试述1984年至1991年中国价格体制改革的过程。
3. 简述1984年至1991年中国逐步扩大对外开放所采取的主要措施。
4. 试析1984年至1991年中国经济增长涌现出哪些新要素。
5. 试析1984年至1991年中国的产业结构发生了怎样的变化。

第六章 建立社会主义市场经济体制与扩大开放（1992—2002）

1992年至2002年，在邓小平南方谈话和中共十四大精神的指引下，中国的改革开放和现代化建设事业进入新的阶段。一方面，明确经济体制改革的目标是建立社会主义市场经济体制，并着力解决好计划经济向社会主义市场经济转变过程中遇到的突出问题，初步建立起社会主义市场经济体制；另一方面，抓住经济全球化的发展机遇，克服亚洲金融危机的不利影响，促进国民经济实现持续快速健康发展。

第一节 建立社会主义市场经济体制

自1992年邓小平南方谈话中作出计划和市场都是经济手段的论断起，中国突破了社会主义只能实行计划经济而不能实行市场经济的理论误区，创造性地把社会主义与市场经济有机结合起来，成功地开辟社会主义市场经济道路，社会主义市场经济成为中国特色社会主义道路的重要组成部分。

一、邓小平南方谈话作出计划和市场都是经济手段的论断

1989年政治风波的发生，加上经济体制中一些深层次矛盾的暴露，使中国经济改革和发展遇到了一些暂时性困难；1990年至1991年发生的东欧剧变、苏联解体，使社会主义在世界范围进入低潮。中国的改革开放和现代化建设面临如此复杂严峻的形势，人们的认识也不可避免地产生分歧。有人对社会主义的前途缺乏信心，对中国改革开放产生困惑；有人提出改革开放究竟是姓"社"还是姓"资"的问题，担心搞市场经济会导致资本主义。

在中国改革发展的重要关头，1992年1月18日至2月21日，88岁高龄的邓小平先后到湖北武昌，广东深圳、珠海、顺德，江西鹰潭及上海等地视察，发表了一系列极为重要的谈话，内容十分丰富，明确回答了改革开放以来长期困扰和束缚人们思想的许多重大理论问题。

邓小平南方谈话及作出的"计划和市场都是经济手段"论断，标志着邓小平社会主义市场经济理论的形成，并具有不同于西方市场经济理论的鲜明特色。

第一，具有时代性。邓小平社会主义市场经济理论形成于现代市场经济时期。邓小平在南方谈话中明确指出：计划多一点还是市场多一点，不是社会主义与资本主义的本质区别。计划经济不等于社会主义，资本主义也有计划；市场经济不等于资本主义，社会主义也有市场。计划和市场都是经济手段。邓小平这一论断不同于西方经济学一开始就认为的市场经济只受"市场这一只手"调节。

第二，具有中国性。邓小平社会主义市场经济理论是从建设有中国特色社会主义的政治目的出发，是为这一伟大的政治目的服务的。邓小平不是孤立地谈市场经济，而是从什么是社会主义、怎样建设社会主义的根本性问题进行论述的。在南方谈话中，邓小平鲜明地阐述了社会主义的本质问题，指出社会主义的本质是解放生产力，发展生产力，消灭剥削，消除两极分化，最终达到共同富裕。针对一段时间以来在姓"社"还是姓"资"的问题上的争论，邓小平明确提出：判断的标准，应该主要看是否有利于发展社会主义社会的生产力，是否有利于增强社会主义国家的综合国力，是否有利于提高人民的生活水平。

第三，具有实践性。邓小平社会主义市场经济理论是时代的产物，是社会主义建设实践的总结，是为建设有中国特色社会主义而产生的。在南方谈话中，邓小平指出，革命是解放生产力，改革也是解放生产力。过去只讲在社会主义条件下发展生产力，没有讲还要通过改革解放生产力，不完全。应该把解放生产力和发展生产力两个讲全了。邓小平强调，要坚持中共十一届三中全会以来的路线、方针、政策，关键是坚持"一个中心、两个基本点"。"不坚持社会主义，不改革开放，不发展经济，不改善人民生活，只能是死路一条。基本路线要管一百年，动摇不得。只有坚持这条路线，人民才会相信你，拥护你。"①

第四，具有开放性。解放思想，实事求是，是邓小平社会主义市场经济理论的又一重要特点。由此，才使得邓小平对社会主义经济的运行方式，突破了传统观念，实现从产品计划经济到有计划的商品经济，再到社会主义市场经济的认识飞跃；才使得邓小平能够大胆吸收和借鉴当今世界各国的一切反映经济规律的先进经验、技术和方法。在南方谈话中，邓小平反复强调：抓住时机，发展自己，关键是发展经济。现在，周边一些国家和地区经济发展比我们快，如果我们不发展或发展得太慢，老百姓一比较就有问题了。所以，能发展就不要阻挡，有条件的地方要尽可能搞快点，只要是讲效益，讲质量，搞外向型经济，就没有什么可以担心的。重要的是我们一定要抓住机会。中国的经济发展，总要力争隔几年上

---

① 参见《邓小平文选》第3卷，人民出版社1993年版，第370—371页。

一个台阶。发展才是硬道理。

邓小平南方谈话关于中国特色社会主义市场经济的论述,是对中共十一届三中全会以来实践的深刻总结,是对长期束缚人们思想的许多重大认识问题的科学回答,具有很强的针对性、现实性,是把改革开放和现代化建设推进到新阶段的又一个解放思想、实事求是的宣言书。

1992年2月28日,春节刚过,中共中央迅即将邓小平南方谈话作为中央1992年二号文件,正式向全党下发和传达。随后,立即在中国共产党内外、国内外引起强烈反响,从中央到地方,形成了学习、宣传、贯彻和落实邓小平南方谈话的高潮,加快改革开放和发展的新一轮热潮再次形成。

二、作出建立社会主义市场经济体制的决定

1992年6月9日,江泽民在中共中央党校省部级干部进修班上的讲话中强调,对高度集中的计划经济体制进行根本性的改革势在必行,否则就不可能实现中国的现代化。而建立新经济体制的一个关键问题,是要正确认识计划与市场问题及其相互关系,要在国家宏观调控下,更加重视和发挥市场在资源配置中的作用。针对关于新的经济体制的几种提法,江泽民明确表示"比较倾向于使用'社会主义市场经济体制'这个提法"①。这篇讲话进一步统一了全党的思想,在理论认识上为中共十四大的召开作了充分准备。

1992年10月12日至18日,中共十四大召开,明确了中国经济体制改革的目标是建立社会主义市场经济体制,强调社会主义市场经济体制是同社会主义基本制度结合在一起的;要求全党抓住机遇,加快发展,集中精力把经济建设搞上去。

中共十四大关于社会主义市场经济体制目标的确立,是对中共十二届三中全会提出在公有制基础上的有计划的商品经济的进一步发展,是中国共产党在社会主义理论上的认识飞跃,对中国的经济体制改革具有重大指导意义。由此,以邓小平南方谈话和中共十四大为标志,中国社会主义改革开放和现代化建设事业进入新的发展阶段。

在中共十四大精神指引下,1993年上半年,中国经济在深化改革中大步前进。

为了贯彻落实中共十四大提出的经济体制改革任务,加快改革开放和社会主义现代化建设步伐,中共中央、国务院开始着手制定建立社会主义市场经济体制

---

① 《十三大以来重要文献选编》(下),人民出版社1993年版,第2073页。

的总体规划。此项工作以开展调查研究为先导,中共中央、国务院和地方的同志共300多人组成16个专题调研组,分赴各地深入调查研究。在起草初稿的过程中,中共中央政治局常委和政治局多次听取汇报,提出修改意见和要求,并多次召开党内外各方面人士座谈会,对文件进行修改、补充和完善。

在取得党内外多数同志对建立社会主义市场经济体制总体规划统一认识的情况下,1993年11月11日至14日,中共十四届三中全会召开,审议通过《中共中央关于建立社会主义市场经济体制若干问题的决定》,对"转换国有企业经营机制,建立现代企业制度"、"培育和发展市场体系"、"转变政府职能,建立健全宏观经济调控体系"、"建立合理的个人收入分配和社会保障制度"、"深化农村经济体制改革"、"深化对外经济体制改革,进一步扩大对外开放"、"进一步改革科技体制和教育体制"、"加强法律制度建设"、"加强和改善党的领导"等重大问题作出决定。《决定》强调,建立社会主义市场经济体制,就是要使市场在国家宏观调控下对资源配置起基础性作用。《决定》总结了中国改革开放的基本经验,也借鉴了市场经济发达国家的有益经验,回答了改革实践中提出的许多重大问题,在理论和政策上都有新的突破,是继续深化改革的纲领性文件。

由此,按照中共十四大和十四届三中全会《决定》的要求,社会主义市场经济体制的建立全面推进。

三、发挥市场对资源配置的基础性作用与构建宏观调控体系

建立社会主义市场经济体制是一项前无古人的开创性事业,需要解决许多极其复杂的问题,一方面要发挥市场机制在资源配置中的基础性作用,另一方面要转变政府职能,建立健全宏观经济调控体系,通过建立计划、金融、财政之间相互配合和制约的机制,加强对经济运行的综合协调。根据中共十四大和十四届三中全会《决定》要求,对价格、财税、金融、投资和计划体制的改革迈出了重大步伐。

价格管理体制的改革。从1993年初开始,国家有计划地提高了电力、原油、天然气、化肥价格和调整了成品油价格,提高了粮食和棉花的收购价格,调整了粮食的销售价格。到1993年底,绝大多数农产品的价格和经营均已放开,原来的粮食定量配给转变为市场供应,城市居民的粮票粮本全部取消。大部分生产资料价格由双轨制并轨为单一的市场价格。市场价格在社会商品零售总额中的比重,由1991年前的50.3%上升到93.8%,从而确立了市场价格在价格体系中的主体地位。同时,以经济手段为主的价格调控体系也开始建立。中国价格改革的最显著

成效集中表现在，1997年至1998年从物资短缺凭证供应的卖方市场转变为商品越来越丰富多彩的买方市场。这标志着，中国已平稳渡过被认为最容易引起社会震荡的价格改革关。这是改革开放的重大成果之一。

财税制度改革。首先是实行分税制。随着市场在资源配置中的作用不断扩大，财政包干体制已经不适应社会主义市场经济发展的要求。1993年12月15日，国务院作出《关于实行分税制财政管理体制的决定》，确定从1994年1月1日起改革现行地方财政包干体制，对各省、自治区、直辖市以及计划单列市实行分税制财政管理体制，将各种收入分为中央财政固定收入、地方财政固定收入、中央和地方共享收入，并相应地对税收征管体系进行调整，建立起中央与地方规范的分配关系，逐步提高财政收入占国民生产总值的比重，适当提高中央财政收入的比重，以增强中央宏观调控的实力。其次是在统一税法、公平税负、简化税制、合理分权原则的基础上，重点推行以增值税为主体的流转税制度。同时将产品税改为消费税，在服务业等行业征收营业税，对个人所得税统一采取超额累进税的办法，使中国的税制与国际规则接轨。再次是实行复式预算制度，将国家预算分为政府公共预算、国有资产经营预算和保障预算三种，有利于将"吃饭财政"和"建设财政"分开，以及对预算外资金的管理。最后是从1997年起又进一步调整了金融保险业的税收政策，将国有金融保险企业的所得税税率在原来55%的基础上下调18个百分点，达到与其他内资企业的所得税税率相一致的水平；将金融保险业营业税在原来5%的基础上上调3个百分点，提高后增加的收入归中央财政。此次改革与以往历次财政体制改革的重要区别是，它着眼于促进中央与地方政府之间财政分配关系更加规范、科学和公平，力求建立适应社会主义市场经济要求的财政运行机制，是新中国成立以来调整利益格局最为明显、影响最为深远的一次重大财税制度创新。

金融体制改革。从1994年前后开始，中国金融体制改革次序展开，进入向市场金融制度转变的探索阶段。逐步建立起在国务院领导下，独立执行货币政策的中央银行宏观调控体系；政策性金融与商业性金融相分离，以国有商业银行为主体、多种金融机构并存的金融组织体系；以及统一开放、有序竞争、严格管理的金融市场体系。新组建的国家开发银行、中国进出口信贷银行和中国农业发展银行等政策性银行开始投入运营，中央银行在宏观调控中的作用显著增强。

汇率并轨。从1994年1月1日起，国家实行普遍的银行结汇售汇制，取消外汇双重汇率，实行人民币牌价与外汇调剂市场价并轨，建立起以市场供求为基础的有管理的单一的浮动汇率制度，形成合理的汇率和调控机制。1995年3月，中央银行进一步改进银行结汇售汇体制,将外汇指定银行(包括国有商业银行及非银行金融机构)的外汇周转金,由1994年的上限管理调整为下限管理,以充分发挥其"外汇蓄水池"功能。1996年12月1日,中国正式接受《国际货币基金协定》第八条款,实现了人民币经常项目下的可自由兑换。由此,汇率并轨一举成功,为进一步扩大对外开放和加入世界贸易组织奠定了基础。

外贸体制改革。首先是取消了中央外贸进口指令性计划,改为指导性计划,减少进口配额商品管理数量,规范进口配额商品管理办法。其次是赋予具备条件的企业进出口经营权,培育和壮大了一大批具有国际竞争实力的大型外贸企业。最后是结合国际惯例健全对外贸易法律法规,积极推行国际质量认证标准,加快外贸体制与国际的接轨。同时加快自主降税步伐,降低关税总水平。从1996年4月1日起,中国4000多种商品进口关税总水平降至23%。1997年10月1日再次降至17%左右。由此,中国外贸体制发生了根本性变化,逐步与国际贸易规范对接,形成了与社会主义市场经济体制基本相适应的崭新的对外贸易体制。

投资融资体制改革。进一步强化企业的投资主体地位,在投融资领域更多地引入市场竞争机制;对各种经营性固定资产投资项目试行资本金制度,使投资项目必须先落实资本金后才能进行建设;各地在基础设施、基础产业和公共事业的基础建设中引入多种融资方式,直接融资在固定资产投资中所占比重不断上升。

通过上述一系列改革措施,中国加快了向社会主义市场经济体制转轨的步伐,市场在资源配置中的基础性作用明显增强,国民经济的市场化、社会化程度明显提高,经济活力显著增强,新的宏观调控体系开始逐步建立。

四、改革个人收入分配制度与建立社会保障制度

随着社会主义市场经济的发展,所有制结构的调整完善和生产要素市场的发展,投资主体和分配方式日趋多元化,各种所有制投资主体组合的混合经济进一步发展,中共中央、国务院通过进一步深化收入分配制度的改革,逐步建立起与社会主义市场经济体制和全新的所有制结构相适应的收入分配制度。

1992年10月,中共十四大报告指出:"在分配制度上,以按劳分配为主体,其他分配方式为补充,兼顾效率与公平。"中共十四大首次提出了在分配制度上要兼顾效率与公平,要求加快工资制度改革。1993年11月,中共十四届三中全会通过的《中共中央关于建立社会主义市场经济体制若干问题的决定》,对"建立合理的个人收入分配和社会保障制度"作了六个方面的阐述和规定,包括:个人收入分配要坚持以按劳分配为主体、多种分配方式并存的制度,体现效率优先、兼

顾公平的原则；建立适应企业、事业单位和行政机关各自特点的工资制度与正常的工资增长机制；国家依法保护法人和居民的一切合法收入和财产，鼓励城乡居民储蓄和投资，允许属于个人的资本等生产要素参与收益分配；建立多层次的社会保障体系；按照社会保障的不同类型确定其资金来源和保障方式；建立统一的社会保障管理机构。

1997年9月，中共十五大报告中，专门阐述了完善分配结构和分配方式的问题。报告指出，"坚持按劳分配为主体，多种分配方式并存的制度"，"把按劳分配与按生产要素分配结合起来，坚持效率优先、兼顾公平"。报告在分配制度改革方面的最大突破，就是解决了生产要素能不能参与收入分配的问题，第一次把其他分配方式科学地概括为"按生产要素分配"，明确提出要把"按劳分配与按生产要素分配结合起来"，也为后来的"财产性收入"的提出奠定了理论和思想基础。

随着知识、技术、资本、经营管理、土地房屋等生产要素参与收益分配，收入分配呈现出多种类型、多种形式，收入差距也因要素持有者贡献差别而扩大。更为突出的是，收入形式的多样化和收入来源的多元化，使收入分配更具复杂性，进一步拉大了个人收入差距。一部分人和群体率先富裕起来，出现了高收入阶层。对于收入分配差距问题，中共中央和国务院一直十分重视。中共十五大和十五届五中全会提出了"保护合法收入""取缔非法收入""整顿不合理收入""调节过高收入""保障最低收入"等调节收入差距的政策，对理顺收入分配关系发挥了积极作用，增强了广大人民群众对改革开放和实现共同富裕目标的信心。

改革开放以后，在从计划经济体制向社会主义市场经济体制转变过程中，作为建立社会主义市场经济体制不可分割的组成部分，社会保障体制的建立和完善取得了突破性进展，对单一的国家保障模式进行了深刻的变革，初步建立起适合中国国情的多层次的社会保障体系。

1995年3月，国务院发布《关于深化企业职工养老保险制度改革的通知》，指出"统账结合"是中国城镇职工基本养老保险制度改革的方向，明确养老保险制度改革的目标是：到20世纪末，基本建立起适应社会主义市场经济体制要求，适用城镇各类企业职工和个体劳动者，资金来源多渠道、保障方式多层次、社会统筹与个人账户相结合、权利与义务相对应、管理服务社会化的养老保险体系。1997年7月，国务院颁布《关于建立统一的企业职工基本养老保险制度的决定》。此外，还根据经济发展水平和在职职工工资的增长情况，建立了养老金调节机制。1998年8月，国务院发出《关于实行企业职工基本养老保险省级统筹和行业统筹移交地方管理有关问题的通知》，决定停止实行行业统筹，将行业统筹的工作全部移交地方管理。至此，统一全国企业职工基本养老保险制度的目标基本实现，大部分省、自治区、直辖市按照统一的社会统筹与个人账户相结合的养老保险制度运行。

1998年11月，国务院全国医疗保险制度改革工作会议召开，12月出台了《国务院关于建立城镇职工基本医疗保险制度的决定》。1999年上半年，国家相继出台了与这一《决定》配套的6个文件：《城镇职工基本医疗保险定点医疗机构管理暂行办法》《城镇职工基本医疗保险定点零售药店管理暂行办法》《城镇职工基本医疗保险定点医疗机构管理暂行办法》《城镇职工基本医疗保险用药范围管理暂行办法》《关于加强城镇职工基本医疗保险费用结算管理的意见》《城镇职工基本医疗保险药品目录》。到2000年底，全国70%的地市级统筹地区的方案得到组织实施，覆盖职工5000万人，医疗保险新制度在全国基本建立起来。

经过20多年的努力，社会保险制度的基本政策已经制定并陆续颁布和实施，覆盖了大多数城镇职工和离退休人员，部分地区还把流动到城市就业的农民工也纳入进来，进行社会统筹与个人账户相结合的养老、医疗保险制度改革。到2001年底，全国参加基本养老保险的职工1.4亿人、领取基本养老金人数为3381万人，参加失业保险人数为1.04亿人、领取失业保险金的人数为312万人。全国所有城市和县级人民政府所在地的镇全部建立了城市居民最低生活保障制度。医疗保险制度改革进展顺利，基本医疗保险基金原则上实行地市级统筹，到2001年底，全国97%的地市启动了基本医疗保险改革，参加基本医疗保险的职工达7629万人。至此，经过多年的实践探索，以社会保险、社会救济、社会福利、优抚安置和社会互助为主要内容，多渠道筹集保障资金，管理服务逐步社会化的社会保障体系初步建立起来。

五、全面对外开放新格局的确立与加入世界贸易组织

20世纪90年代，在十分复杂和严峻的国际环境下，中国政府毫不动摇坚持对外开放的基本国策，推动对外开放迈出重大步伐。在邓小平南方谈话和中共十四大精神的鼓舞下，中国对外开放进入深化发展阶段，即逐步实现中国经济与世界经济的互接、互补。

1992年6月，中共中央、国务院决定开放长江沿岸的芜湖、九江、岳阳、武汉、重庆5个城市，形成以上海浦东为龙头的长江开放带。随后，中共中央、国务院又决定将开放城市发展到全国各省区，批准合肥、南昌、长沙、成都、郑州、太原、西安、兰州、银川、西宁、乌鲁木齐、贵州、昆明、南宁、哈尔滨、长春、呼和浩特 17 个省会为内陆开放城市。自 1992 年 3 月起，还逐步对内陆边境的 15 个沿边城市实行开放，包括黑龙江省的黑河、绥芬河，吉林省的珲春，内蒙古自治区的满洲里、二连浩特，新疆维吾尔自治区的伊宁、博乐、塔城，广西壮族自治区的凭祥、东兴，云南省的瑞丽、畹町、河口，西藏自治区的普兰和樟木。按照国务院的规定，沿边开放城市可以兴办边境经济合作区，实行类似沿海经济技术开发区的优惠政策。随后几年，又陆续开放了一大批较符合条件的内陆市县，从而极大地促进了各地外向型经济的发展。此外，全国大陆所有地区都对外开放旅游城市。

中共十四大报告中指出，要以上海浦东的开发、开放为龙头，进一步开放长江沿岸城市，尽快把上海建成国际经济、金融、贸易中心之一，带动长江三角洲和整个长江流域地区的新飞跃。上海浦东的开发、开放极其重要，是中国扩大开放格局具有深远战略意义的又一重要部署。中国政府给予浦东新区比经济特区更加特殊的优惠政策，除实行中国经济技术开发区和某些经济特区所实行的有关减免关税、所得税和进出口许可证等优惠政策外，还特许外商在浦东开办金融机构和第三产业等，从而使上海浦东的各项建设都取得了飞速发展，成为上海和长江流域经济发展中心的高速增长点，以及上海、长江流域同世界经济新的连结点。

1999 年，为了加快内陆地区对外开放步伐，促进中西部地区大开发和社会经济发展，国家允许内陆地区省会城市设立国家级的经济技术开发区，使得经济技术开发区的地域范围进一步扩大。从 1992 年到 2002 年 3 月，国务院在全国先后批准设立了 49 个国家级经济技术开发区。此外，还批准建立了 53 个国家级高新技术产业开发区、15 个国家级出口加工区、14 个国家级保税区和 14 个国家级边境经济合作区。

改革开放以来，在对外开放的实践中，不断总结经验和完善政策，中国的对外开放由南到北、由东到西层层推进，基本上形成了"经济特区—沿海开放城市—沿海开放经济带—沿江和内陆开放城市—沿边开放城市"这样一个全方位、多层次、宽领域、有重点、点线面结合的对外开放格局。至此，中国的对外开放城市已遍布全国所有省区，标志着中国全面对外开放新格局的确立。

随着全面对外开放新格局的推进，出现了外商直接投资和对外贸易的高潮。1990 年至 2001 年，实际利用外资 5108 亿美元，其中外商直接投资 3780 亿美元。从 1992 年起，中国实际吸收外商直接投资额占实际利用外资总额的比重超过 50%，而外商独资投资额占外商直接投资额的比重，则从 2000 年起在各种方式中上升为第一位。同时，对外经贸成绩斐然。2001 年，进出口贸易总额达 5098 亿美元，比1990年增长3.4倍，在世界贸易中的排名由1990年的第16位上升到第6位，外贸依存度达44%。各项对外经济活动的活跃使中国的国际收支状况表现良好，2001年经常项目顺差174亿美元，资本和金融项目顺差348亿美元，国际储备增加了473亿美元。1989年，中国外汇储备仅55.5亿美元，而2001年超过2500亿美元，居世界第2位。此外，中国利用外资还实施"走出去"战略，许多企业立足发挥比较优势，积极到境外投资办厂，进行经贸合作。对外承包工程和劳务合作迅速发展，已进入国际工程承包的世界10强。

在中国加快融入经济全球一体化和地区一体化的进程中，中国政府重视加强借鉴和学习国际规则和通行做法。1992年以来，中国政府多次公开宣布并执行了大面积、大幅度调低进口关税。中国的进口关税税率总水平从1992年的43.2%降至2002年的12%。尤其是20世纪90年代以来，中国加入亚洲及太平洋经济合作组织（APEC），中国国家领导人多次参加该组织最高领导人会议，阐发中国的主张。2001年10月，中国还成功地在上海举办了APEC领导人会议。

面对当时世界多极化、经济全球化和科学技术突飞猛进的形势，中共中央、国务院从国内进一步改革开放的需要出发，高瞻远瞩，审时度势，作出了加入世界贸易组织的重大战略决策。加入世界贸易组织，中国不仅有分享经济全球化成果的权利，还能够参加制定有关游戏规则，在建立国际经济新秩序中把握主动权，并且可以利用世界贸易组织争端解决机制在国际贸易战中占据有利位势。中国加入世界贸易组织谈判是多边贸易体制史上最艰难的一次较量，在世界谈判史上也极为罕见。自1986年7月10日中国正式向世界贸易组织前身——关贸总协定递交复关申请起，到中国正式成为世界贸易组织成员，由于谈判逐步被"政治化"及其本身的艰巨性、复杂性、特殊性和敏感性，经历了15个春秋。中国代表团换了4任团长，美国换了5位首席谈判代表，欧盟换了4位。谈判的核心问题是市场开放的速度和力度必须与中国的经济发展水平相一致，确保中国以发展中国家地位加入，具体内容包括关税、非关税措施、农业、知识产权、服务业开放等一系列问题，而农业和服务业又是双方相持不下的难点。经过艰苦谈判，美欧等发达国家不得不同意"以灵活务实的态度解决中国的发展中国家地位问题"，中方最终与所有世界贸易组织成员就中国加入世界贸易组织后若干年市场开放的领域、时间和程度等达成了协议。中国作出了两项庄严承诺：遵守国际规则办事，逐步开放市场。2001年11月11日，在卡塔尔首都多哈，中国签署加入世界贸易组织的议定书。1个月后，中国正式成为世界贸易组织的成员。

第二节　促进公有制为主体、多种所有制经济共同发展

社会主义市场经济要不要坚持和完善公有制，公有制经济和非公有制经济如何实现发展，都是面临的新课题。在邓小平南方谈话和中共十四大精神指引下，中国在改革实践中很好地解决了这一命题，并实现了理论创新。改革开放中，中国政府积极推进所有制改革，调整经济结构。一方面，从战略上调整国民经济布局，努力寻找公有制和国有制的多种有效实现形式；另一方面，积极鼓励和支持个体、私营经济的发展，积极引进外资，形成经济主体多元化局面。

一、确立基本经济制度与提出公有制实现形式多样化论断

从中共十四大到十五大，在公有制与其他所有制经济的关系上，实现了新的发展。中共十四大报告明确了公有制与其他经济成分的主体与补充关系，提出："经济体制改革的目标，是在坚持公有制和按劳分配为主体、其他经济成分和分配方式为补充的基础上，建立和完善社会主义市场经济体制。"还提出："以公有制包括全民所有制和集体所有制经济为主体，个体经济、私营经济、外资经济为补充，多种经济成分长期共同发展。"

中共十五大报告鲜明地指出，"公有制为主体、多种所有制经济共同发展，是我国社会主义初级阶段的一项基本经济制度"。这就把公有制为主体、多种所有制经济共同发展提升到新的高度，即它不再是权宜之计，而是贯穿于整个社会主义初级阶段的基本制度。将非公有制经济纳入社会主义基本经济制度范围之内，体现了以江泽民同志为核心的中央领导集体的思想智慧、理论勇气与创新精神，使国内外对中国所有制结构形成了稳定的预期，打消了对所有制结构政策变动的顾虑，特别是打消了对发展非公有制经济只是权宜之计的疑虑，有利于引进外资以解决国内经济发展面临的资金短缺难题，也为数量较大的小规模私营企业的发展提供了政策和制度保障。

在改革开放中，那种把公有制实现形式固化的观念受到了冲击，不同所有制联合而成的企业联合体、股份制、股份合作制等新的公有制形式纷纷出现，并以其顽强的生命力引起了人们的重视。在改革实践的基础上，中共十五大作出了公有制实现形式可以而且应当多样化的论断。大会报告指出：公有制经济不仅包括国有经济和集体经济，还包括混合所有制经济中的国有成分和集体成分。国有经济控制国民经济命脉，对经济发展起主导作用。国有经济起主导作用，主要体现在控制力上。公有制实现形式可以而且应当多样化，一切反映社会化生产规律的

经营方式和组织形式都可以大胆利用。要努力寻找能够极大促进生产力发展的公有制实现形式。这一论断把公有制实现形式与公有制加以区分，走出了将公有制固化为某一具体形式的思维定式，为公有制经济的发展拓宽了路径，开辟了比以往更为广阔的发展空间。

二、国有企业改革攻坚与国有资产管理体制探索

建立社会主义市场经济体制的改革目标确立后，从1994年起，国有企业改革开始进入转换经营机制、建立现代企业制度的阶段。随着体制的转换和市场环境的急剧变化，国有企业在计划体制下积累的诸多矛盾和问题暴露出来，主要表现为机制不灵活，相当多的企业不适应市场经济的要求，在激烈的市场竞争中陷入困境。1996年第一季度，全国6.88万个独立核算的国有工业企业盈亏相抵后，出现了新中国成立以来的首次净亏损。

针对这一情况，中共中央认为，使国有企业摆脱困境的唯一出路，就是适应发展社会主义市场经济的需要，继续加快和深化改革，建立现代企业制度。为此，中共十五大进一步明确了国有企业改革的方向，提出了力争到20世纪末大多数国有大中型骨干企业初步建立现代企业制度，经营状况明显改善，开创国有企业改革和发展新局面，从而将国有企业改革推进到攻坚阶段。

中共十五大还提出：要把国有企业改革同改组、改造、加强管理结合起来。要着眼于搞好整个国有经济，抓好大的，放活小的，对国有企业实施战略性改组。以资本为纽带，通过市场形成具有较强竞争力的跨地区、跨行业、跨所有制和跨国经营的大企业集团。采取改组、联合、兼并、租赁、承包经营和股份合作制、出售等形式，加快放开搞活国有小型企业的步伐。

中共十五大后，以建立现代企业制度为重点的改革攻坚全面展开。1994年底开始，国家经贸委、体改委会同有关部门选择100家国有大中型企业进行建立现代企业制度的试点，从1997年起大幅度扩展。优化资本结构和资产重组的试点城市由18个增加到111个，建立企业集团试点由56家扩大到120家。通过这些试点，按照发展社会主义市场经济的要求，对整个国有企业实施战略性改组，建立新的管理体制。到2001年底，由国务院和省部级政府批准成立的企业集团以及中央管理的企业集团、国家重点企业中的企业集团共计2710家，其中在179家特大型企业集团中，国有及国有控股企业集团有165家。按销售额排序，排在企业前10位的都是大型国有及国有控股企业，内地国有及国有控股企业有11家跻身世界500强。同时，对于量大面广的国有中小企业，采取改组、联合、兼并、租赁、

承包经营和股份合作制、出售等多种形式,使其中一大批企业寻找到适合自身发展的具体形式,促进了经营机制的转换,增强了市场竞争力。

中国的股份制改革从20世纪80年代中后期逐步开始,到90年代初全国各地已出现了一大批股份制试点企业。1992年以后,在邓小平南方谈话精神鼓舞下,股份制改革进入了一个新的发展阶段。同年3月,国务院有关部门共同制定了《股份制企业试点办法》等11个法规,进一步规范和推动了股份制改革。1998年后,按照建立现代企业制度的要求,大批国有企业进行了公司制和股份制改革。不少大型企业和企业集团按照国际惯例进行资产重组后,在境内或境外的资本市场成功上市,不仅募集了大量社会资金,改善了资产结构和经营状况,而且在建立现代企业制度、促进多元化的投融资体系形成、扩大国家的财政收入渠道、提高经济运行效率方面都发挥了重要作用。

为使国有企业适应市场运行的变化,避免国有资产流失,政府改革国有资产管理体制,将政府的社会经济管理职能和国有资产所有者职能分开。从搞活国有企业到搞活国有经济再到搞活国有资本,反映了伴随企业改革的深化,中国政府对企业资本关系认识的深化。中共十四届三中全会通过的《中共中央关于建立社会主义市场经济体制若干问题的决定》明确国有资产实行"国家统一所有、政府分级监管、企业自主经营"的管理体制,意味着在政企分开之外,还要进行政资分开。1993年以后,在深圳、上海等地开始进行国有资产管理体制的探索。1998年,在国务院机构改革过程中,国家国有资产管理局被撤销并入财政部,机械、化工、内贸、煤炭等15个以主管行业内企业为主要职能的专业经济部门被改组为隶属于国家经济贸易委员会的专业局①,并明确不再直接管理企业。2001年,国家经济贸易委员会下属的9个国家专业局②又被撤销,标志着专业部门管理国有企业的状况得到了彻底改变。

1999年9月,中共十五届四中全会进一步讨论了国有企业改革和发展问题,通过了《中共中央关于国有企业改革和发展若干重大问题的决定》。《决定》指出,到2010年,要适应经济体制与经济增长方式两个根本性转变和扩大对外开放的要求,基本完成国有企业战略性调整和改组,形成比较合理的国有经济布局和结构,

---

① 15个专业经济部门是:电力、煤炭、冶金、机械、电子、化工、内贸、邮电、劳动、地矿、广电、林业、轻工、纺织、国防科工委。
② 9个国家专业局是:国家国内贸易局、国家煤炭工业局、国家机械工业局、国家冶金工业局、国家石油和化学工业局、国家轻工业局、国家纺织工业局、国家建筑材料工业局、国家有色金属工业局。

建立比较完善的现代企业制度,经济效益明显提高,科技开发能力、市场竞争能力和抗御风险能力明显增强,使国有经济在国民经济中更好地发挥主导作用。《决定》使国有企业改革的总体思路更为清晰,方针更为明确,不仅对完成企业改革和实现用3年时间脱困的目标,而且对国有企业的跨世纪发展,都具有指导意义。此后,国有企业继续从多层面向深层次大步推进改革攻坚。为解决国有经济布局不合理的问题,中国政府对国有经济布局进行了"有进有退"的战略性调整,主动收缩国有经济过长的战线,逐步从制造业、纺织业等一般竞争性领域退出,向国有经济需要控制的行业和领域集中。国有经济在石油、石化、冶金、电力、铁路、兵器、船舶与航天航空等关系国家命脉的重要行业和关键领域占支配地位,支撑、引导和带动了整个社会经济的发展。国民经济总体格局出现了国有经济比重下降但国有经济总量增长的情况。

三、农村改革的进一步深化

根据中共十五大确定的跨世纪发展部署,中共中央继续把加强农业放在经济工作的首位,着力解决农业和农村发展中存在的突出问题,稳定中央的农村工作基本政策,深化农村改革,确保农业、农村经济发展和农民收入增加,有力地促进了整个国民经济的持续增长,维护了改革、发展和稳定的大局。

在1992年以后的新一轮经济加速发展中,曾一度出现农村大量资金、人力、物力流向工业领域的现象,致使1992年至1994年农业发展相对滞后,粮食出现连年减产,粮价上涨。1992年至1994年,大米价格分别上升19%、24.6%和70.5%[①],进而带动了整个物价上涨。

对此,中共中央立即采取措施,从1995年起,开始实行"米袋子"省长负责制和"菜篮子"市长负责制。同时,制定出台了一系列政策措施。

一是稳定和完善家庭承包经营制度,延长土地承包期30年不变。1993年3月,八届全国人大二次会议通过修改宪法的决议,将以家庭联产承包为主的责任制和统分结合的双层经营体制,作为农村经济一项基本制度载入《中华人民共和国宪法》,即以国家根本大法的形式保障这一制度的长期稳定。7月,又将其载入《中华人民共和国农业法》。1993年11月,中共中央、国务院颁布的《关于当前农业和农村经济发展的若干政策措施》中提出,为了稳定土地承包关系,在原

---

① 参见中国社会科学院农村发展研究所、国家统计局农村社会经济调查总队:《1995年中国农村经济发展年度报告兼析1996年发展趋势》,中国社会科学出版社1996年版,第37页。

定的承包期到期后,再延长30年不变。1998年10月,中共十五届三中全会通过的《中共中央关于农业和农村工作若干重大问题的决定》,再次明确必须长期坚持"以家庭承包经营为基础、统分结合的双层经营制度"。这一系列政策和法规的颁行,稳定了农民对于农业和农村未来发展的信心,成为农村经济持续稳定发展的基础。在稳定土地家庭承包权的同时,允许土地使用权有偿转让。1993年11月《中共中央关于建立社会主义市场经济体制若干问题的决定》和1995年3月《国务院批转农业部关于稳定和完善土地承包关系意见的通知》都强调,在坚持土地集体所有和不改变土地农业用途的前提下,在承包期内允许土地使用(经营)权依法有偿转让;少数经济比较发达的地方,本着群众自愿原则,可以采取转包、入股等多种形式发展适度规模经营,提高农业劳动生产率和土地生产率。同时,为了确保双层经营体制的运行,建立健全农业社会化服务体系。

二是发展农业产业化经营。1993年8月,国务院印发的《九十年代中国农业发展纲要》中明确提出,到20世纪末要在全国逐步建立起以乡村集体和合作经济组织为基础,以专门经济技术部门为依托,以农民自办服务为补充的多经济成分、多形式、多层次的服务体系。11月,《中共中央关于建立社会主义市场经济体制若干问题的决定》中指出,要"改变部门分割、产销脱节的状况,发展各种形式的贸工农一体化经营,把生产、加工、销售环节紧密结合起来"。1995年3月,《中共中央国务院关于做好1995年农业和农村工作的意见》中充分肯定了贸工农一体化组织在带动农民发展商品经济,以及促进农业生产专业化、现代化方面发挥的重要作用。为了推动农业产业化经营的进一步发展,1996年《中共中央国务院关于"九五"时期和今年农村工作的主要任务和政策措施》中指出,要大力发展贸工农一体化经营,加速农村经济向商品化、产业化、现代化的转变。由此,农民合作经济组织发展迅速。20世纪90年代,农民专业合作经济组织开始成为农业产业化经营的一种重要的组织载体。由于市场经济改革还未完成,市场发育程度偏低,从全国来看,农民专业合作经济组织尚基本处于自我发展状态。

三是深化粮食流通体制改革。1998年初,中共中央、国务院在《关于1998年农业和农村工作的意见》中,确定了"四分开、一完善"的思路,即实现政企分开、储备与经营分开、中央和地方责任分开、新老粮食财务挂账分开,进一步完善粮食价格形成机制。5月,国务院发出《关于进一步深化粮食流通体制改革的决定》,进一步提出了按保护价敞开收购农民余粮、粮食收储企业实行顺价销售、粮食收购资金封闭运行的三项政策和加快粮食收储企业自身改革的措施。这些措施出台后,各地区和各有关部门认真贯彻,按保护价敞开收购农民余粮,维护农民利益；在稳定粮食生产能力的前提下，推动农业和粮食生产结构的调整；增强国家粮食宏观调控能力，为促进经济发展和维护社会稳定提供了可靠的物质基础。

四是改革农村税费制度，以减轻农民负担。2000年3月2日，中共中央、国务院发出《关于进行农村税费改革试点工作的通知》，针对多年来农民负担过重、增收困难、税费制度不合理而进行农村税费改革。主要内容是：取消乡统筹费和农村教育集资，取消屠宰税，取消统一规定的劳动积累工和义务工；调整农业税和农业特产税；改革村提留征收使用办法。从2000年起，安徽等地开展了农村税费改革试点，2002年试点扩大到20个省、自治区、直辖市，试点地区农民负担平均减轻30%。同时，还进行了乡镇机构、农村教育和县乡财政体制等配套改革。

总而言之，农村改革的进一步深化，为全国的改革和发展，为整个社会主义现代化建设，提供了可靠支持和保障。至2000年，中国实现了粮食等主要农产品由长期短缺到总量基本平衡、丰年有余的历史性转变。

四、非公有制经济的迅速发展

1992年邓小平南方谈话之后，随着改革的深化，个体、私营等非公有制经济出现了前所未有的发展势头。

中共十四大强调，"在所有制结构上，以公有制包括全民所有制和集体所有制为主体，个体经济、私营经济、外资经济为补充，多种经济成分长期共同发展，不同经济成分还可以自愿实行多种形式的联合经营。国有企业、集体企业和其他企业都进入市场，通过平等竞争发挥国有企业的主导作用"。1993年11月，中共十四届三中全会通过的《中共中央关于建立社会主义市场经济体制若干问题的决定》中进一步指出："在积极促进国有经济和集体经济发展的同时，鼓励个体、私营、外资经济发展，并依法加强管理。""国家要为各种所有制经济平等参与市场竞争创造条件，对各类企业一视同仁。"中共十五大报告鲜明地指出："非公有制经济是我国社会主义市场经济的重要组成部分。对个体、私营等非公有制经济继续鼓励、引导，使之健康发展。"

在一系列鼓励非公有制经济发展的政策下，各地也相继出台了有利于个体、私营和外资企业发展的具体措施和办法，使非公有制经济迅速进入一个新的发展高潮。

非公有制经济从最初的"拾遗补阙"，发展成为社会主义市场经济的重要力量，对整个国民经济和社会发展的影响越来越大，作用日益突出，不仅成为扩大就业的主渠道、活跃市场、方便人民群众生活的生力军，而且成为国民经济发展新的重要增长点。主要体现为：2001年底，一是非公有制经济创造的增加值已经占GDP的1/3。城镇非公有单位从业人员已达4329万人，占城镇从业人员的29.3%。其中，外商和港澳台商投资经济单位从业人员达671万人，私营个体单位从业人员达3658万人。二是非公有制和混合所有制经济投资占社会总投资的比重已达到38.5%。三是全国私营企业202.9万家，私营企业投资者460.8万户，注册资金18212.2亿元，共创产值12316.99亿元，实现销售总额或营业收入11484.24亿元，社会消费品零售额6245亿元；全国登记的个体工商户为2433万户，注册资金3435.79亿元，共创产值7320.01亿元，实现销售总额或营业收入19647.87亿元，社会消费品零售额11499.23亿元。在公有制经济的影响力、控制力不断增强的同时，中国个体、私营等各种形式的非公有制经济逐步成为社会主义市场经济的重要组成部分，对充分调动社会各方面的积极性、加快生产力发展发挥了重要作用。

经过改革实践，单一公有制格局被打破，公有制为主体，多种所有制经济共同发展。截至2002年，国有资产总量达11.8万亿元。在工业总产值中，公有制经济占62%左右，非公有制经济约占38%。1991年至2001年，国有及国有控股工业产值年平均增长速度为17.3%，非国有工业产值年平均增长速度为24.3%，其中，非公有工业（包括个体企业、股份制企业、外商及港澳台投资企业等）产值年平均增长速度达35%。国有、集体及其他各种所有制竞相发展，个体、私营、外资等非公有制经济从无到有，不断壮大，以公有制为主体、多种所有制经济共同发展的格局基本形成。

第三节　抓住经济发展机遇与"软着陆"

20世纪90年代，世界格局多极化和经济全球化的进一步发展，中国与邻国关系的进一步改善，为中国经济发展提供了有利的国际环境和新的机遇。治理整顿的结束和"七五"计划的完成，为加快改革开放和现代化建设奠定了基础。中国共产党和政府及时调整"八五"计划，并制定了国民经济和社会发展"九五"计划和2010年远景目标。在建立社会主义市场经济体制的各项改革的推动下，中国经济呈现加快发展的强劲势头。但同时，由于一些地方和部门片面追求高速度，导致出现新的经济过热现象。鉴于此，国家采取果断的宏观调控措施，实现了经济"软着陆"。

一、制定"九五"计划和 2010 年远景目标

为抓住机遇，1993 年 3 月 5 日至 7 日召开的中共十四届二中全会审议通过《中共中央关于调整"八五"计划若干指标的建议》。按照调整后的"八五"计划，国民经济增长速度由原定平均每年 6% 调高到 8%—9%。国务院根据中共中央决定，对"八五"计划的国民经济和社会发展的主要指标作了必要的调整，并开始着手研究制定"九五"计划和到 2010 年的远景发展目标。

在全国人民的共同努力下，到 1995 年底，"八五"计划的主要任务完成或超额完成，国民经济和社会发展取得显著成就，社会生产力、综合国力和人民生活水平都上了一个新台阶。"八五"期间，国民生产总值年均增长 12%，1995 年达到 5.76 万亿元，提前 5 年实现了原定 2000 年比 1980 年翻两番的目标，从而为全面实现现代化建设第二步战略目标和 21 世纪初的发展奠定了坚实基础。

1995 年 9 月 25 日至 28 日召开的中共十四届五中全会审议并通过《中共中央关于制定国民经济和社会发展"九五"计划和 2010 年远景目标的建议》（以下简称《建议》），对未来 15 年中国的经济和社会发展提出了完整的战略构想。

《建议》提出，"九五"时期国民经济和社会发展的主要奋斗目标是：全面完成现代化建设的第二步战略目标部署，到 2000 年在中国人口将比 1980 年增长 3 亿左右的情况下，实现人均国民生产总值比 1980 年翻两番；基本消灭贫困现象，人民生活达到小康水平；加快现代企业制度建设，初步建立社会主义市场经济体制。到 2010 年的主要奋斗目标是：实现国民生产总值比 2000 年翻一番，使人民的小康生活更加富裕，形成比较完善的社会主义市场经济体制。经过 15 年的努力，中国社会生产力、综合国力、人民生活水平再上一个大台阶，社会主义精神文明建设和民主法治建设取得明显进展，为下个世纪中叶实现第三步战略目标，基本实现现代化奠定坚实的基础。为实现上述奋斗目标，关键是实行两个具有全局意义的根本性转变：一是经济体制从传统的计划经济体制向社会主义市场经济体制转变；二是经济增长方式从粗放型向集约型转变，促进国民经济持续、快速、健康发展和社会全面进步。

《建议》还对今后 15 年的经济建设、改革开放和社会发展 3 个方面的主要任务作了具体规划。在全会的闭幕式上，江泽民全面阐述了在社会主义现代化建设过程中必须正确处理好的 12 个重大关系，以及处理这些关系的基本原则。这 12 个关系是：改革、发展、稳定的关系；速度和效益的关系；经济建设和人口、资源、环境的关系；第一、二、三产业的关系；东部地区和中西部地区的关系；市

场机制和宏观调控的关系；公有制经济和其他经济成分的关系；收入分配中国家、企业和个人的关系；扩大对外开放和坚持自力更生的关系；中央和地方的关系；国防建设和经济建设的关系；物质文明建设和精神文明建设的关系。其中最重要最根本的是正确处理改革、发展、稳定的关系。江泽民指出：三者关系处理得当，就能总揽全局，保证经济和社会的顺利发展；处理不当，就会吃苦头，付出代价。处理好12个关系的提出和论述，进一步明确了在发展社会主义市场经济条件下处理新矛盾、解决新问题时应当坚持的基本原则，对于中国的改革开放和现代化建设具有长远的指导意义。

根据《中共中央关于制定国民经济和社会发展"九五"计划和2010年远景目标的建议》，国务院制定了《关于国民经济和社会发展"九五"计划和2010年远景目标纲要》（以下简称《纲要》），1996年3月召开的八届全国人大四次会议批准了这个《纲要》。

《纲要》根据国内外经济和科技发展趋势，以及中国经济体制变化的新特点，按照发展社会主义市场经济和现代化建设的要求，力求体现市场在资源配置中的基础性作用，突出宏观性、战略性和政策性。《纲要》重点放在"九五"计划，同时着眼于21世纪前10年的发展，提出轮廓性的远景目标。在经济建设和体制改革上，提出了分阶段的目标和任务，规划了跨世纪的重大工程，使20世纪末和21世纪初的发展很好地衔接起来。这个《纲要》是中国在发展社会主义市场经济条件下的第一个中长期规划，也是经济和社会全面发展的跨世纪宏伟蓝图。

二、加强宏观调控实现经济"软着陆"

1992年至1993年中国经济实现高速发展，1992年国内生产总值达到26923.5亿元，比上年增长14.2%；1993年达到35333.9亿元，比上年增长14%。同时，"四热、四高、四紧、一乱"（房地产热、开发区热、集资热、股票热，高投资膨胀、高工业增长、高货币发行和信贷投放、高物价上涨，交通运输紧张、能源紧张、重要原料紧张、资金紧张，经济秩序混乱特别是金融秩序混乱）现象严重，国民经济出现了不稳势头。具体体现在以下几方面：一是货币投放过多，金融秩序混乱；二是投资需求和消费需求都出现膨胀的趋势；三是财政困难状况加剧；四是由于工业增长速度越来越快，基础设施和基础工业的"瓶颈"约束进一步加大；五是出口增长乏力，进口增长过快，国家外汇结存基本无增长；六是物价上涨越来越快，通货膨胀呈现加速之势。这些情况表明，宏观经济已相当紧张，有些矛盾和问题还在继续发展，影响了国民经济的健康发展。

出现经济过热和通货膨胀的原因，一方面是由于一些地方和部门片面理解邓小平南方谈话精神，在认识上发生了偏差；另一方面是因为在市场经济体制建立过程中，由于旧的调控机制逐渐失效，新的宏观调控机制尚未完善，产生了一些过去没有遇到的新问题，影响了国民经济的健康发展。多年实践经验表明，中国经济发展需要高速度，但失去平衡就会"欲速则不达"，甚至引起大的波动。如果不及时采取宏观调控的措施，势必导致社会供需总量严重失衡，通货膨胀进一步加剧，甚至会引发大的经济波动，影响社会稳定。

中共中央、国务院及时发现了上述问题，从1992年开始，一再提醒要注意防止新的经济过热。1992年10月，中共中央召开经济情况通报会，向各地、各部门和军队的主要负责人通报了全国宏观经济中正在出现的新问题，提出防止经济过热现象。

进入1993年，鉴于经济过热的情况并没有减缓，中共中央在统一认识的基础上，加大力度，果断地采取了一系列加强宏观调控的措施。

1993年6月24日，中共中央、国务院发出《关于当前经济情况和加强宏观调控的意见》。文件以整顿金融秩序为重点，提出了16条措施，其中有13条主要强调的是运用经济手段。由此，正式开始了以整顿金融秩序为重点、治理通货膨胀为首要任务的宏观调控。

1994年，中共中央提出"抓住机遇、深化改革、扩大开放、促进发展、保持稳定"的20字方针，并将这个方针作为全党和全国工作的大局，要求认真处理好改革、发展、稳定三者之间的关系。

总体来说，中共中央、国务院及时采取了一系列宏观调控措施，主要有：整顿财政、金融秩序，实行分税制，建立在国务院领导下的独立中央银行、政策性银行和商业银行分离，建立新型投融资体制，加快建立国有企业现代企业制度，促进国有经济的战略性改组，改善供给，加强农业，鼓励个体私营经济发展，加快第三产业的发展，财政和金融政策适度从紧（总体上实行紧缩，但对于一定行业或企业实行相对宽松政策）。

此次宏观调控主要是运用信贷、税收等经济办法，将经济过热的局面缓缓扭转过来。重点虽然还是控制基建投资，但主要不是直接压缩投资和具体项目，而是严格控制银行信贷规模和开征高额的投资方向调节税。在此前提下，具体压什么、压多少，主要由各部门、各地方自行决策，以达到既压缩建设规模，又提高建设效果的双重目的。这期间，财政、货币政策实行的是"双紧"配合，财政政策方面结合分税制改革，货币政策方面严格控制信贷规模，大幅提高存贷款利率。

此次宏观调控措施在全国得到切实贯彻，取得了显著成效，经济过热和通货膨胀得到有效控制，主要体现在：

一是过度投资得到控制。固定资产投资增长幅度趋于正常，从1993年的51%逐步降为1996年的18%。货币发行量也随之减少，基本实现了控制目标。财政方面由于实行适度从紧的方针，过旺的需求得到有效控制，赤字逐年缩减，生产资料的供求状况随之改善，价格逐步下降。

二是金融秩序逐步好转。金融法律法规体系基本建立，《中华人民共和国中国人民银行法》《中华人民共和国商业银行法》等一系列法律法规先后颁布，中央银行的监管力度和金融机构体系的建设得到加强。

三是物价涨幅明显回落。从1994年10月的25.2%的最高涨幅，降到1996年的6.1%，1997年上半年又回落到1.8%。

四是经济增长仍然保持了较高的速度。1996年国内生产总值增长速度为9.6%，1993年至1996年国内生产总值年均增长速度为11.6%，年度经济增长率的波动幅度只有一两个百分点，被称为"软着陆"。虽然经济增长速度有所回落，但财政收支情况良好，金融运行平稳，仍保持了经济的持续、稳定、快速增长。

五是经济结构得到调整。在生产领域，限产压库，鼓励增加适销对路产品的生产；在建设领域，大幅度压缩一般建设项目和不适宜的开发区及房地产项目，大力加强农田水利和能源、交通、通信等重点建设；在金融领域，控制信贷规模总量，制止"乱集资、乱拆借"现象；在农业领域，加大投入，大幅度提高粮食订购价格，强化科教兴农，扶持支农工业，实行"米袋子"省长负责制和"菜篮子"市长负责制等一系列措施，有效地增加了农副产品的供给，使市场物价有了稳定的基础。

在深化改革和建立社会主义市场经济体制的过程中，经过1993年至1996年的努力，中国经济成功实现了从发展过快过渡到"高增长、低通胀"的"软着陆"，既保持了经济的较快增长，又有效地抑制了通货膨胀，避免了大起大落，进入持续增长时期。这在新中国成立后的经济发展史上没有先例，在世界也不多见。1996年中国基本上告别短缺经济时代，进入买方市场。

第四节　应对亚洲金融危机实现经济持续快速健康发展

1997年夏，一场突如其来的金融危机，中断了亚洲经济连续十几年的平稳增长。这场金融危机持续了两三年之久，不仅沉重打击了亚洲经济，而且影响波及全球。中国的改革和经济建设也经受了严峻的考验。

一、成功抵御亚洲金融危机冲击

泰国是这场金融危机的首发地。多年来，泰国一直保持着8%以上的经济增长率，在一派繁荣之下却隐藏着危机。事发前夕，泰国外债已超过1000亿美元，外汇收支逆差达国民生产总值的8%，房地产业、股票市场泡沫严重，国内通货膨胀不断加剧。1997年5月，国际金融炒家对泰铢发动攻击，开始大量抛售泰铢，企图搅乱东南亚金融市场，从中浑水摸鱼，狠捞一笔。泰国央行无力支撑，泰铢直线下跌，不得不于7月2日宣布放弃已实施14年之久的泰铢与美元挂钩的固定汇率制，被迫实行浮动汇率制。当日，泰铢与美元的汇价下跌20%，金融危机爆发，并迅速在东南亚蔓延。7月11日，菲律宾宣布放弃固定汇率制。随后，马来西亚、印度尼西亚、新加坡、韩国等都不同程度地对本国货币实行贬值。8月，香港地区和台湾地区也陆续遭到冲击。就连伦敦、巴黎、法兰克福、莫斯科、圣保罗、布宜诺斯艾利斯、墨西哥城的股市也都受到历史上罕见的大震动，并波及纽约和东京股市。

在危急时刻，在中央政府的大力支持下，香港特区政府力挽狂澜，采取了一系列果敢措施，牢牢地遏制住了经济下滑。特区政府动用1100多亿港元的外汇基金，入市收购部分本地股票，捍卫香港股市，捍卫联系汇率制度；加大公共工程投资，积极修建、扩建地铁、高速公路等基础设施，拉动经济增长；退还了1997年至1999年度应缴纳的利得税、薪俸税及物业税的10%，同时继续冻结政府部门向市民提供的服务收费；推行金融改革，刺激投资，加强监管；积极提升创新科技和高增值产业，启动了总投资140亿港元的数码港计划和富有特色的创业板市场；等等。在香港最困难的日子里，中央政府给予了及时而有力的援助。人民币汇率始终保持稳定，成为香港战胜金融危机的有力后盾；内地放宽访港游客限制，增加访港游客名额，使香港的旅游业最先从危机中恢复；中国内地加上香港的外汇储备当年已达2000亿美元以上，中央政府多次表示在必要时将动用自己的外汇储备帮助保卫港元，对投机势力形成了强大震慑。香港狙击金融危机取得胜利，2000年经济增幅高达10.5%，是13年来的最高增长率，也是亚洲乃至全球的最大增幅。在东南亚，投机浪潮已迫使几个国家的中央银行松开了固定汇率而允许货币更自由地浮动，而港元汇价自始至终维持在相对稳定的水平，这不能不说是一个奇迹。

经过半年左右的剧烈震荡，金融危机的后果初步显现出来。印度尼西亚、泰国、韩国、马来西亚、菲律宾等属于这次金融危机的重灾区。这些国家的货币对外贬值达50%以上,有的国家和地区还出现了政治动荡。在亚洲金融危机爆发后不到1年的时间内,俄罗斯又连续发生4次金融危机,卢布暴跌。这是亚洲金融危机的延续和深化。亚洲金融危机和俄罗斯金融危机汇合在一起,对世界经济产生了相当大的影响。

在这场震动世界的金融危机中,中国没有受到直接冲击,但也给当时因收紧银根而使需求略显不足的中国经济造成出口下降的严重损害和货币贬值的巨大压力。

早在亚洲金融危机爆发一年前,中共中央和国家领导人就提出要"防范金融风险"的问题。1996年8月,江泽民主持中央财经领导小组会议,专门听取防范和化解金融风险的工作汇报。1997年亚洲金融危机爆发后,中共中央、国务院于11月召开了新中国成立以来规格最高的全国金融工作会议,提出加快金融体制改革,整顿金融秩序,防范金融风险的任务、原则和一系列重大改革措施。

亚洲金融危机的一个重要原因是,东南亚国家的外汇储备普遍不足,对外国资本过分依赖,银行不良贷款比例太高,储蓄者对银行体系和本国货币的币值丧失信心,因而给国际金融炒家提供了狙击本国货币的机会。针对这一教训,中共中央和国务院决定进一步采取措施,深化金融改革和整顿金融秩序,努力解决好金融领域中存在的突出问题,防范和化解金融风险,同时努力增加外汇储备,确保国家的经济安全。

1998年7月,中共中央、国务院果断地将实施稳健的财政政策改为实施积极的财政政策,加大基础设施建设力度,扩大国内需求。正是扩大内需的一系列政策措施,为实现经济持续增长奠定了坚实的基础。1998年第三季度,中国经济增长出现稳步回升。另外,由于中国自1993年以来外汇储备大幅度增加,未开放人民币在资本项目下的自由兑换,所以当周边许多国家货币大幅度贬值时,坚持住了人民币不贬值,并且实行鼓励出口和吸引外资等多种政策,深入开展严厉打击走私和骗汇、逃汇、套汇的斗争,避免了对外贸易和利用外资出现大的波动,使外汇储备进一步增加,到1997年底,中国外资总额达3200多亿美元。保持人民币不贬值,不仅有利于中国经济的稳定和发展,也对亚洲乃至世界金融和经济的稳定作出了积极贡献,获得了国际社会的高度赞誉。

二、推进经济结构战略性调整

进入20世纪90年代,高新科技日新月异发展和国际经济结构加速重组的两大潮流席卷全球,许多国家都积极进行适应性的经济结构调整,中国也面临着新的挑战和机遇。中国在经历快速发展后,整个经济已经达到相当规模和水平,但产业结构、城乡结构不合理的问题日益凸显,经济结构调整成为世纪之交中国经济发展的关键。

1996年3月,八届全国人大四次会议通过的"九五"计划和2010年远景目标纲要,提出要把经济结构调整作为经济建设的主要任务,拉开了经济结构战略性调整序幕。

经济结构战略性调整的第一个方面,是产业结构调整。产业结构不合理,一直是中国经济发展中的顽疾。1992年以来,虽然经济增长速度较快,但第三产业发展明显滞后,其中传统和低层次的服务业占有较大比重,新兴第三产业比重在1/4以下。以加工工业为主的第二产业比重较高,其中经济效益低和重复生产的较多。

针对这些问题,中共中央、国务院陆续出台了一系列政策。一是以科技创新推动产业结构优化,进一步完善技术创新体系和机制,培育新的经济增长点,促进企业向"专、精、特、新"方向发展,提高经济增长的科技含量。为此,国家关闭了一批经济效益低下的小煤窑,纺织工业从1998年起的3年时间内淘汰1000万锭落后棉纺锭、减员120万人,限制钢铁等传统产业上马,将资金和人力转入软件、生物制品等新兴产业。二是进一步打破"条条块块"的行政性垄断,放松进入电信、民航等行业的管制,扩大第三产业,促进居民消费结构升级;金融、保险、科研、信息、咨询、旅游、教育、体育、新闻出版、广播电视等由原来的行政事业单位被推向市场,形成相适应的结构动态调整机制。三是把可持续发展放在十分突出的地位,坚持计划生育、保护环境和节约资源的基本国策,合理开发和节约利用土地、矿产、淡水、海洋、森林、草原、气候等各种自然资源,提高资源综合利用率;在重点林区和长江、黄河上中游开展天然林保护工程,加强自然保护区、风景名胜区和旅游景区的资源与环境保护;加大环保投入,强化环境污染防治。

经过几年的努力,产业结构调整取得了初步成效。2001年三次产业增加值在国内生产总值中的比重,与1990年相比,第一产业降低了11.9个百分点,第二产业、第三产业分别提高了9.5个和2.3个百分点。国家通过实施"863"计划,将部分高新技术成果向商品化、产业化方向延伸,开始对国民经济和社会发展产生重大影响。各地区普遍建立了高新技术开发区,制定了面向市场需要的科技发展规划。服务业结构得到不断改善,传统服务业比重有所下降。

经济结构战略性调整的第二个方面，是城乡结构调整，中心是解决"三农"问题。为解决长期以来面临着的农村生产力水平较低、农民增收困难、乡镇企业经济效益差并造成资源浪费和环境破坏、大量农村富余劳动力闲置、城镇化水平严重滞后等问题，国家采取了一系列支持农业、向农民让利、加快城镇化建设的措施。

一是大力调整和优化农业生产结构。着力发展特色农业、节水农业、生态农业。加快牧区建设，积极发展畜牧水产业，进一步提高养殖业的比重。合理调整粮食和经济作物的种植比例，发展高效农业和创汇农业。积极引进国外先进技术设备，提高农产品加工水平。发展以"公司＋农户"为主要形式的农业产业化经营，促进加工转化增值。

二是积极发展小城镇和乡镇企业。把小城镇建设纳入国民经济和社会发展规划。选择已经形成一定规模、基础较好的小城镇予以重点支持，建设成为具有较强带动能力的农村区域性经济文化中心。促进乡镇企业积极发展高新技术产业和名特优新产品，重点发展农副产品加工、储藏、保鲜和运销业。通过发展乡镇企业和农村第三产业，加快农村富余劳动力的转移。

三是加强农村基础设施和生态环境建设。严格保护基本农田，控制基本农田的非农占用。一手抓退耕还林、还草、还湖，一手抓基本农田保护和建设。大规模地开展以水利为重点的农业基础设施建设，以植树种草、水土保持为重点的生态环境建设，以公路、电网、供水、通信为重点的农村生产生活设施建设。在重点林区和长江、黄河上中游地区实施天然林保护工程，在生态脆弱地区有步骤地开展大规模退耕还林还草。

四是继续搞好农村扶贫工作。1994年，国务院印发了《国家八七扶贫攻坚计划》，明确要求集中人力、物力、财力，用7年左右的时间基本解决8000万农村贫困人口的温饱问题。这是中国历史上第一个有明确目标、明确对象、明确措施和明确期限的扶贫开发行动纲领。经过7年的扶贫攻坚，到2000年，除了少数社会保障对象和生活在自然条件恶劣地区的特困人口以及部分残疾人以外，全国农村贫困人口的温饱问题基本解决，中央确定的扶贫攻坚目标基本实现。

通过这些调整措施，种植业结构进一步优化，畜牧业发展步伐加快，促进了农产品加工转化增值，农产品质量明显提高，农村劳动力在非农产业就业的数量继续增加，农民收入也得到相应增长。

三、实施西部大开发战略与加快民族地区建设

世纪之交,在中国社会主义现代化建设第二步走战略目标即将实现的时候,中共中央根据邓小平关于现代化建设"两个大局"的思想,认真总结历史上中国西部地区兴衰成败的经验和教训,充分考虑全面建设小康社会进入新阶段后发展的需要和可能,着眼于应对国际风云变幻和国家安全与长远发展大局,适时作出实施西部大开发战略的重大决策。

中国西部地区,包括西北的陕西省、甘肃省、青海省、宁夏回族自治区、新疆维吾尔自治区,西南的四川省、重庆市、云南省、贵州省、西藏自治区,还有广西壮族自治区和内蒙古自治区,再加上湖南的湘西、湖北的恩施等地。整个西部地区国土面积约占全国土地面积的71%,1999年末人口约占全国的29%,其中少数民族人口占全国少数民族人口的80%。

由于自然和历史的原因,西部地区的经济和社会发展与东部地区相比,存在较大的差距。新中国成立后,经过以"一五"计划和三线建设为中心的两次大规模西部建设,西部地区的经济发展水平有了提高,但仍然比较落后。主要体现为:基础设施落后,生态环境恶化,产业结构不合理,科技和教育发展相对滞后。邓小平20世纪80年代提出的优先发展沿海地区、进而带动内地发展的"两个大局"思想,并设想在20世纪末达到小康水平的时候,就要突出地解决西部地区的发展问题。1999年6月9日,江泽民在中央扶贫开发工作会议上宣布:在继续加快东部沿海地区发展的同时,必须不失时机地加快中西部地区发展。从现在起,这要作为党和国家一项重大的战略任务,摆到更加突出的位置。9月,中共十五届四中全会明确提出:国家要实施西部大开发战略,要通过优先安排基础设施建设、增加财政转移支付等措施,支持中西部地区和少数民族地区加快发展。11月,中共中央、国务院召开中央经济工作会议,宣布实施西部大开发战略。

西部大开发总的战略目标是:到21世纪中叶全国基本实现现代化时,从根本上改变西部地区相对落后的面貌,显著地缩小地区发展差距,努力建成一个经济繁荣、社会进步、生活安定、民族团结、山川秀美、人民富裕的新的西部地区。

在中共中央、国务院的领导和各方面的共同努力下,西部大开发得到扎扎实实地推进。2000年,西部地区的十大重点工程〔西安至南京铁路西安至合肥段、重庆至怀化铁路、西部公路建设、西部地区机场建设、重庆市高架轻轨交通、柴达木盆地涩北—西宁—兰州天然气输气管道、四川紫坪铺和宁夏黄河沙坡头水利枢纽、中西部退耕还林(草)和生态建设及种苗工程、青海钾肥工程、西部高校

基础设施建设〕全部开工。2001年，又有一批重点工程相继开工，包括：青藏铁路、西电东送、龙滩水电站、百色和尼尔基水利枢纽、"五纵七横"国道主干线中西部地区重要路段、兰州经成都至重庆输油管道、万家寨引黄一期工程等大型项目。

西部地区基础设施建设的加快，有力地推动了西部地区的经济发展和社会进步。西部地区经济结构调整不断推进，旅游、水电、天然气、石油、有色金属、棉花、糖料、水果、肉类等特色产品初步形成优势。第三产业增加值比重由1999年的35.4%提高到2001年的38.3%。2000年至2001年，西部全社会固定资产投资年均增长14.9%，高于全国平均11.6%的增幅；国内生产总值年均增长8.6%，比1999年的7.2%保持了加快发展的好势头；城镇居民人均可支配收入年均增长5.3%，农村居民人均纯收入年均增长2.6%。西部地区经济和各项社会事业出现了加快发展的好势头。

在加快改革开放和现代化建设步伐的同时，中共中央始终关注着少数民族地区的经济和社会发展。20世纪90年代以来，中共中央采取一系列措施，不断加强对少数民族和民族地区发展的支持。

在西部开发中，国家特别注意对少数民族地区的经济和社会发展实行扶助政策，提供资金、技术、人才等方面的支持。全国5个少数民族自治区和30个少数民族自治州全部被纳入西部开发的范围，并作了重点安排。另外，加速少数民族地区的对外开放，在全国43个陆地对外开放口岸中，少数民族地区就有34个，这些口岸对于少数民族地区的经济发展尤其是在利用外资、促进边境贸易方面发挥了巨大的作用。"九五"期间，西部少数民族聚居地区经济发展速度年均9%，生产布局和生产条件进一步改善，人民群众的物质文化生活水平普遍提高。

四、完善宏观调控保障经济持续快速健康发展

受1997年亚洲金融危机和1998年特大洪涝灾害等影响，中国经济增长放缓，到1999年第四季度国内生产总值增速降至6.1%，甚至低于亚洲金融危机最严重时期（1998年第二季度）的6.8%。同时，各类经济风险凸显：国有企业大面积亏损，盈利的企业大约只占1/3；产能过剩严重，陷入通缩—债务循环，显性和隐性失业率上升；银行不良资产比率过高，金融风险加大。

在此背景下，1999年前后，中共中央、国务院再次成功实行了新一轮宏观调控和改革，有效推动了去产能和去杠杆，开启了国民经济和社会发展的新篇章。主要应对措施有：

第一，实施以增发长期建设国债为主的持续温和的积极财政政策，实施间接调控为主的稳健货币政策，没有因短期目标而出现信贷失控和体制"复归"。具体措施有：将全社会固定投资增长幅度由10%调整到15%，集中力量投资农林水利、交通通信、城市基础设施、城乡电网建设与改造、中央直属储备粮库、经济适用住房6个方面；由中央财政发行1000亿元10年期长期国债，补充和增加基础设施建设项目资本金，同时配套增加1000亿元银行贷款等。

第二，调整国有经济布局，搞活民营经济和中小企业，提升效率。具体措施包括：提出国企"三年脱困"，以必要的行政手段推进劣势企业的关闭破产和淘汰落后产能；实行"抓大放小"，促进企业兼并重组，"放小"的主要方式是把部分或全部产权转让给内部职工、整体出售给非公有法人或自然人等，推动地方中小国有企业转制；实施"债转股"，三年间将600多户、近5000亿元银行债权转为国有资产公司对借款企业的股权；对中小企业给予减税和信贷支持；打破行业垄断，降低准入门槛；等等。经过各方努力，到2000年底，大多数国有大中型亏损企业实现脱困，民营中小企业开始快速成长。

第三，出台一系列重大金融市场化改革措施，有效化解潜藏的金融风险。具体包括：一是对国有商业银行进行财务重组。1998年定向发行2700亿元特别国债，专门用于补充银行资本金；1999年将1.4万亿元不良资产剥离给新成立的中国华融资产管理公司、中国长城资产管理公司、中国东方资产管理公司、中国信达资产管理公司四家资产管理公司（分别接收从中国工商银行、中国农业银行、中国银行、中国建设银行剥离出来的不良资产）。二是改善国有银行内部管理。取消贷款规模管理，实行资产负债比例管理和风险管理，改革和完善国有商业银行资本金补充机制以及呆账、坏账准备金提取和核销制度，扩大贷款质量五级分类法的改革试点。三是1998年中国人民银行管理体制实行重大改革，撤销省级分行，跨省（自治区、直辖市）设置9家分行，增强了中央银行执行货币政策的权威性和实施金融监管的独立性。完善分业管理体制，先后成立了中国证监会和中国保监会。四是为了防范金融风险，1999年着手整顿城市信用社、信托投资公司等金融机构，先后关闭了海南发展银行、广东国际信托投资公司等一批风险显现的金融机构。

第四，实施住房制度改革。1998年7月，国务院发布《关于进一步深化城镇住房制度改革加快住房建设的通知》，宣布全国城镇从1998年下半年开始停止住房实物分配，逐步实行住房分配货币化，同时建立和完善以经济适用住房为主的多层次住房供应体系，在城镇职工中陆续建立住房公积金制度，发展住房金融，培养和规范住房交易市场。由此，中国居民住房消费开始启动。

同时，2001年底中国正式加入WTO后，开始深度融入全球化，依靠廉价劳动力和完善的基础设施优势，中国对外贸易快速增长。

总之，本轮宏观调控以治理通货紧缩、扩大内需为目标，实施积极的财政政策和稳健的货币政策这样的组合政策，在通货紧缩、经济景气度较低的情况下，保证了中国经济增长速度保持在平稳较高的水平。经过几年的积极努力，2002年以后，伴随世界经济的全面复苏，中国经济在消费升级、内需启动、世界工厂、城镇化进程加快等多重因素的共同作用下，开始全面爆发，走出通货紧缩，进入新一轮增长周期。

随着"九五"计划的顺利完成，中国现代化建设第二步战略目标胜利实现，生产力水平又迈上一个大台阶，人民生活总体上实现了由温饱到小康的历史性跨越，为实现第三步战略目标奠定良好基础。

在"九五"计划即将完成之时，中共中央开始筹划新的发展部署。2000年10月，中共十五届五中全会通过的《中共中央关于制定国民经济和社会发展第十个五年计划的建议》中提出，从新世纪开始，中国将进入全面建设小康社会，加快推进社会主义现代化建设的新的发展阶段。《建议》根据中共十五大提出的远景目标，提出了第十个五年计划期间经济和社会发展的主要目标。根据《建议》，国务院制定了《国民经济和社会发展第十个五年计划纲要》，并经2001年3月九届全国人大四次会议批准。这一纲要为进入21世纪后的第一个五年规划了经济和社会发展蓝图，明确了指导方针和主要任务，成为全国各族人民在新世纪初共同奋斗的行动纲领。

经过1992年至2002年的改革与扩大开放，中国初步建立起社会主义市场经济体制。在这一进程中，中国强调正确处理改革、发展、稳定之间的关系，在经济决策中最优先考虑的是发展问题，在发展中解决前进中的问题。相对于俄罗斯"休克疗法"式改革，以及导致经济大幅下降的后果，中国建立社会主义市场经济体制的改革则从实际出发，采取循序渐进的方法，更重要的是这样的渐进式改革不是以削弱国家能力的形式实现，因此国家能主导改革的进行，从而避免了改革中的重大阻力，改革进行得比较稳健，实现了改革与发展的相互促进。中国由于采取渐进式改革，正确处理了改革、发展、稳定三者之间的关系，把改革带来的利益调整限制在社会可以承受的范围内，避免了过大的社会震动，经济年均增长率达到9%以上，是同期经济增长最快的国家之一。中国在历史上首次实行社会主义基本制度与市场经济的结合，这一成功实践，打破了公有制与市场经济不相容的理论教条，开创了一条有中国特色的创新与发展道路，使国家面貌发生了巨变。

思考题

1. 邓小平南方谈话的精神实质是什么？具有哪些不同于西方市场经济理论的鲜明特色？
2. 简述中共十四大关于建立中国特色社会主义市场经济体制的理论和目标。
3. 论述20世纪90年代中国宏观调控体系建立和完善以及实现经济"软着陆"的过程。
4. 中国为应对亚洲金融危机采取了哪些措施？
5. 实施西部大开发战略的意义是什么？

第七章　全面建设小康社会与转变经济发展方式（2002—2012）

在开始实施社会主义现代化建设第三步战略的新形势下，2002年中共十六大确定全面建设小康社会的奋斗目标。中共十六大提出，全面建设小康社会，最根本的是坚持以经济建设为中心，不断解放和发展社会生产力。根据世界经济科技发展新趋势和中国经济发展新阶段的要求，21世纪头20年经济建设和改革的主要任务是，完善社会主义市场经济体制，推动经济结构战略性调整，基本实现工业化，大力推进信息化，加快建设现代化，保持国民经济持续快速健康发展，不断提高人民生活水平。21世纪前10年要全面完成"十五"计划和2010年的奋斗目标，使经济总量、综合国力和人民生活水平再上一个大台阶，为后10年的更大发展打好基础。2002年至2012年，在科学发展观指导下，坚持以经济建设为中心，紧紧抓住和用好发展的重要战略机遇期，深化社会主义市场经济体制改革，战胜一系列重大挑战，开拓了经济发展的广阔空间，国民经济实现新跨越。

第一节　转变经济发展方式的提出和实施

针对21世纪国际环境和国内经济运行的新变化新情况，中共中央提出了科学发展观，明确了加快转变经济发展方式的战略任务，并将其贯穿于五年经济发展规划中。

一、转型发展的新理念和新战略

进入21世纪，中国发展呈现一系列新的阶段性特征：一方面经济实力显著增强，另一方面生产力水平总体上不高、自主创新能力不强、粗放型经济增长方式未根本改变；一方面社会主义市场经济体制初步建立，另一方面影响科学发展的体制机制障碍大量存在；一方面人民生活总体上达到小康水平，另一方面收入分配差距拉大趋势未根本扭转，城乡贫困人口和低收入人口还有相当数量；一方面协调发展取得显著成绩，另一方面农业基础薄弱，农村发展滞后的局面未改变；一方面对外开放日益扩大，另一方面面临的国际竞争日趋激烈。中共十六大以来，为破解新世纪新阶段呈现的新矛盾和全面建设小康社会，中国形成了又好又快理念，提出了加快转变经济发展方式的战略任务。

2006年至2007年,是加快转变经济发展方式思想的提出和形成时期。2006年,中共中央第一次提出促进经济又好又快发展的新要求,这与此前沿用14年的"又快又好"的提法,既有一定联系又有很大不同,"好"字当头替代了"快"字当头。这不是简单的文字变动,而是发展理念的重要调整。2007年10月,胡锦涛指出,2006年底把"又快又好"调整为"又好又快",这个重要调整,强调的是更加注重发展质量和效益,走生产发展、生活富裕、生态良好的文明发展道路。[①]

从2007年中共十七大到2012年中共十八大,是加快转变经济发展方式思想的丰富和发展时期,中共中央逐渐明确了加快转变经济发展方式的目标方向、基本要求、政策导向、工作重点、战略关键等。

2007年9月,胡锦涛在一次演讲中首次提出转变经济发展方式的概念。[②]10月,中共十七大将加快转变经济发展方式确立为关系国民经济全局紧迫而重大的战略任务,并强调要加快转变经济发展方式,实现又好又快发展。[③]

由转变经济增长方式到转变经济发展方式,虽然只是两个字的改动,却有着十分深刻的内涵。转变经济发展方式,除了涵盖转变经济增长方式的全部内容外,还对经济发展的理念、目的、战略、途径等提出了新的更高的要求。一是超越"快"字优先的"又快又好"的发展理念,树立"好"字优先的"又好又快"的发展理念。不再将追求GDP的快速增长置于战略优先地位,而是要求在"加快形成"符合科学发展观要求的发展方式上下功夫、见实效。二是超越转变经济增长方式的概念,确立转变经济发展方式的概念。发展是解决中国所有问题的关键,发展对于全面建设小康社会、实现中华民族伟大复兴具有决定性意义;发展应该是又好又快的发展,要努力实现以人为本、全面协调可持续的科学发展。

关于目标方向。中共十七大提出了加快转变经济发展方式"三个转变"的目标方向:促进经济增长要由主要依靠投资、出口拉动向依靠消费、投资、出口协调拉动转变;由主要依靠第二产业带动向依靠第一、第二、第三产业协同带动转变;由主要依靠增加物质资源消耗向主要依靠科技进步、劳动者素质提高、管理创新转变。

关于基本要求。2007年12月,中央经济工作会议明确提出了加快转变经济发展方式"五个必须坚持"的基本要求。(1)必须坚持创新驱动,即要实现由工

---

① 参见《热烈的讨论 真情的交流——记胡锦涛同江苏代表团代表一起审议党的十七大报告》,《人民日报》2007年10月17日。
② 参见胡锦涛:《推进全面合作 实现持续发展》,《人民日报》2007年9月7日。
③ 参见《热烈的讨论 真情的交流——记胡锦涛同江苏代表团代表一起审议党的十七大报告》,《人民日报》2007年10月17日。

业大国到工业强国的转变,关键在于坚持不懈地增强自主创新能力;(2)必须坚持城乡统筹,即中国能否由发展中大国逐步成长为现代化强国,从根本上取决于我们能不能加快改变农业、农村、农民的面貌,形成城乡经济社会发展一体化新格局;(3)必须坚持节约资源、保护环境,即节约资源、保护环境关系经济社会可持续发展,关系人民群众切身利益,关系中华民族生存发展;(4)必须坚持内外协调,即为中国现代化拓展更加广阔的市场空间和提供持久可靠的资源保障,努力促进中国发展和各国共同发展的良性互动;(5)必须坚持以人为本,即做到发展为了人民、发展依靠人民、发展成果由人民共享。

关于政策导向。2009年12月,中央经济工作会议确立了加快转变经济发展方式三个方面的政策导向。一是从制度安排入手,完善加快经济发展方式转变的体制机制和政策导向。推进财税体制、收入分配制度、生产要素价格形成机制改革,健全相关法律法规,形成有利于加快经济发展方式转变的体制机制和利益导向。要进一步完善财税政策、信贷政策、环保政策、土地政策、贸易政策和技术标准,加强发展规划引导,形成系统的政策体系和强大的政策合力。二是以优化经济结构、提高自主创新能力为重点,实现经济发展方式转变新突破。要扩大国内需求特别是居民消费需求,拉动经济结构调整优化;要把促进工业由大变强与大力发展服务业特别是现代服务业结合起来,把淘汰落后生产能力与抢占新兴产业制高点结合起来,提升经济整体素质和国际竞争能力;要坚持走中国特色自主创新道路,坚持把建设创新型国家作为面向未来的重大战略选择;要坚持人才资源是第一资源,全面实施人才强国战略。三是以完善政绩考核评价机制为抓手,增强加快经济发展方式转变的自觉性和主动性。加快经济发展方式转变,推动科学发展,正确的政绩导向是关键。要完善促进科学发展的干部考核评价机制,既要看发展速度和规模,更要看经济结构是否优化、自主创新水平是否提高、就业规模是否扩大、收入分配是否合理、人民生活是否改善、社会是否和谐稳定、生态环境是否得到保护、可持续发展能力是否增强,总之要看是否真正做到好字当头、又好又快,从而使加快发展方式转变成为各级党委和政府的自觉行动。

关于工作重点。2010年2月,胡锦涛部署了加快转变经济发展方式的八个工作重点。一是加快推进经济结构调整。经济结构不合理是中国经济发展方式存在诸多问题的主要症结,因此必须坚持把经济结构战略性调整作为加快转变经济发展方式的主攻方向。① 二是加快推进产业结构调整。推进产业结构调整是加快经济

---

① 2012年11月,中共十八大报告指出:"推进经济结构战略性调整。这是加快转变经济发展方式的主攻方向。"引自《十八大以来重要文献选编》(上),中央文献出版社2014年版,第17页。

发展方式转变的重要途径和主要内容，对推动经济从粗放型增长转变为集约型增长、实现全面协调可持续发展具有重大意义。三是加快推进自主创新。加快经济发展方式转变的根本出路在自主创新。四是加快推进农业发展方式转变。农业是安天下、稳民心的战略产业，是衣食之源、发展之本。五是加快推进生态文明建设。良好生态环境，是经济社会可持续发展的重要条件，是民族生存和发展的根本基础。六是加快推进经济社会协调发展。没有相应的教育、就业、社会保障等制度相配套，加快经济发展方式转变就难以实现。七是加快发展文化产业。发展文化产业，有利于优化经济结构和产业结构，有利于拉动居民消费结构升级，有利于扩大就业和创业。八是加快推进对外经济发展方式转变。单纯靠量的扩张来推动中国出口贸易发展已难以为继，必须加快调整进出口贸易结构，加快提高利用外资质量和水平，加快实施"走出去"战略。[1]

关于战略关键。2010年至2012年，中共中央多次强调，加快转型发展和提高创新能力是加快转变经济发展方式的两个战略关键，其中最关键的是提高创新能力、实施创新驱动发展战略。2010年2月，胡锦涛在讲话中指出，转变经济发展方式关键是要在"加快"上下功夫、见实效。这里的"加快"，之所以加上引号，就是为了与过去几十年偏重于追求速度、数量上的加快相区别，是特指加快实现经济发展方式转变。2010年6月在中国科学院第十五次院士大会上，10月在中共十七届五中全会第二次全体会议上，2012年5月在中共中央政治局会议上，胡锦涛强调，加快转变经济发展方式，最关键的是要大幅提高自主创新能力，实施创新驱动发展战略。

二、"十一五"时期经济布局、发展目标与完成情况

在2006年至2010年的"十一五"时期，中国经济布局和发展目标主要有八个方面。（1）宏观经济平稳运行。国内生产总值年均增长7.5%，实现人均国内生产总值比2000年翻一番。城镇新增就业和转移农业劳动力各4500万人，城镇登记失业率控制在5%。价格总水平基本稳定。国际收支基本平衡。（2）产业结构优化升级。产业、产品和企业组织结构更趋合理，服务业增加值占国内生产总值比重和就业人员占全社会就业人员比重分别提高3个百分点和4个百分点。自主创新能力增强，研究与试验发展经费支出占国内生产总值比重增加到2%，形成一批拥有自主知识产权和知名品牌、国际竞争力较强的优势企业。（3）资源利用

---

[1] 参见《十七大以来重要文献选编》（中），中央文献出版社2011年版，第455—468页。

效率显著提高。单位国内生产总值能源消耗降低20%左右，单位工业增加值用水量降低30%，农业灌溉用水有效利用系数提高到0.5，工业固体废物综合利用率提高到60%。（4）城乡区域发展趋向协调。社会主义新农村建设取得明显成效，城镇化率提高到47%。各具特色的区域发展格局初步形成，城乡、区域间公共服务、人均收入和生活水平差距扩大的趋势得到遏止。（5）基本公共服务明显加强。（6）可持续发展能力增强。耕地保有量保持1.2亿公顷，淡水、能源和重要矿产资源保障水平提高。生态环境恶化趋势基本遏止，主要污染物排放总量减少10%，森林覆盖率达到20%，控制温室气体排放取得成效。（7）市场经济体制比较完善。（8）人民生活水平继续提高。

"十一五"规划得到了较好实现，是新中国历史上完成情况最好的五年计划（规划）之一。国内生产总值年均增长率规划为7.5%，实际增长率达到11.2%；人均国内生产总值年均增长率规划为6.6%，实际增长率达到10.6%。服务业增加值比重、城镇化率等经济结构升级指标，完成或超额完成了规划指标；研究与试验发展经费支出占GDP比重指标没有达到规划指标，规划增加0.7个百分点，实际增加0.5个百分点。单位国内生产总值能源消耗降低、单位工业增加值用水量降低、主要污染物排放总量减少、耕地保有量、森林覆盖率、农业灌溉用水有效利用系数、工业固体废物综合利用率等资源环境指标，不但都达到了规划要求，而且其中大多数超额完成了。

表7-1 "十一五"时期经济发展主要指标与完成情况

经济社会指标		规划属性	2005年完成	2010年		5年增减	
类别				规划	完成	规划	完成
经济增长	国内生产总值（万亿元、%）	预期性	18.2	26.1	31.5	[7.5]	[11.2]
	人均国内生产总值（元、%）	预期性	13985	19270	30015	[6.6]	[10.6]
经济结构	服务业增加值比重（%、百分点）	预期性	40.3	43.3	43.0	3	2.7
	研究与试验发展经费支出占GDP比重（%、百分点）	预期性	1.3	2.0	1.8	0.7	0.5
	城镇化率（%、百分点）	预期性	43	47	50	4	7

续表

经济社会指标 类别		规划属性	2005年完成	2010年 规划	2010年 完成	5年增减 规划	5年增减 完成
资源环境	单位国内生产总值能源消耗降低（%）	约束性				20	20
	单位工业增加值用水量降低（%）	约束性				30	36.7
	主要污染物排放总量减少（%）	约束性				10	化学需氧量排放总量下降12.45%；二氧化硫排放总量下降14.29%
	耕地保有量（亿公顷）	约束性	1.22	1.2	1.2	-0.02	-0.02
	森林覆盖率（%、百分点）	约束性	18.2	20.0	20.4	1.8	2.2
	农业灌溉用水有效利用系数	预期性	0.45	0.5	0.5	0.05	0.05
	工业固体废物综合利用率（%、百分点）	预期性	55.8	60	69	4.2	13.2

注：1．资料来源：2005年的数据来源于《中华人民共和国国民经济和社会发展第十一个五年规划纲要》；《中国统计年鉴（2006）》，中国统计出版社2006年版。

2．2010年国内生产总值绝对数按2005年价格计算，2010年人均国内生产总值绝对数按当年价格计算。实际增长速度按可比价格计算，计算过程中2005年绝对数来源于国家统计局最终核实的修正数据。带［］的，为5年年均增长数。

3．主要污染物，指化学需氧量和二氧化硫。

4．预期性指标，是国家期望的发展目标，主要依靠市场主体的自主行为实现；政府要创造良好的宏观环境、制度环境和市场环境，综合运用各种政策引导社会资源配置，争取实现。

5．约束性指标，是中央政府在公共服务和涉及公众利益领域对地方政府和中央政府有关部门提出的工作要求；政府要通过合理配置公共资源和有效运用行政力量，确保实现。

三、"十二五"时期主题主线、经济布局与发展目标

"十二五"时期，中国突出强调以科学发展为主题、以加快转变经济发展方式为主线。（1）坚持把经济结构战略性调整作为加快转变经济发展方式的主攻方向。构建扩大内需长效机制，促进经济增长向依靠消费、投资、出口协调拉动转变。加强农业基础地位，提升制造业核心竞争力，发展战略性新兴产业，加快发展服务业，促进经济增长向依靠第一、第二、第三产业协同带动转变。统筹城乡发展，积极稳妥推进城镇化，加快推进社会主义新农村建设，促进区域良性互动、

协调发展。(2) 坚持把科技进步和创新作为加快转变经济发展方式的重要支撑。深入实施科教兴国战略和人才强国战略，充分发挥科技第一生产力和人才第一资源作用，提高教育现代化水平，增强自主创新能力，壮大创新人才队伍，推动发展向主要依靠科技进步、劳动者素质提高、管理创新转变，加快建设创新型国家。(3) 坚持把保障和改善民生作为加快转变经济发展方式的根本出发点和落脚点。完善保障和改善民生的制度安排，把促进就业放在经济社会发展优先位置，加快发展各项社会事业，推进基本公共服务均等化，加大收入分配调节力度，坚定不移走共同富裕道路，使发展成果惠及全体人民。(4) 坚持把建设资源节约型、环境友好型社会作为加快转变经济发展方式的重要着力点。深入贯彻节约资源和保护环境基本国策，节约能源，降低温室气体排放强度，发展循环经济，推广低碳技术，积极应对气候变化，促进经济社会发展与人口资源环境相协调，走可持续发展之路。(5) 坚持把改革开放作为加快转变经济发展方式的强大动力。坚定推进经济、政治、文化、社会等领域改革，加快构建有利于科学发展的体制机制。实施互利共赢的开放战略，与国际社会共同应对全球性挑战、共同分享发展机遇。

"十二五"时期经济社会发展的主要目标是，转变经济发展方式取得实质性进展，综合国力、国际竞争力、抵御风险能力显著提高，人民物质文化生活明显改善，主要包括7个方面。(1) 经济平稳较快发展。国内生产总值年均增长7%，城镇新增就业4500万人，城镇登记失业率控制在5%以内，价格总水平基本稳定，国际收支趋向基本平衡，经济增长质量和效益明显提高。(2) 结构调整取得重大进展，居民消费率上升，农业基础进一步巩固，工业结构继续优化，战略性新兴产业发展取得突破，服务业增加值占国内生产总值比重提高4个百分点，城镇化率提高4个百分点，城乡区域发展的协调性进一步增强。(3) 科技教育水平明显提升。九年义务教育质量显著提高，九年义务教育巩固率达到93%，高中阶段教育毛入学率提高到87%。研究与试验发展经费支出占国内生产总值比重达到2.2%，每万人口发明专利拥有量提高到3.3件。(4) 资源节约环境保护成效显著。耕地保有量保持在18.18亿亩。单位工业增加值用水量降低30%，农业灌溉用水有效利用系数提高到0.53。非化石能源占一次能源消费比重达到11.4%。单位国内生产总值能源消耗降低16%，单位国内生产总值二氧化碳排放降低17%。主要污染物排放总量显著减少，化学需氧量、二氧化硫排放分别减少8%，氨氮、氮氧化物排放分别减少10%。森林覆盖率提高到21.66%，森林蓄积量增加6亿立方米。(5) 人民生活持续改善，贫困人口显著减少。(6) 社会建设明显加强。(7) 改革开放不断深化。

表 7-2 "十二五"时期经济发展主要指标及其属性

	指标	2010 年	2015 年	5 年增减	指标属性
经济发展	国内生产总值（万亿元、%）	40.1	55.8	［7］	预期性
	服务业增加值比重（%、百分点）	43	47	4	
	城镇化率（%、百分点）	50.0	51.5	1.5	
资源环境	农业灌溉用水有效利用系数	0.5	0.53	0.03	预期性
	耕地保有量（亿亩）	18.18	18.18	0	
	单位工业增加值用水量降低（%）			30	约束性
	非化石能源占一次能源消费比重（%、百分点）	8.3	11.43	3.1	
	单位 GDP 二氧化碳排放降低（%）			17	
	单位 GDP 能源消耗降低（%）			16	
	主要污染物排放总量减少（%） 化学需氧量			8	
	二氧化硫排放			8	
	氨氮排放			10	
	氮氧化物排放			10	
	森林增长 森林覆盖率（%、百分点）	20.36	21.66	1.3	
	森林蓄积量（亿立方米）	137	143	6	
科技教育	九年义务教育巩固率（%、百分点）	89.7	93	3.3	约束性
	高中阶段教育毛入学率（%、百分点）	82.5	87	4.5	预期性
	研究与试验发展经费支出占 GDP 比重（%、百分点）	1.8	2.2	0.4	
	每万人口发明专利拥有量（件）	1.7	3.3	1.6	

注：1. 资料来源：《中华人民共和国国民经济和社会发展第十二个五年规划纲要》，见中央政府门户网站，2011 年 3 月 16 日；《中国统计年鉴（2011）》，中国统计出版社 2011 年版。

2. 国内生产总值绝对数按 2010 年价格计算，增长速度按可比价格计算。

3. 带［］的，为 5 年年均增长数。

第二节 完善社会主义市场经济体制

中共十六大以来，中国大力推进社会主义市场经济体制的完善，主要包括坚持和完善公有制为主体、多种所有制经济共同发展的基本经济制度，健全统一开放竞争有序的现代市场体系，完善宏观调控体系、行政管理体制和经济法律制度，健全就业、收入分配和社会保障制度，建立有利于逐步改变城乡二元经济结构的体制。

一、坚持和完善基本经济制度

坚持和完善公有制为主体、多种所有制经济共同发展的基本经济制度，是完善社会主义市场经济体制的基本前提和首要任务，是巩固和发展中国特色社会主义制度的重要支柱。

中共十六大报告第一次明确而完整地提出"两个毫不动摇"的重要思想。第一，必须毫不动摇地巩固和发展公有制经济。发展壮大国有经济，国有经济控制国民经济命脉，对于发挥社会主义制度的优越性，增强中国的经济实力、国防实力和民族凝聚力，具有关键性作用。集体经济是公有制经济的重要组成部分，对实现共同富裕具有重要作用。第二，必须毫不动摇地鼓励、支持和引导非公有制经济发展。个体、私营等各种形式的非公有制经济是社会主义市场经济的重要组成部分，对充分调动社会各方面的积极性、加快生产力发展具有重要作用。第三，坚持公有制为主体，促进非公有制经济发展，统一于社会主义现代化建设的进程中，不能把这两者对立起来。各种所有制经济完全可以在市场竞争中发挥各自优势，相互促进，共同发展。

在中国特色社会主义道路、制度、理论这三个层面上，"两个毫不动摇"都具有极为重要的理论意义和现实意义。它是"对马克思主义所有制理论的新发展，标志着我们党对建设中国特色社会主义规律的认识进一步深化"[1]，标志着中国共产党关于维护公有制经济与非公有制经济之间公平竞争的良性互动关系，发挥多种所有制经济共同发展的体制机制优势的理论和政策的认识进一步深化，对于"加快建立完善社会主义市场经济体制，提供了良好的机遇，开辟了广阔的通途"[2]。

中共十六大以来，"两个毫不动摇"成为中央一以贯之的基本理论和政策原则。2007年，中共十七大报告指出，毫不动摇地巩固和发展公有制经济，毫不动摇地鼓励、支持、引导非公有制经济发展，坚持平等保护物权，形成各种所有制经济平等竞争、相互促进新格局。

---

[1] 习近平：《坚持"两个毫不动摇"再创浙江多种所有制经济发展新优势》，《经济日报》2003年3月15日。
[2] 习近平：《坚持"两个毫不动摇"再创浙江多种所有制经济发展新优势》，《经济日报》2003年3月15日。

改革开放以来,中国非公有制经济从不允许到允许,再到鼓励、支持,从小到大,已经发展起来,成为中国经济不可或缺的"方面军"。2001年兴起的"国进民退"争论,引起学界、媒体、企业、政府、社会等各方面的广泛关注,且愈演愈烈,2009年跃居为新闻舆论焦点和全国"两会"话题。争论主要分为两种截然对立的观点,一种观点认为"国进民退"浪潮大规模呈现且2009年以来愈演愈烈,一种观点认为总体上不存在所谓"国进民退"。争论的焦点是对"两个毫不动摇"的不同解读,实质上是对公有制为主体、多种所有制经济共同发展的基本经济制度的不同解读。事实上,"国进民退"的说法是不成立的,是一些人的错误认识和观念,即一提改革就是发展私有制,一看到国有经济发展了就说是"国进民退"。中国的社会主义市场经济,是在社会主义公有制为主体的基础上,国有经济、集体经济、非公有制经济等各种经济成分共同发展。

改革开放以来,中国所有制结构逐步调整,公有制经济的比重趋于降低,非公有制经济的比重趋于上升。国有经济一方面继续从竞争性行业退出,另一方面加强发挥在关系国民经济命脉的关键领域和重点行业的主导作用。随着国家鼓励非公经济发展,多渠道开发就业岗位政策的实施,非公经济在吸纳就业方面的作用进一步增强。2012年末,有限责任公司、股份有限公司以及外商和港澳台商投资单位的城镇就业人员为7245万人,比2002年增加了5068万人;私营企业、个体企业的城镇就业人员为13200万人,比2002年增加了8932万人。非公有制经济的发展,不仅为中国经济的快速发展作出了重大贡献,也成为缓解城镇就业压力、吸纳农村富余劳动力的重要途径。

二、健全市场体系

经过改革与发展,到世纪之交,中国社会主义市场经济体制初步建立,但在市场体系建设方面还有待完善,主要问题表现为,市场秩序有待规范,生产要素市场发展滞后,市场规则不统一,市场竞争不充分。市场体系是市场经济的基础,只有建立统一、开放、竞争、有序的市场体系,才能扫除不利于经济社会发展与繁荣的弊端,让各种生产要素在市场条件下充分利用与有效发挥作用,促进社会财富增长,让全体人民分享改革发展成果。

中国在资源配置方式上基本实现了由国家计划配置为主向市场配置为主的转变,但从经济发展的客观要求来看,市场配置资源的作用发挥得还不够,在一些重点领域仍然以政府配置资源为主。2002年至2012年,为了更好发挥市场配置资源的基础性作用,政府大大减少了对经济活动的干预,行政审批的项目大幅度减少。

全国统一市场，是指在全国范围内，在社会分工和商品经济发展基础上形成的各地市场相互依存、优势互补、整体协调、开放高效、通达顺畅的市场体系，市场封锁、地方保护等现象基本消除，商品和要素资源能够依据经济规律和统一市场规则在全国范围顺畅流动和优化配置。健全全国统一、开放、竞争、有序的市场体系是改革的重要目标。改革开放以来，随着社会主义市场经济体制的建立、市场体系的形成以及相关法律法规的颁布实施，中国在打破地区封锁、建设全国统一市场方面取得长足进展，商品和要素的跨区域流动明显增强。但是，市场封锁和地方保护问题仍然存在，影响了全国统一市场的形成和完善。2002 年至 2012 年，对于保护本地商品、要素和服务市场而限制外地商品、要素和服务进入，对于设置关卡和地方行政壁垒，以及其他种种影响全国统一市场形成和完善的问题，中央进行了大量的清理，成效是显著的。电子商务、连锁经营、物流配送等现代流通方式快速发展，促进了商品和各种要素在全国范围自由流动和充分竞争。

中国土地、劳动力、资本等生产要素配置的市场化程度不断提高。中国的土地产权划分为城市土地和农村土地，土地交易实行的是二级交易市场制度，即集体土地必须首先转化为国有，才可以进入土地市场，用于非农业用途。2008 年 10 月，中共十七届三中全会通过的《中共中央关于推进农村改革发展若干重大问题的决定》提出：逐步建立城乡统一的建设用地市场，对依法取得的农村集体经营性建设用地，必须通过统一有形的土地市场、以公开规范的方式转让土地使用权，在符合规划的前提下与国有土地享有平等权益。

进入 21 世纪，政府在户籍制度、流动人口子女受教育机会、劳动者权益等多个方面，为劳动力流动就业创造了便利的条件，推动了抑制劳动力自由流动的制度障碍逐渐拆除的进程，在推进劳动力市场从分割到一体化转变的方向上取得了一系列重大进展。企业就业人员的劳动合同签订率逐步提高。2012 年末，全国企业劳动合同签订率达到 88.4%。[①] 农村劳动力转移政策发生了根本性变化，由限制变为鼓励，政策着力点是保障合法权益，为农民进城务工创造良好环境。2012 年全国农民工总量达到 26261 万人，比上年增加 983 万人，其中外出农民工 16336 万人。[②] 2002 年至 2012 年，每年都颁布若干政策法规，逐步取消对农民进城就业的各种不合理限制，合理引导农村剩余劳动力有序转移，重视城乡劳动力市场一

---

① 参见人社部：《2012 年度人力资源和社会保障事业发展统计公报》。
② 参见人社部：《2012 年度人力资源和社会保障事业发展统计公报》。

体化的建设，重视转移过程中多方面的配套改革，重视农村劳动力流动中涉及的工伤、医疗、养老、子女教育、住房等社会保障问题。在改革城乡二元分割体制，推动城乡劳动力市场一体化建设方面，迈出了实质性的步伐。

中国在建立多层次资本市场体系，拓展债券市场，规范发展产权交易，积极发展财产、人身保险和再保险市场，稳步发展期货市场等方面，都取得了多方面的重大进展。

三、完善宏观调控体系

经过改革开放的实践，进入21世纪，中国初步构建了以国家发展战略和规划为导向，以财政政策、货币政策、产业政策、价格政策等为主要手段的宏观调控体系基本框架。但是，在实践中仍然存在体现经济发展质量和效益、居民生活改善和生态建设等方面指标不足，行政干预手段使用较多等问题。

国家发展战略和规划明确的宏观调控目标和总体要求，是制定财政政策和货币政策的主要依据。2002年至2012年，中央所作的"十一五""十二五"规划，在中华人民共和国经济发展史上具有不同寻常的里程碑意义。"十一五"规划是中华人民共和国历史上第一个"五年规划"，以此为标志，"一五"时期延续下来的发展"计划"变成了"规划"。规划与计划相比，不仅仅是名称的改变，许多方面都发生了重大调整和变化。比如，过去十个五年计划中的经济社会发展的各类指标一律是约束性的刚性指令，而"十一五""十二五"规划中的经济社会发展指标划分为约束性和预期性两类，这就从顶层设计层面极大地遏制了行政干预手段使用较多的传统积弊；而且，"十一五""十二五"规划的一个突出特点是，高度重视体现经济发展质量和效益、居民生活改善和生态建设等方面的指标，并将其中如单位国内生产总值能源消耗降低率、森林覆盖率等确定为指令性的约束指标，国内生产总值年均增长率等经济增长指标则被确定为指导性的预期指标。节能减排和环境保护受到"十一五""十二五"规划的空前重视，也是一个突出特点。"十一五"规划在中华人民共和国的历史上第一次把节能减排列为约束性指标。

完善发展成果考核评价体系。2009年12月，中央经济工作会议要求，要完善促进科学发展的干部考核评价机制，既要看发展速度和规模，更要看经济结构是否优化、自主创新水平是否提高、就业规模是否扩大、收入分配是否合理、人民生活是否改善、社会是否和谐稳定、生态环境是否得到保护、可持续发展能力是否增强，总之要看是否真正做到好字当头、又好又快，从而使加快发展方式转变成为各级党委和政府的自觉行动。

深化投资体制改革，确立企业投资主体地位，实行谁投资、谁决策、谁收益、谁承担风险。2004年国务院作出了关于投资体制改革的决定，提出改革项目审批制度，落实企业投资自主权。对于企业不使用政府投资建设的项目，一律不再实行审批制，区别不同情况实行核准制和备案制。国家只审批关系经济安全、影响环境资源、涉及整体布局的重大项目和政府投资项目及限制类项目。国家主要通过规划和政策指导、信息发布以及规范市场准入，引导社会投资方向，抑制无序竞争和盲目重复建设。

四、建立城乡一体化发展的体制机制

改革开放以来，中国农村面貌发生了巨大的变化。但是，城乡二元结构没有根本改变，城乡发展差距不断拉大趋势没有根本扭转。坚持改革开放，完善社会主义市场经济体制，必须把握农村改革这个重点，在统筹城乡改革上取得重大突破，进行体制机制创新。

（一）完善农村土地制度，推进集体林权制度改革

2002年8月29日第九届全国人民代表大会常务委员会第29次会议通过并于2003年3月1日起施行的《中华人民共和国农村土地承包法》，旨在稳定和完善以家庭承包经营为基础、统分结合的双层经营体制，赋予农民长期而有保障的土地使用权，维护农村土地承包当事人合法权益，促进农业、农村经济发展和农村社会稳定。2007年10月1日起施行的《中华人民共和国物权法》将土地承包经营权界定为用益物权，从法律上明确了土地承包经营权的财产权性质。2008年中共十七届三中全会通过的《中共中央关于推进农村改革发展若干重大问题的决定》指出，以家庭承包经营为基础、统分结合的双层经营体制，是适应社会主义市场经济体制、符合农业生产特点的农村基本经营制度，是农村政策的基石，必须毫不动摇地坚持，要赋予农民更加充分而有保障的土地承包经营权，现有土地承包经营关系要保持稳定并长久不变。

2003年中央启动集体林权制度改革试点，将林地承包经营权和林木所有权落实到农户，实现"山定权、人定心、树定根"。这是继农村土地家庭承包经营制度确立后的又一重大制度创新。2008年6月，中共中央、国务院发布《关于全面推进集体林权制度改革的意见》，推动集体林权制度改革扎实开展。在林权制度改革的过程中，25亿多亩集体林地承包到户，数万亿林木资产落实到户。到2012年，集体林权制度改革所规定的"明晰产权，确权到户"这一主要任务基本完成。

（二）推进以农村税费改革为主要内容的农村综合改革

农村税费改革是中共中央、国务院为解决"三农"问题作出的一项重大决策。农村税费改革是减轻农民负担和深化农村改革的重大举措。2000年以来，农村税费改革试点由点到面稳步推进，2003年在全国范围内展开，取得了重要阶段性成效，基本实现了"减轻、规范、稳定"的预期目标，有力地促进了农村各项改革和经济社会事业发展。但是，农村税费改革试点中存在的问题还没有完全解决，农民负担仍然较重，相关配套改革滞后，农民减负的基础还不牢固；农村税费改革之后，乡村组织运转难、公益性事业投入不足等成为突出的问题。

为了巩固改革成果，2004年7月国务院发出关于做好2004年深化农村税费改革试点工作的通知，提出推进各项配套改革，巩固农民减负基础。以2005年7月国务院发出《关于2005年深化农村税费改革试点工作的通知》为标志，农村综合改革不断深化。《通知》要求，进一步减轻农民负担，规范和完善农村分配关系，积极稳妥地推进建立精干高效的农村行政管理体制和覆盖农村的公共财政制度，加快以农村税费改革为主要内容的农村综合改革试点，探索建立农村经济社会发展新机制。2005年12月29日，第十届全国人大常委会第十九次会议通过了关于自2006年1月1日起废止《中华人民共和国农业税条例》的决定。2006年，涉及农业税、牧业税、农业特产税、牲畜屠宰税全部取消，9亿农民彻底告别了自古以来的"皇粮国税"，农民每年减负达1335亿元。取消农业税这一历史性举措，对调动农业生产者积极性、促进农民增收、理顺国家和农民之间关系、转换基层政府职能具有非常重要的作用。

从2001年开始，中国对农村义务教育阶段贫困家庭学生实行免杂费、免书本费、补助寄宿生生活费的"两免一补"政策。中央财政负责提供免费教科书，地方财政负责免杂费和补助寄宿生生活费。2005年，中央和地方财政安排"两免一补"资金70多亿元，共资助中西部贫困家庭学生3400万人。2006年又从西部地区开始全部免除农村义务教育阶段学生的学杂费，享受免学杂费政策的学生达到4880万人。2007年至2012年，全国农村义务教育阶段家庭经济困难学生均享受到了"两免一补"政策。

2002年开始，浙江、广东、河南、辽宁、湖北等省出现了在财政上省直管县的试点，浙江率先在一些社会管理事务上进行省直管县的试点，村级经费保障明显增强，初步形成了政府、农民、社会三方投入的农村公用事业建设投入新机制。

（三）推进农产品流通市场体系改革

2004年《国务院关于进一步深化粮食流通体制改革的意见》提出，要积极稳妥地放开粮食主产区粮食收购市场和粮食收购价格，在继续发挥国有粮食购销企业主渠道作用的同时，发展和规范多种市场主体从事粮食收购和经营活动。转换粮食价格形成机制，在充分发挥市场机制的基础性作用的同时，国家实行宏观调控。2006 年《国务院关于完善粮食流通体制改革政策措施的意见》要求，加快推进国有粮食购销企业改革，加快建立全国统一、开放、竞争、有序的粮食市场体系，加强粮食产销衔接，逐步建立产销区之间的利益协调机制。国家还建立了中央为主、地方为辅的粮食储备体系。2012 年粮食流通管理条例要求全面放开粮食购销市场，积极稳妥推进粮食流通体制改革。

实行最低收购价和临时收储政策。最低收购价政策是指当年粮食市场收购价格低于最低收购价时，国家将在执行区域和执行日期内实行敞开收购。最低收购价政策已涉及水稻、小麦，执行时间一般为粮食集中上市的几个月。最低收购价水平到 2012 年已提高了 9 次。2008 年 2 月，国家先后下达了两批中央储备和国家临时收储玉米计划。临时收储已涉及大豆、玉米、油菜籽、棉花。

2012 年，国务院发布关于深化流通体制改革、加快流通产业发展的意见，对农村市场建设提出系统的政策措施，包括：支持依法使用农村集体建设用地发展流通业；支持公益性流通设施、农产品和农村流通体系、流通信息化建设；实施鲜活农产品运输绿色通道政策；免征鲜活农产品流通环节增值税；在一定期限内免征农产品批发市场、农贸市场城镇土地使用税和房产税；规范农产品市场收费、零售商供应商收费等流通领域收费行为。

（四）推进农村金融改革

在中国农业增长方式由传统粗放向现代集约转型的阶段，农业的资金需求急剧增加，对金融服务提出更高要求。为增强农村金融供给和服务能力，2003 年以来，中央推动农村金融改革的力度明显加大，每年中央一号文件和三次全国金融工作会议，都对农村金融改革提出明确要求。在一系列政策推动下，中国信贷支农的水平显著提高，到 2012 年 6 月，涉农贷款余额达 16.29 亿元。

加大对农业农村的信贷支持力度。为缓解农村发展资金困难、扭转资金通过转存方式大量流出的不利局面，多个中央一号文件提出了要求。2005 年要求明确金融机构在县及县以下机构、网点新增存款用于支持当地农业和农村经济发展的比例，并要求县及县以下吸收的邮政储蓄资金回流农村。2007 年银监会出台了具体办法。2008 年要求通过批发或转贷等方式解决部分农村信用社及新型农村金融机构资金来源不足的问题，加快落实县域内银行业金融机构将一定比例新增贷款投放当地的政策。2012 年要求确保银行业金融机构涉农贷款增速高于全部贷款平均增速。

改革、健全农村金融体系。要求以服务"三农"为根本方向，充分发挥政策性金融、商业性金融和合作社性金融的作用，构建多层次、多样化、适度竞争的农村金融服务体系。重点包括：推动农村信用社产权改革，加大支持力度，完善治理结构，稳定县（市）农村信用社的法人地位；推进农业银行股份制改革，探索服务"三农"新模式；扩大邮政储蓄资金的自主运用范围，引导邮政储蓄资金返还农村；加快发展中小银行和村镇银行、贷款公司、农村资金互助社等新型农村金融组织和小额贷款组织；通过补贴费用的方式消除基础金融服务空白的乡镇；强化农业发展银行政策性职能定位，扩大服务"三农"的范围；鼓励国家开发银行推动现代农业和新农村建设；支持社会资本参与设立新型农村金融机构。

提高银行机构贷款积极性。一是降低贷款风险。中央一号文件先后提出发展动产、大型农用生产设备、林权、"四荒"土地使用权等抵押贷款和应收账款、仓单、可转让股权、专利权、商标专用权、水利项目收益权等权利质押贷款。加强涉农信贷与保险的合作，降低贷款风险。二是财税支持。与财政政策相结合，对涉农贷款给予税收优惠、定向费用补贴、增量奖励等。2010年，财政部要求对县域金融机构当年涉农贷款平均余额同比增长超过15%的部分，按2%给予奖励。三是提高利率弹性。扩大农村贷款利率浮动幅度，增加贷款收益率。四是实行差别化监管。适当提高涉农贷款风险容忍度，实行适度宽松的市场准入、弹性存贷比政策。五是加强农村征信体系和支付环境建设。

第三节 推进统筹协调发展

2003年10月，中共十六届三中全会提出实行统筹城乡发展、统筹区域发展、统筹经济社会发展、统筹人与自然和谐发展、统筹国内发展和对外开放的要求。统筹发展的推进为促进经济的又好又快发展，也为中国克服2008年开始的国际金融危机奠定了基础。

一、统筹城乡发展与社会主义新农村建设

经过改革开放和经济的快速发展，到21世纪初期，中国总体上已进入以工促农、以城带乡的发展阶段，进入加快改造传统农业、走中国特色农业现代化道路的关键时刻，进入着力破除城乡二元结构、形成城乡经济社会发展一体化新格局

的重要时期。

2002年中共十六大提出"统筹城乡经济社会发展，建设现代农业，发展农村经济，增加农民收入"的重大任务。2003年中共十六届三中全会将统筹城乡发展置于"五个统筹"首位，将建立有利于逐步改变城乡二元经济结构的体制作为完善社会主义市场经济体制的主要任务。2005年中共中央关于制定"十一五"规划的建议提出建设社会主义新农村的重大历史任务，并提出按照生产发展、生活宽裕、乡风文明、村容整洁、管理民主的要求推进新农村建设。坚持"多予少取放活"，加大各级政府对农业和农村增加投入的力度，扩大公共财政覆盖农村的范围，强化政府对农村的公共服务，建立以工促农、以城带乡的长效机制。通过农民辛勤劳动和国家政策扶持，明显改善广大农村的生产生活条件和整体面貌。2006年中央一号文件《中共中央国务院关于推进社会主义新农村建设的若干意见》，对社会主义新农村建设进行了全面和具体部署。2008年中共十七届三中全会提出，统筹城乡经济社会发展，把着力构建新型工农、城乡关系作为加快推进现代化的重大战略，把建设社会主义新农村作为战略任务，推动农村经济社会又好又快发展。

2002年国家启动了对农业生产的直接补贴政策，且补贴项目逐步增加，主要有五个方面。一是农业生产补贴政策。2002年，中国对农民实施直接补贴试点，并逐步建立大豆、玉米、小麦良种推广补贴政策。在此基础上，中国农业直接补贴政策的实施范围逐步扩大，并不断完善实施制度。其中，粮食直补、农资综合补贴、良种补贴和农机补贴被称为"四补贴"政策，2012年资金规模达1668亿元。2011年启动牧民生产性补贴，包括牧草良种补贴和肉牛、牦牛、绵羊、山羊良种补贴。农业购置补贴涵盖12大类46个小类180个品目。2006年，出台农资综合补贴以减轻农资价格上涨的影响，设立渔用柴油补贴政策。2011年开始按每年每户500元的标准对牧民生产用柴油、食草料等生产资料给予补贴。二是国家对粮（油）大县进行奖励，并实施农业综合开发、高产创建等项目。2012年，国家安排产粮（油）大县奖励资金280亿元、农业综合开发资金290亿元、高产创建资金20亿元。三是技术服务补贴政策，包括面向农业生产服务的农民培训补助，由重大动物疫病强制免疫补助、强制扑杀补贴、基层动物防疫工作经费补助和规模化养殖场病死猪无害化处理补助共同组成的动物防疫补助，农业防灾减灾增产关键技术补助，采用地膜覆盖种植、小麦"一喷三防"、水稻大棚育秧、深松整地作业等防灾减灾、稳产增产效果显著的关键技术补助。2012年，落实防灾减灾资金41.75亿元。四是以农业保险补贴为主要内容的灾害损失补助政策。五是积极推进生态环境的补助奖励，给予退耕农户直接补助，全面启动退牧还草工程。

大力发展农民专业合作社，提高农业组织化水平。2007年《中华人民共和国农民专业合作社法》施行，全国农民专业合作社迅猛发展。中央一号文件还明确了新增补贴倾斜、开展信用合作、资产管护、税收优惠、人才、用地、示范社建设、兴办农产品加工企业或参股龙头企业、培养带头人、加工和贮藏设施补助、增加直供直销网点等支持政策。

大力推进政策性农业保险。2004年，国家在上海、吉林、黑龙江开展农业保险试点。2008年中共十七届三中全会要求，发展农村保险事业，健全政策性农业保险制度，加快建立农业保险巨灾风险分散机制。2011年，中国保监会发布关于加强农业保险承保管理工作的通知，对促进农业保险经营规范起到了促进作用。2012年国务院常务会议审议通过农业保险条例，以法规形式明确了农业保险的政策性属性，明确农业保险机构依法享受税收优惠，国家支持保险机构建立适应农业保险业务发展需要的基层服务体系，鼓励金融机构对投保农民和农业生产经营组织加大信贷支持力度，中国农业保险发展进入有法可依阶段。

建设社会主义新农村，形成城乡经济社会发展一体化新格局，必须扩大公共财政覆盖农村范围，发展农村公共事业，使广大农民学有所教、劳有所得、病有所医、老有所养、住有所居。中共十六大以来，中央明确了公共财政覆盖农村这一基本方向，中央财政及地方财政不断加大对农村基础设施建设和社会事业的投入，加大公共财政覆盖农业和农村的力度。2002年至2012年，中央财政支农投入从1905亿元增加到12287亿元，占中央财政支出的比重从13.5%提高到19.2%。

2002年至2012年，是中国农业农村发生历史性巨变、农民得实惠最多的时期之一，农民人均纯收入由2002年的2476元增加到2012年的7917元，按可比价计算增长1.2倍，其中2010年、2011年、2012年连续3年收入增速超过城镇居民。农村交通更加便利，环境有所改善，农民住房面积增加较多，农村医疗制度逐步健全，农村社会保障体系趋于完善。农村面貌加快改善，城乡经济社会发展一体化新格局逐步形成，城乡关系发生了新的历史性变化，农业农村发展实现了新的跨越，农民生活水平登上了新的台阶，社会主义新农村建设取得显著成效。

二、统筹区域发展与区域发展战略实施

中共十六大以来，国家统筹区域发展，积极推进西部大开发，有效发挥中部地区的综合优势，振兴东北老工业基地，鼓励东部有条件地区率先基本实现现代

化，实施主体功能区建设，加强东、中、西部地区经济交流和合作，促进优势互补和共同发展与若干各具特色的经济区和经济带的形成。

中共十六大要求继续积极推进西部大开发战略，2006年国务院常务会议原则通过西部大开发"十一五"规划。2010年7月中共中央、国务院召开西部大开发工作会议，提出了今后10年深入实施西部大开发战略的总体目标。2012年2月国务院批复同意西部大开发"十二五"规划，明确了西部地区经济增速和城乡居民收入增速均高于全国平均水平等七大目标。西部大开发战略的继续推进，有力地促进了西部地区各项事业的迅速发展。青藏铁路、西气东输、西电东送、国道主干线西部路段和大型水利枢纽等一批重点工程相继建成，完成了送电到乡、油路到县等建设任务，西部地区基础设施建设取得突破性进展。退耕还林、退牧还草等一批重点生态工程全面实施，生态建设和环境保护取得显著成效。城乡居民人均收入快速增长，贫困人口大幅减少，贫困发生率显著降低，人民生活水平明显提高。重要领域和关键环节改革不断推进，社会主义市场经济体制不断完善，同东部地区互动合作取得新进展，对外经济技术交流合作不断扩大，对内对外开放新格局初步形成。

中共十六大提出，中部地区要加大结构调整力度，推进农业产业化，改造传统产业，培育新的经济增长点，加快工业化和城镇化进程。2004年十届全国人大二次会议审议通过的政府工作报告中，首次明确提出促进中部地区崛起战略。2006年中共中央政治局召开会议，研究部署促进中部地区崛起工作。2008年国务院批复国家发展和改革委员会关于建立促进中部地区崛起部际联席会议制度的请示报告，同意建立由国家发展和改革委员会牵头的促进中部地区崛起工作部际联席会议制度。2009年9月国务院常务会议原则通过促进中部地区崛起规划。2010年国家发展和改革委员会公布促进中部地区崛起规划实施意见。2010年国务院发布《关于中西部地区承接产业转移的指导意见》。2012年7月国务院常务会议通过《关于大力实施促进中部地区崛起战略的若干意见》。中部崛起战略实施以来，中部地区各项事业发展迅速。

中共十六大提出，支持东北地区等老工业基地加快调整和改造，支持以资源开采为主的城市和地区发展接续产业，支持革命老区和少数民族地区加快发展，国家要加大对粮食主产区的扶持力度。2003年9月，中共中央政治局讨论通过关于实施东北地区等老工业基地振兴战略的若干意见。2007年8月，国家发展和改革委员会及国务院振兴东北地区等老工业基地领导小组办公室发布东北地区振兴规划。2009年9月，国务院发布关于进一步实施东北地区等老工业基地振兴战略的若干意见。2010年4月,黑龙江省、吉林省、内蒙古自治区和辽宁省主要负责人在沈阳出席东北四省区合作首次行政首长联席会议,共同签署东北四省区合作框架协议。2011年7月,东北四省区行政首长联席会议达成推进东北地区战略性新兴产业合作协议、东北三省与内蒙古东部地区战略合作协议和加快建设东北东部经济带合作协议。2012年3月,国务院批复同意实施东北振兴"十二五"规划。实施东北地区等老工业基地振兴战略以来,东北地区发展取得重要阶段性成果。百万千瓦核电装备、百万伏特高压输变电设备、百万吨乙烯核心装置等一大批重大技术装备研制成功,重大装备自主化成绩斐然。粮食产量连年大幅度提高,为2004年至2012年全国粮食实现"九连增"作出重大贡献。国有企业改革攻坚取得重大突破,多种所有制经济蓬勃发展,沿海沿边开放同步推进,利用外资大幅提高。

中共十六大提出,东部地区要加快产业结构升级,发展现代农业,发展高新技术产业和高附加值加工制造业,进一步发展外向型经济,鼓励经济特区和上海浦东新区在制度创新和扩大开放等方面走在前列。2006年3月,国家"十一五"规划纲要首次提出东部地区率先发展战略,东部地区要率先提高自主创新能力,率先实现经济结构优化升级和增长方式转变,率先完善社会主义市场经济体制,在率先发展和改革中带动帮助中西部地区发展。2007年,中共十七大进一步提出要"积极支持东部地区率先发展"。2012年3月,国家"十二五"规划纲要提出,要发挥东部地区对全国经济发展的重要引领和支撑作用,在更高层次参与国际合作和竞争,在改革开放中先行先试,在转变经济发展方式、调整经济结构和自主创新中走在全国前列。东部地区率先发展战略实施以来,经历了发展方式的转变和体制机制的探索创新。2008年分省份单位GDP能耗从低向高排,前3名依次是北京、广东、浙江,东部10省市单位GDP能耗为0.9255吨标准煤/万元,低于全国平均水平1.102吨标准煤/万元。2009年,东部、中部、西部和东北地区第三产业增加值加权平均增长率分别为11.9%、11.1%、12.9%和11.7%,占全国的比重分别为57.6%、17.0%、17.4%和8.0%。东部地区产业结构优化升级走在全国前列,保持了经济持续稳定发展。2010年,东部地区高技术产业研究与试验发展经费投入规模占全国的84%,远高于中西部地区;高技术产业产值占全国的比重达85.3%,几乎是中西部地区的6倍,大力提高了自主创新能力。

2005年,中共十六届五中全会通过的"十一五"规划的建议中提出,各地区要根据资源环境承载能力和发展潜力,按照优化开发、重点开发、限制开发和禁止开发的不同要求,明确不同区域的功能定位,并制定相应的政策和评价指标,逐步形成各具特色的区域发展格局。2006 年，国家"十一五"规划纲要提出要"推进形成主体功能区"。2010 年，国务院常务会议审议并原则通过全国主体功能区规划，标志中国首个国土空间开发规划诞生，标志主体功能区战略正式形成。主体功能区战略将对中国经济发展产生极为重大的影响，是推进区域协调发展和经济结构战略性调整的战略选择和必然要求。

三、"走出去"和"引进来"并举

经过几十年的改革与发展，中国经济越来越与国际经济接轨，逐步形成了全方位、多层次、宽领域的对外开放，从改革开放初期以"引进来"为主，转变为"走出去"与"引进来"并举。

"走出去"战略的形成经历了"九五"计划前的探索、"十五"期间的正式提出到"十一五"以来完善和落实的过程。2002 年中共十六大指出，实施"走出去"战略是对外开放新阶段的重大举措，要坚持"引进来"和"走出去"相结合，全面提高对外开放水平。鼓励和支持各种所有制企业对外投资，带动商品和劳务出口，形成一批有实力的跨国企业和著名品牌。2005 年中共中央关于制定国民经济和社会发展第十一个五年规划的建议提出，支持有条件的企业"走出去"，按照国际通行规则到境外投资，鼓励境外工程承包和劳务输出，扩大互利合作和共同发展。

对外直接投资由个案审批到核准备案制的转变。2004 年 7 月，国务院在关于投资体制改革的决定中，明确区别不同情况实行核准制和备案制。中方投资 3000 万美元及以上资源开发类境外投资项目由国家发展和改革委员会核准。中方投资用汇额 1000 万美元及以上的非资源类境外投资项目由国家发展和改革委员会核准。上述项目之外的境外投资项目，中央管理企业投资的项目报国家发展和改革委员会、商务部备案；其他企业投资的项目由地方政府按照有关法规办理核准。国内企业对外投资开办企业（金融企业除外）由商务部核准。这种制度创新加快了中国企业"走出去"的步伐。

2005 年，商务部、财政部制定对外经济技术合作专项资金管理办法，对境外投资、境外高新技术研发、境外农林和渔业合作、对外承包工程、对外设计咨询、对外劳务合作等业务采取直接补助或贴息等方式给予支持。2006 年 7 月，国家外汇管理局发布关于调整部分境外投资外汇管理政策的通知，出台了两大新政策。一是取消境外投资购汇额度的限制，从 2006 年 7 月 1 日开始，国家外汇管理局不再核定并下达境外投资购汇额度，境内投资者从事对外投资业务的外汇需求可以得到充分满足;二是境内投资者如需向境外支付与其境外投资有关的前期费用,经核准可以先行汇出。新政策对"走出去"战略的贯彻实施和积极推进,对中国企业境外投资的持续健康快速发展,具有重大促进作用。

外汇管理新政,为企业"走出去"提供了金融支持。中国取消了境外投资风险审查制度,取消了境外投资汇回利润保证金制度,简化了外汇资金来源审查制度,允许企业在额度内购汇进行境外投资,下放审批权限,允许境外企业产生的利润用于境外企业的增资或者在境外再投资。另外,各相关部门在境外开设企业、境外企业的财税、信贷、保险、外汇,以及投资国别的导向等方面都出台了一系列新政策措施。

2002年至2012年,中国积极实施"走出去"战略,对外投资合作取得新进展,"走出去"的规模迅速扩大,"走出去"的层次、水平、效益进一步提高。2003年,中国非金融类对外直接投资只有29亿美元,2012年增加到778亿美元。2012年,对外承包工程业务完成营业额1166亿美元,比2002年增长9.4倍。对外经济合作驶入良性发展的快车道,已形成门类比较齐全、具有较强国际竞争力的队伍,业务范围向技术性较强的领域不断扩展,经济效益和社会效益明显提高。

2002年至2012年,中国吸收利用外资已从弥补"双缺口"为主转向优化资本配置、促进技术进步和推动市场经济体制的完善,从规模速度型向质量效益型转变,利用外资实现新突破,规模和质量得以全面提升。2002年至2012年,全国累计实际使用外商直接投资8805亿美元,连续多年成为吸收外商直接投资最多的发展中国家,2011年全球排名上升至第二位。2012年服务业实际使用外资占比48.2%,超过制造业4.5个百分点。

2002年至2012年,是中国历史上货物贸易发展最快的10年,中国经济与世界经济的互动不断增强,国际地位和国际影响力显著提高。2012年,货物进出口总额跃居世界第二位,达到38671亿美元,比2002年增长6.2倍。其中,货物出口额居世界第一位,达到20487亿美元,比2002年增长6.3倍;货物进口额居世界第二位,达到18184亿美元,比2002年增长6.2倍。

四、应对国际金融危机

经过改革开放几十年的快速发展,特别是2001年加入WTO之后,中国经济已经深度融入世界经济体系,与世界经济的互动与依存加深。随着中国综合国力持续上升,一方面中国经济对外部环境的影响越来越大,另一方面外部环境对中国经济发展的影响也越来越大。2008年9月15日,美国雷曼兄弟公司宣布申请破产保护，以此为标志，一场波及全球的金融危机爆发。国际金融危机的爆发和蔓延，导致世界经济衰退，全球总需求低迷，中国外需骤减、经济下滑。在国际金融危机爆发后不久，中国就快速作出反应，研究和部署了应对措施。2008年11月5日，国务院常务会议研究部署了进一步扩大内需、促进经济平稳较快增长的措施。一是加快建设保障性安居工程。加大对廉租住房建设支持力度，加快棚户区改造，实施游牧民定居工程，扩大农村危房改造试点。二是加快农村基础设施建设。加大农村沼气、饮水安全工程和农村公路建设力度，完善农村电网，加快南水北调等重大水利工程建设和病险水库除险加固，加强大型灌区节水改造。加大扶贫开发力度。三是加快铁路、公路和机场等重大基础设施建设。重点建设一批客运专线、煤运通道项目和西部干线铁路，完善高速公路网，安排中西部干线机场和支线机场建设，加快城市电网改造。四是加快医疗卫生、文化教育事业发展。加强基层医疗卫生服务体系建设，加快中西部地区农村初中校舍改造，推进中西部地区特殊教育学校和乡镇综合文化站建设。五是加强生态环境建设。加快城镇污水、垃圾处理设施建设和重点流域水污染防治，加强重点防护林和天然林资源保护工程建设，支持重点节能减排工程建设。六是加快自主创新和结构调整。支持高技术产业化和产业技术进步，支持服务业发展。七是加快地震灾区灾后重建各项工作。八是提高城乡居民收入。提高2009年粮食最低收购价格，提高农资综合直补、良种补贴、农机具补贴等标准，增加农民收入。提高低收入群体等社保对象待遇水平，增加城市和农村低保补助，继续提高企业退休人员基本养老金水平和优抚对象生活补助标准。九是在全国所有地区、所有行业全面实施增值税改革，鼓励企业技术改造，减轻企业负担。十是加大金融对经济增长的支持力度。取消对商业银行的信贷规模限制，合理扩大信贷规模，加大对重点工程、"三农"、中小企业和技术改造、兼并重组的信贷支持，有针对性地培育和巩固消费信贷增长点。初步匡算，实施上述工程建设，到2010年底约需投资4万亿元。2008年第四季度至2010年底，全国新增4万亿元投资，其中中央政府公共投资1.26万亿元。同时，在加快转型发展、着力优化结构方面，主要对四个方向大力增加了财政支持。一是推进产业结构调整，支持改造和提升传统产业，促进战略性新兴产业加快发展，建立健全扶持服务业发展的政策体系。二是支持科技创新，重点支持基础研究、前沿和共性技术研究，加快实施国家科技重大专项。三是推动资源节约和环境保护，支持十大重点节能工程等生态环保项目建设，全面推进建筑节能，开展新能源汽车示范推广试点，强化重金属污染以及重点地区和流域生态综合治理，实施天然林保护工程，建立健全草原生态保护补助奖励机制。四是加快区域协调发展，中央对地方转移支付由2007年的1.4万亿元增加到2012年的4.03万亿元，促进了地区间基本公共服务均等化。

在减轻企业和居民税收负担方面，主要实施了五项重大调整和改革。一是实行增值税先转型后扩围的改革。2009年全面实行增值税转型改革，2012年开展了营业税改征增值税试点，试点地区由上海扩大到9个省（直辖市）和3个计划单列市，减轻了企业负担。二是提高个人所得税减除费用标准。自2011年9月1日起，个人所得税工资薪金所得减除费用标准由每月2000元提高到3500元，而且调整了工薪所得和个体工商户经营所得的税率。三是对小型微利企业减半征收所得税。自2010年起，对年应纳税所得额低于3万元的小型微利企业，减半征收企业所得税。2012年该政策覆盖范围扩大至年应纳税所得额低于6万元的小型微利企业。四是提高增值税、营业税起征点。2012年上调增值税和营业税起征点后，全国924万余户个体工商户无须缴纳增值税和营业税，占全部个体工商户的比例达63%以上。五是取消或减免政府性基金和收费。2008年至2012年，共取消435项行政事业性收费和7项政府性基金，涉及金额每年约1993亿元。在减负的同时，合理安排支出增幅，优化支出结构，保持与年度宏观调控要求相应的支出强度。2008年至2012年，全国公共财政预算支出增幅分别为22.6%、22.1%、11.4%、11.9%、14.1%。中央财政用于民生的支出占中央财政支出的比重稳定在2/3以上。财政性教育经费支出占国内生产总值的比重2012年达到4%，城乡免费义务教育全面实现。基本养老保险制度全面建立，覆盖城乡的社会保障制度框架不断完善。保障性安居工程建设加快推进，保障公益性文化设施免费开放，完成了汶川地震灾后恢复重建任务。

中央财政从三个方面实施了一系列惠民措施。一是实施家电和汽车摩托车下乡补贴政策，有力拓展了工业产品的农村消费市场。开展家电以旧换新试点，并逐步扩大到全国。在老旧汽车报废更新补贴基础上，逐步扩大补贴范围、提高补贴标准，鼓励汽车以旧换新。二是实施节能产品惠民工程。2007年至2012年，先后支持推广了高效照明产品、节能空调、节能汽车、高效电机以及高效节能家电产品。三是支持保障性安居工程建设。建立健全多渠道筹集资金的投入机制，实施相关财税优惠政策。2008年至2012年，全国城镇保障性住房和棚户区改造住房基本建成1700万套以上，覆盖面从不足4%提高到13%；农村危房改造竣工900万户。

在2008年至2012年的5年间，在国际经济形势复杂多变、持续低迷的情况下，国家采取一系列政策措施，促进经济平稳较快发展，国内生产总值年均增长

9.2%，对世界经济复苏作出了极大的贡献。

第四节　转型发展实现新跨越

在 2002 年至 2012 年的 10 年中，中国着力加快转变经济发展方式和推进统筹协调发展，在诸多方面实现新跨越，经济实力获得大提升，人民生活得到新改善。

一、农业综合生产能力显著提高

2002 年至 2012 年，中央高度重视"三农"工作，坚持把解决好"三农"问题作为重中之重，连续出台一系列具有重大里程碑意义的强农惠农富农政策，逐步形成新时期保护和支持农业的政策体系，农业综合生产能力显著提高，农业基础地位更加巩固。

中国谷物、肉类、花生、茶叶、水果等农产品产量稳居世界第一位。2012 年，粮食总产量达到 58958 万吨，比 2002 年增长 29.0%，连续 6 年稳定在 5 万亿吨以上，实现半个世纪以来首次"九连增"。这标志着中国粮食综合生产能力跃上新台阶，并且连续多年稳定在这个高水平上。

经济作物全面增产。2012 年，棉花产量为 683 万吨，比 2002 年增产 242 万吨，增长 54.9%；油料产量为 3436 万吨，比 2002 年增产 539 万吨，增长 18.6%；甘蔗和甜菜的产量为 124288 万吨，比 2002 年增产 113996 万吨，增长 11.1 倍；水果产量为 24056 万吨，比 2002 年增产 17104 万吨，增长 2.5 倍。

森林资源和林业经济快速增长。根据国家林业局第六次全国森林资源清查（1999 年至 2003 年）到第七次全国森林资源清查（2004 年至 2008 年）的清查结果，全国森林面积净增 2054.30 万公顷，森林覆盖率由 18.21% 提高到 20.36%，活立木总蓄积净增 11.28 亿立方米，森林蓄积净增 11.23 亿立方米，天然林面积净增 393.05 万公顷，天然林蓄积净增 6.76 亿立方米，人工林面积净增 843.11 万公顷，人工林蓄积净增 4.47 亿立方米。

肉蛋奶等主要畜产品产量稳定持续增长。2012 年全国肉类总产量达到 8387 万吨，比 2002 年增加 2153 万吨，增长 34.5%；禽蛋产量为 2861 万吨，比 2002 年增加 596 万吨，增长 26.3%；奶类产量为 3875 万吨，比 2002 年增加 2475 万吨，增长 1.7 倍。

水产品产量快速增长。2012 年，全国水产品总产量为 5908 万吨，比 2002 年增长 49.4%；海水产品产量为 3033 万吨，比 2002 年增长 31.9%；淡水产品产量为 2874 万吨，比 2002 年增长 73.6%。

农业技术装备水平不断改善。2002 年至 2012 年，中国在生物育种、粮食丰产、节水农业、数字农业、循环农业、动植物疾病防治等领域开展科技攻关，取得了一系列重大科技成果，增加了中国农业技术储备，显著提高了农业生产技术水平和综合生产能力。国家大力推广保护性耕作技术，实施旱作农业示范工程，推广测土配方施肥，推行有机肥综合利用与无害化处理，引导农民多施农家肥，增加土壤有机质。农业科技进步有力地推动了现代农业发展，促进了农业生产水平的提高。

二、工业经济全球影响力大幅提升

中国工业领域充分利用工业化进程加快和加入世界贸易组织带来的机遇，坚持科学发展，坚持走新型工业化道路，经受住了国际金融危机以及其他不利因素带来的冲击，在全球工业经济体系中的影响力不断提升。

2002 年至 2012 年，工业对国民经济增长的年均贡献率超过 40.2%，是拉动国民经济平稳较快发展的重要动力，主要工业产品规模扩张迅速。2012 年，微型计算机设备产量达到 3.5 亿台，比 2002 年增长 21.9 倍；移动通信手持机 11.8 亿台，比 2002 年增长 8.7 倍；集成电路 823.3 亿块，比 2002 年增长 7.6 倍；家用电冰箱 8427 万台，比 2002 年增长 3.1 倍；房间空气调节器 1.3 亿台，比 2002 年增长 3.2 倍；彩色电视机 1.3 亿台，比 2002 年增长 1.5 倍；粗钢 7.2 亿吨，比 2002 年增长 3.0 倍；水泥 22.1 亿吨，比 2002 年增长 2.0 倍；平板玻璃 7.5 亿重量箱，比 2002 年增长 2.2 倍；纱 2984 万吨，比 2002 年增长 2.5 倍；布 849 亿米，比 2002 年增长 1.6 倍；汽车 1928 万辆，比 2002 年增长 4.9 倍；发电量达到 5.0 万亿千瓦小时，比 2002 年增长 2.0 倍。

2001 年中国加入世界贸易组织以来，"中国制造"与世界经济的融合进一步加快，中国工业出口保持快速增长。2012 年，工业制成品出口达到 1.9 万亿元，比 2002 年增长 5.6 倍。2012 年，机电设备类商品出口 8632 亿美元，比 2002 年增长 6.4 倍；光学、照相、电影、计量及精密仪器设备类商品出口 794 亿美元，比 2002 年增长 2.3 倍。先进技术、设备、关键零部件进口快速增长。2012 年，机电设备类商品进口 5635 亿美元，比 2002 年增长 3.5 倍；光学、照相、电影、计量及精密仪器设备类商品进口 1106 亿美元，比 2002 年增长 40.0 倍。

三、基础设施和基础产业实现新飞跃

固定资产投资特别是基础设施和基础产业投入快速增长。2003年至2012年，全社会固定资产投资累计完成182.4万亿元，年均增长20%以上。投资规模之大、增速之快为历史所少有。青藏铁路、京沪高铁等一批关系国计民生的重大项目建成投产，西气东输、南水北调、长江三峡等重大工程进展顺利。为应对国际金融危机冲击，国家实施了4万亿元投资计划，主要投向国民经济和社会发展的重点领域和薄弱环节，形成了一批利于长远发展的优良资产，增强了经济社会发展的后劲。

能源生产供应能力稳步提高。2012年，中国能源生产总量达到33.2亿吨标准煤，比2002年增长1.2倍，是世界第一大能源生产国，能源自给率约90%。能源结构进一步优化，非化石能源占能源生产总量的比重由2002年的7.8%提高到2012年的10.3%，水电装机规模居世界第一位。

交通运输能力持续增强。铁路迎来了史无前例的跨越式发展，高速铁路从无到有飞速发展，生产出时速高达350公里的动车组，标志着中国铁路运输达到国际先进水平。"五纵七横"国道主干线和西部开发8条公路干线建成。截至2012年，铁路营业里程达到9.7万公里，比2002年增长34.7%；公路里程达到423.8万公里，增长1.4倍，其中高速公路9.6万公里，增长2.8倍；定期航班航线里程达到328.0万公里，增长1.0倍。旅客周转量由2002年的1.4万亿人公里增加到2012年的3.3万亿人公里，货物周转量由2002年的5.1万亿吨公里增加到2012年的17.4万亿吨公里，沿海规模以上主要港口货物吞吐量由2002年的16.7亿吨增加到2012年的66.5亿吨。

邮电通信业蓬勃发展。全国邮电业务总量由2002年的0.6万亿元增加到2012年的1.5万亿元。传统业务继续发展，新兴业务不断发展壮大，快递等新兴业务不断涌现。3G移动用户迅猛发展，互联网规模快速壮大。互联网上网人数由2002年的0.6亿增加到2012年的5.6亿，稳居全球第一。

四、人民生活水平持续提高

城乡居民收入快速增长。2012年，城镇居民人均可支配收入24565元，比2002年增长2.2倍，扣除价格因素年均实际增长超过9.2%；农村居民人均纯收入7917元，比2002年增长2.2倍，扣除价格因素年均实际增长超过8.1%。

居民生活质量明显改善。2012年，城乡居民家庭恩格尔系数分别为36.2%和

39.3%，分别比 2002 年降低了 1.5 个和 6.9 个百分点。主要耐用消费品拥有量大幅增长。2012 年底，城镇居民家庭平均每百户拥有家用汽车 21.5 辆，比 2002 年底增长 23.4 倍；拥有移动电话 212.6 部，增长 2.4 倍；拥有家用电脑 87.0 台，增长 3.2 倍。2012 年底，农村居民家庭平均每百户拥有电冰箱 67.3 台，增长 3.5 倍；拥有空调机 25.4 台，增长 10.0 倍；拥有移动电话 197.8 部，增长 13.4 倍。

2002 年至 2012 年这 10 年，中国经济发展进程是极不平凡的。这 10 年世情和国情发生了深刻变化，面临的发展机遇和风险挑战前所未有。2008 年下半年国际金融危机爆发，在世界主要经济体增长明显放缓甚至面临衰退时，中国经济依然保持了相当高的增速并率先回升，成为带动世界经济复苏的重要引擎。经济总量实现了历史跨越，2008 年国内生产总值超过德国居世界第三位，2010 年超过日本居世界第二位。在这 10 年的经济发展进程中也显现一些问题。发展中不平衡、不协调、不可持续问题依然突出，科技创新能力不强，产业结构不合理，农业基础依然薄弱，资源环境约束加剧，制约科学发展的体制机制障碍较多，深化改革开放和转变经济发展方式任务艰巨。城乡区域发展差距和居民收入分配差距依然较大，生态环境、食品药品安全、安全生产等关系群众切身利益的问题较多，部分群众生活比较困难。这些问题有的是新中国 60 多年经济发展进程中积累下来的老问题及其新表现，有的是改革开放以来在经济体制和经济发展方式转变进程中产生的新问题及其集中爆发。对于任何国家来说，在经济快速发展、经济体制深刻改革、经济发展方式根本转变的进程中，出现这样那样的问题是难以避免的，对于中国这样一个在几千年经济发展进程中长期存在不平衡问题的世界人口第一大国来说，出现问题更是不可避免的。发展是解决中国所有问题的钥匙。在继续推进改革开放、转变经济发展方式的进程中，中国有能力解决好这些问题，实现更好的发展。

思考题

1. 简述转变经济发展方式的意义和举措。
2. 试析"两个毫不动摇"的基本含义、理论意义和现实意义。
3. 中国在建立城乡一体化发展的体制机制方面取得了哪些突破？
4. 中国为应对国际金融危机采取了哪些措施？
5. 试析实行统筹城乡发展、统筹区域发展、统筹经济社会发展、统筹人与自然和谐发展、统筹国内发展和对外开放的背景和措施。

第八章　新时代的经济改革发展（2012—2020）

中共十八大以来，中国特色社会主义进入新时代。以习近平同志为核心的中共中央面对中国社会主要矛盾变化、当今世界正经历百年未有之大变局、新一轮科技革命和产业变革持续深化、经济全球化遭遇逆流和全球贸易体系重构等国内外一系列深刻变化，回答了新时代中国实现什么样的发展、怎样发展的问题，形成了习近平新时代中国特色社会主义经济思想。中国坚持以人民为中心的发展思想，坚定贯彻创新、协调、绿色、开放、共享的新发展理念，坚持稳中求进工作总基调，紧紧围绕使市场在资源配置中起决定性作用和更好发挥政府作用，深化经济体制改革，以供给侧结构性改革为主线，推进现代化经济体系建设，经济由高速增长阶段转向高质量发展阶段，为构建以国内大循环为主体、国内国际双循环相互促进的新发展格局奠定了基础。

第一节　开启经济强起来的征程

进入新时代，以习近平同志为核心的中共中央着眼于"两个一百年"奋斗目标，不断深化对中国经济发展阶段性特征的认识，推进理论创新，以新发展理念为引领，作出战略部署，开启经济强起来的征程。

一、对全面建成小康社会提出新的目标要求

中共十六大到十八大，全面建设小康社会取得重大进展，取得了一系列历史性成就，中国经济社会发展水平上升到新的台阶，广大人民群众对全面建成小康社会有了新的期待。同时，国内国际形势发生深刻变化，新的阶段性特征逐步显现，全面建成小康社会面临新情况、新问题。中共十八大从新的实际出发，在十六大、十七大确立的全面建设小康社会目标的基础上，从经济建设、政治建设、文化建设、社会建设、生态文明建设五个方面对到2020年全面建成小康社会提出了新要求，并对全面深化改革开放提出要求，明确了经济、政治、文化、社会、生态文明各领域深化改革开放的重点和突破口。其中，经济建设方面，要求实现经济持续健康发展：转变经济发展方式取得重大进展，在发展平衡性、协调性、可持续性明显增强的基础上，实现国内生产总值和城乡居民人均收入比2010年翻

一番;科技进步对经济增长的贡献率大幅上升,进入创新型国家行列;工业化基本实现,信息化水平大幅提升,城镇化质量明显提高,农业现代化和社会主义新农村建设成效显著,区域协调发展机制基本形成;对外开放水平进一步提高,国际竞争力明显增强。深化经济体制改革方面,要求加快完善社会主义市场经济体制,完善公有制为主体、多种所有制共同发展的基本经济制度,完善按劳分配为主体、多种所有制并存的分配制度,更大程度更广范围发挥市场在资源配置中的基础性作用,完善宏观调控体系,完善开放型经济体系,推动经济更有效率、更加公平、更可持续发展。

中共十八大提出了"两个翻一番"的新要求。2007年至2011年中国经济持续高速增长,此后的9年只要人均国内生产总值年均增长率达到4.5%,就可以实现中共十七大提出的人均国内生产总值到2020年比2000年翻两番的目标,而这个增长速度甚至低于"十二五"规划纲要的要求。结合新的实际情况,中共十八大不仅提出了国内生产总值到2020年比2010年再翻一番的总量目标,而且提出了城乡居民人均收入到2020年比2010年翻一番的目标。新的"两个翻一番"目标既鼓舞人心又切实可行,同时体现了民生优先、惠民富民的政策取向,顺应了广大人民过上更好生活的新期待。

根据中国经济社会发展实际,中共十八届五中全会在十八大的基础上,进一步对全面建成小康社会提出新的要求:要求经济保持中高速增长;在提高发展平衡性、包容性、可持续性的基础上,到2020年国内生产总值和城乡居民人均收入比2010年翻一番。主要经济指标平衡协调,发展空间格局得到优化,投资效率和企业效率明显上升,工业化和信息化融合发展水平进一步提高,产业迈向中高端水平,先进制造业加快发展,新产业新业态不断成长,服务业比重进一步上升,消费对经济增长贡献明显加大。户籍人口城镇化率加快提高。农业现代化取得明显进展。迈进创新型国家和人才强国行列。

二、新发展理念的提出

习近平在中共十八届五中全会讲话中提出要以新的发展理念引领发展,并阐明创新、协调、绿色、开放、共享发展理念的内涵和相互关系。[①] 创新是引领发展的第一动力,创新发展注重的是解决发展动力问题,必须把创新摆在国家发展全局的核心位置,让创新贯穿党和国家一切工作。协调是持续健康发展的内在要求。

---

① 《习近平谈治国理政》第2卷,外文出版社2017年版,第197—200页。

协调发展注重的是解决发展不平衡问题，必须正确处理发展中的重大关系，不断增强发展整体性。绿色是永续发展的必要条件和人民对美好生活追求的重要体现，绿色发展注重的是解决人与自然和谐共生问题，必须实现经济社会发展和生态环境保护协同共进，为人民群众创造良好生产生活环境。开放是国家繁荣发展的必由之路，开放发展注重的是解决发展内外联动问题，必须发展更高层次的开放型经济，以扩大开放推进改革发展。共享是中国特色社会主义的本质要求，共享发展注重的是解决社会公平正义问题，必须坚持全民共享、全面共享、共建共享、渐进共享，不断推进全体人民共同富裕。新发展理念是一个系统的理论体系，回答了关于发展的目的、动力、方式、路径等一系列理论和实践问题，阐明了中国共产党关于发展的政治立场、价值导向、发展模式、发展道路等重大政治问题。

贯彻新发展理念明确了中国现代化建设的指导原则。中共十八届五中全会通过的《中共中央关于制定国民经济和社会发展第十三个五年规划的建议》首次提出新发展理念，"十三五"规划的制定贯彻了新发展理念。中共十九大把坚持新发展理念作为新时代坚持和发展中国特色社会主义的基本方略之一。中共十九届五中全会将坚持新发展理念作为"十四五"时期经济社会发展必须遵循的原则之一，强调要把新发展理念贯穿发展全过程和各领域，构建新发展格局，切实转变发展方式，推动质量变革、效率变革、动力变革，实现更高质量、更有效率、更加公平、更可持续、更为安全的发展。新发展理念不是凭空得来的，是在深刻总结国内外发展经验教训、深刻分析国内外发展大势的基础上形成的，是针对中国发展中的突出矛盾和问题提出来的。坚持新发展理念，是关系中国发展全局的一场深刻变革。新发展理念传承中国共产党的发展理论，坚持以人民为中心的发展思想，深刻揭示了实现更高质量、更有效率、更加公平、更可持续、更加安全发展的必由之路，深化了中国共产党对中国特色社会主义经济发展规律的认识，开拓了中国特色社会主义政治经济学新境界。

三、中国经济转向高质量发展阶段的重大判断

中共十八大以来，中共中央对中国经济发展所体现出的新的阶段性特征的认识不断深化。面对中国经济在经历了长期高速增长之后增速下行的状况，习近平在 2013 年 12 月 10 日举行的中央经济工作会议上作出判断，中国经济面临增长速度换挡期、结构调整阵痛期、前期刺激政策消化期"三期叠加"的状况；要注重处理好经济社会发展各类问题，既防范增长速度滑出底线，又理性对待高速增长

转向中高速增长的新常态。①2014年12月9日，习近平在中央经济工作会议上提出中国经济发展进入新常态，指出中国经济的增长速度正从高速转向中高速，经济发展方式正从规模速度型粗放增长转向质量效率型集约增长，经济结构正从增量扩能为主转向调整存量、做优增量并存的深度调整，经济发展动力正从传统增长点转向新的增长点。这些趋势性变化说明，中国经济正在向形态更高级、分工更复杂、结构更合理的阶段演化。习近平强调，进入新常态是中国经济发展阶段性特征的必然反映，是不以人的意志为转移的，认识新常态，适应新常态，引领新常态，是中国经济发展的大逻辑。②

中共十八届五中全会将"以提高发展质量和效益为中心，加快形成引领经济发展新常态的体制机制和发展方式"纳入"十三五"时期经济社会发展的指导思想。中共十九大进一步明确提出，中国经济已由高速增长阶段转向高质量发展阶段。2017年12月18日，习近平在中央经济工作会议上强调，十九大的这一提法指明了新时代中国经济发展的特征，是一个重大判断。习近平指出，推动高质量发展是保持经济持续健康发展的必然要求，是适应中国社会主要矛盾变化和全面建成小康社会、全面建设社会主义现代化国家的必然要求，是遵循经济规律发展的必然要求。高质量发展，是能够很好满足人民日益增长的美好生活需要的发展，是体现新发展理念的发展，是创新成为第一动力、协调成为内生特点、绿色成为普遍形态、开放成为必由之路、共享成为根本目的的发展。推动高质量发展是当前和今后一个时期确定发展思路、制定经济政策、实施宏观调控的根本要求。③中共十九届五中全会将"以推动高质量发展为主题"纳入"十四五"时期经济社会发展的指导思想。习近平在这次全会上强调，"十四五"时期经济社会发展要以推动高质量发展为主题，经济、社会、文化、生态等各领域都要体现高质量发展的要求。

四、推进供给侧结构性改革和构建新发展格局

供给和需求是市场经济内在关系的两个基本方面。进入新时代，中国经济发展面临的问题，供给和需求两侧都有，但矛盾的主要方面在供给侧。2015年11月，习近平在中央财经领导小组第十一次会议上提出供给侧结构性改革，强调要在适度扩大总需求的同时，着力加强供给侧结构性改革，着力提高供给体系质量

---

① 《习近平关于社会主义经济建设论述摘编》，中央文献出版社2017年版，第73、319页。
② 《十八大以来重要文献选编》（中），中央文献出版社2016年版，第244—245页。
③ 《十九大以来重要文献选编》（上），中央文献出版社2019年版，第138—140页。

和效率，增强经济持续增长动力，推动我国社会生产力水平实现整体跃升。2015年12月，中央经济工作会议提出把去产能、去库存、去杠杆、降成本、补短板的"三去一降一补"作为供给侧结构性改革的五大重点任务。2016年1月，习近平在省部级主要领导干部学习贯彻党的十八届五中全会精神专题研讨班开班式上详细阐述了供给侧结构性改革的内涵。他指出，供给侧结构性改革，重点是解放和发展社会生产力，用改革的办法推进结构调整，减少无效和低端供给，扩大有效和中高端供给，增强供给结构对需求变化的适应性和灵活性，提高全要素生产率。从政治经济学的角度看，供给侧结构性改革的根本，是使中国供给能力更好满足广大人民日益增长、不断升级和个性化的物质文化和生态环境需要，从而实现社会主义生产目的。① 2016年3月，十二届全国人大四次会议批准《中华人民共和国国民经济和社会发展第十三个五年规划纲要》，明确提出供给侧结构性改革是"十三五"时期的发展主线。2017年12月，中央经济工作会议提出，深化供给侧结构性改革，重点在"破""立""降"上下功夫，即要大力破除无效供给，大力培育新动能，大力降低实体经济成本。2018年12月，中央经济工作会议强调要更多采取改革的办法，更多运用市场化、法治化手段，在"巩固、增强、提升、畅通"八个字上下功夫。中共十九届五中全会提出，"十四五"时期要以推动高质量发展为主题，以深化供给侧结构性改革为主线。

随着全球政治经济环境变化、逆全球化趋势加剧，国际循环明显弱化。在这种情况下，必须把发展立足点放在国内，更多依靠国内市场实现经济发展。中国有14多亿人口，2019年人均国内生产总值已经突破1万美元，是全球最大和最有潜力的消费市场，具有巨大增长空间。改革开放以来，中国遭遇过很多外部风险冲击，最终都能化险为夷，靠的就是办好自己的事、把发展立足点放在国内。2020年5月，习近平在全国政协十三届三次会议联组会议上指出，要把满足国内需求作为发展的出发点和落脚点，逐步形成以国内大循环为主体、国内国际相互促进的新发展格局。

构建新发展格局，是与时俱进提升中国经济发展水平的战略抉择，也是塑造中国国际经济合作和竞争新优势的战略抉择。2020年10月，习近平在《关于〈中共中央关于制定国民经济和社会发展第十四个五年规划和二〇三五年远景目标的建议〉的说明》中指出，构建新发展格局，要坚持扩大内需这个战略基点，使生产、分配、流通、消费更多依托国内市场，形成国民经济良性循环。要坚持供

---

① 《十八大以来重要文献选编》（下），中央文献出版社2018年版，第173—174页。

给侧结构性改革的战略方向，提升供给体系对国内需求的适配性，打通经济循环堵点，提升产业链、供应链的完整性，使国内市场成为最终需求的主要来源，形成需求牵引供给、供给创造需求的更高水平动态平衡。新发展格局绝不是封闭的国内循环，而是开放的国内国际双循环。推动形成宏大顺畅的国内经济循环，就能更好吸引全球资源要素，既满足国内需求，又提升产业技术发展水平，形成参与国际经济合作和竞争新优势。[①] 中共十九届五中全会对加快构建新发展格局作出部署，明确了畅通国内大循环、促进国内国际双循环、全面促进消费、拓展投资空间的举措。2020年12月召开的中央经济工作会议要求，2021年构建新发展格局要迈好第一步，见到新气象。加快构建以国内大循环为主体、国内国际双循环相互促进的新发展格局，要紧紧扭住供给侧结构性改革这条主线，注重需求侧管理，打通堵点，补齐短板，贯通生产、分配、流通、消费各环节，形成需求牵引供给、供给创造需求的更高水平动态平衡，提升国民经济体系整体效能。要更加注重以深化改革开放增强发展内生动力，在一些关键点上发力见效，起到牵一发而动全身的效果。构建新发展格局明确了中国经济现代化的路径选择。

五、建设现代化经济体系

中共十九大报告指出，建设现代化经济体系是跨越关口的迫切要求和中国发展的战略目标。2018年1月，习近平主持十九届中共中央政治局第三次集体学习时指出，现代化经济体系，是由社会经济活动各个环节、各个层面、各个领域的相互关系和内在联系构成的一个有机整体。要建设创新引领、协同发展的产业体系，要建设统一开放、竞争有序的市场体系，要建设体现效率、促进公平的收入分配体系，要建设彰显优势、协调联动的城乡区域发展体系，要建设资源节约、环境友好的绿色发展体系，要建设多元平衡、安全高效的全面开放体系，要建设充分发挥市场作用、更好发挥政府作用的经济体制。[②] 中共十九届五中全会提出，加快发展现代产业体系，推动经济体系优化升级。坚持把发展经济着力点放在实体经济上，坚定不移建设制造强国、质量强国、网络强国、数字中国，推进产业基础高级化、产业链现代化，提高经济质量效益和核心竞争力。要提升产业链供应链现代化水平，发展战略性新兴产业，加快发展现代服务业，统筹推进基础设施建设，加快建设交通强国，推进能源革命，加快数字化发展。建设现代经济

---

① 习近平：《关于〈中共中央关于制定国民经济和社会发展第十四个五年规划和二〇三五年远景目标的建议〉的说明》，《人民日报》2020年11月4日。
② 习近平：《论坚持全面深化改革》，中央文献出版社2018年版，第421—422页。

体系，是以习近平同志为核心的中共中央从党和国家事业全局出发，着眼于实现"两个一百年"奋斗目标、顺应中国特色社会主义进入新时代的新要求作出的重大战略决策部署。

第二节 完善中国特色社会主义基本经济制度

中共十八届三中全会对全面深化改革进行了研究，审议通过《中共中央关于全面深化改革若干重大问题的决定》。这次全会是划时代的，开启了全面深化改革、系统整体设计推进改革的新时代，开创了中国改革开放的全新局面。[①] 这次全会指出，全面深化改革要发挥经济体制改革牵引作用和以经济体制改革为重点。中共十九届四中全会审议通过的《中共中央关于坚持和完善中国特色社会主义制度 推进国家治理体系和治理能力现代化若干重大问题的决定》指出，公有制为主体、多种所有制经济共同发展，按劳分配为主体、多种分配方式并存，社会主义市场经济体制等社会主义基本经济制度，既体现了社会主义制度优越性，又同我国社会主义初级阶段社会生产力发展水平相适应，是党和人民的伟大创造。这是对中国特色社会主义基本经济制度进行的新概括，是习近平新时代中国特色社会主义经济思想的创新发展。中共十八大以来，中国特色社会主义基本经济制度进一步完善，在一些重点领域和关键环节取得重大突破，有力地促进了经济发展。

一、坚持"两个毫不动摇"

中共十八届三中全会指出，公有制经济和非公有制经济都是社会主义市场经济的重要组成部分，都是我国经济社会发展的重要基础。必须毫不动摇巩固和发展公有制经济，坚持公有制主体地位，发挥国有经济主导作用，不断增强国有经济活力、控制力、影响力。必须毫不动摇鼓励、支持、引导非公有制经济发展，激发非公有制经济活力和创造力。全会提出要完善产权保护制度，各种所有制经济依法平等使用生产要素、公开公平公正参与市场竞争、同等受到法律保护。[②]

国有企业改革不断推向深入。国有企业是中国特色社会主义的重要物质基础和政治基础，是中国共产党执政兴国的重要支柱和依靠力量，是中国共产党领导

[①] 《对标重要领域和关键环节改革 继续啃硬骨头确保干一件成一件》，《人民日报》2019年1月24日。

[②] 《十八大以来重要文献选编》（上），中央文献出版社2014年版，第16页。

的国家治理体系的重要组成部分。中共十八大之后,国有企业总体上已经同市场经济相融合,因此必须适应市场化、国际化新形势,进一步深化国有企业改革,坚定不移把国企做强做优做大,不断增强国有经济竞争力、创新力、控制力、影响力、抗风险能力。中共十八届三中全会就积极发展混合所有制经济作出部署,打开了深化国有企业改革的重要突破口。全会指出,国有资本、集体资本、非公有资本等交叉持股、相互融合的混合所有制经济,是基本经济制度的重要实现形式,有利于国有资本放大功能、保值增值、提高竞争力,有利于各种所有制资本取长补短、相互促进、共同发展。允许更多国有经济和其他所有制经济发展成为混合所有制经济。国有资本投资项目允许非国有资本参股。允许混合所有制经济实行企业员工持股,形成资本所有者和劳动者利益共同体。中共十八届三中全会提出准确界定不同国有企业功能的要求,2015年12月7日印发《中共中央国务院关于国有企业功能界定与分类的指导意见》,为分类推进国有企业改革确立了基本原则和总体要求,成为新时代深化国企改革的重要前提。中共十八届三中全会之后,国有企业改革的顶层设计逐步完成。2015年8月,中共中央、国务院印发《关于深化国有企业改革的指导意见》,之后到2017年9月陆续出台了22个配套文件,形成了"1+N"政策体系,增强了国企改革的系统性、整体性、协同性。中共十九大对深化国有企业改革提出了明确任务和更高要求:要完善各类国有资产管理体制,改革国有资本授权经营体制,加快国有经济布局优化、结构调整、战略性重组,促进国有资产保值增值,推动国有资本做强做优做大,有效防止国有资产流失,发展混合所有制经济,培育具有全球竞争力的世界一流企业。面向全面建设社会主义现代化国家的新发展阶段,中共中央作出国企改革三年行动的重大决策。2017年12月,中共中央印发《关于建立国务院向全国人大常委会报告国有资产管理情况制度的意见》,首次明确国务院向全国人大常委会报告国资"家底",提高了国资管理透明度和公信力。2020年5月22日,十三届全国人大三次会议提出实施国有企业改革三年行动;6月30日,中央全面深化改革委员会第十四次会议审议通过了《国企改革三年行动方案(2020—2022年)》。

坚定鼓励、支持、引导非公有制经济发展。2016年3月,习近平参加全国政协十二届四次会议民建、工商联界委员联组会时,深刻阐明了构建新型政商关系的原则和方向,为非公有制经济健康发展和民营企业家健康成长指明了道路。2018年11月,习近平主持召开民营企业座谈会时指出,民营经济是我国经济制度的内在要素,民营企业和民营企业家是我们自己人;在全面建成小康社会、进而全面建设社会主义现代化国家的新征程中,民营经济只能壮大、不能弱化,而且要走向更加广阔的舞台。习近平强调要重点做好减轻企业税费负担、解决民营企业融资难融资贵问题、营造公平竞争环境、完善政策执行方式、构建亲清新型政商关系、保护企业家人身和财产安全六项工作。[1]

二、坚持和完善社会主义分配制度

收入分配制度是经济社会发展中一项根本性、基础性的制度,是社会主义市场经济体制的重要基石。中共十九届四中全会将按劳分配为主体、多种分配方式并存的社会主义分配制度纳入社会主义基本经济制度。中共十八大以来,中国在坚持和完善社会主义分配制度方面取得重大进展。

中共十八大提出,实现发展成果由人民共享,必须深化收入分配制度改革,努力实现居民收入增长和经济发展同步、劳动报酬增长和劳动生产率提高同步,提高居民收入在国民收入分配中的比重,提高劳动报酬在初次分配中的比重。初次分配和再分配都要兼顾效率和公平,再分配更加注重公平。完善劳动、资本、技术、管理等要素按贡献参与分配的初次分配机制,加快健全以税收、社会保障、转移支付为主要手段的再分配调节机制。深化企业和机关事业单位工资制度改革,推行企业工资集体协商制度,保护劳动所得。多渠道增加居民财产性收入。规范收入分配秩序,保护合法收入,增加低收入者收入,调节过高收入,取缔非法收入。为贯彻落实中共十八大的部署,2013年2月,国务院同意并批转了国家发展和改革委员会、财政部、人力资源社会保障部《关于深化收入分配制度改革的若干意见》。《意见》就继续完善初次分配机制,加快健全再分配调节机制,建立健全促进农民收入较快增长的长效机制,推动形成公开透明,公正合理的收入分配秩序,加强深化收入分配制度改革的组织领导等提出具体措施。2013年11月,中共十八届三中全会就形成合理有序的收入分配格局作出部署,提出着重保护劳动所得,努力实现劳动报酬增长和劳动生产率提高同步,提高劳动报酬在初次分配中的比重;完善以税收、社会保障、转移支付为主要手段的再分配调节机制,加大税收调节力度;扩大中等收入者比重,努力缩小城乡、区域、行业收入分配差距,逐步形成橄榄型分配格局。

关于坚持和完善社会主义分配制度,中共十九届四中全会提出,坚持多劳多得,着重保护劳动所得,增加劳动者特别是一线劳动者劳动报酬,提高劳动报酬在初次分配中的比重。健全劳动、资本、土地、知识、技术、管理、数据等生产

---

[1]《习近平谈治国理政》第2卷,外文出版社2017年版,第264—266页。

要素由市场评价贡献、按贡献决定报酬的机制。健全以税收、社会保障、转移支付等为主要手段的再分配调节机制，强化税收调节，完善直接税制度并逐步提高其比重。完善相关制度和政策，合理调节城乡、区域、不同群体间分配关系。重视发挥第三次分配作用，发展慈善等社会公益事业。鼓励勤劳致富，保护合法收入，增加低收入者收入，扩大中等收入群体，调节过高收入，清理规范隐性收入，取缔非法收入。中共十九届五中全会提出，坚持按劳分配为主体、多种分配方式并存，提高劳动报酬在初次分配中的比重，完善工资制度，健全工资合理增长机制，着力提高低收入群体收入，扩大中等收入群体。完善按要素分配政策制度，健全各类生产要素由市场决定报酬的机制，探索通过土地、资本等要素使用权、收益权增加中低收入群体要素收入。多渠道增加城乡居民财产性收入。完善再分配机制，加大税收、社保、转移支付等的调节力度和精准性，合理调节过高收入，取缔非法收入。发挥第三次分配作用，发展慈善事业，改善收入和财富分配格局。到2035年，全体人民共同富裕取得更为明显的实质性进展。

三、使市场在资源配置中起决定性作用和更好发挥政府作用

中共十八届三中全会指出，经济体制改革是全面深化改革的重点，核心问题是处理好政府和市场的关系，使市场在资源配置中起决定性作用和更好发挥政府作用。这次全会把市场在资源配置中的"基础性作用"修改为"决定性作用"，是中国共产党对中国特色社会主义建设规律认识的一个新突破，标志着社会主义市场经济发展进入一个新阶段。在总结十八届三中全会之后经济体制改革新实践的基础上，中共十九大就加快完善社会主义市场经济体制进一步作出部署，明确经济体制改革必须以完善产权制度和要素市场化配置为重点，实现产权有效激励、要素自由流动、价格反应灵活、竞争公平有序、企业优胜劣汰。2020年中共中央、国务院印发《关于新时代加快完善社会主义市场经济体制的意见》。该《意见》针对推动高质量发展存在不少体制机制障碍问题，提出在更高起点、更高层次、更高目标上推进经济体制改革及其他各方面体制改革，构建更加系统完备、更加成熟定型的高水平社会主义市场经济体制。中共十九届五中全会提出，全面深化改革，构建高水平社会主义市场经济体制。

建立统一开放、竞争有序的市场体系。围绕建立公平开放透明的市场规则，中共十八届三中全会提出推进工商注册制度便利化、实行负面清单准入管理方式、完善市场监管体系等改革举措。此后，各项改革措施逐步落实。2014年2月，国务院印发《注册资本登记制度改革方案》，深化上市制度改革，推进工商注册制度

便利化。2014年6月，国务院印发《关于促进市场公平竞争维护市场正常秩序的若干意见》，就完善市场监管体系、促进市场公平竞争、维护市场正常秩序作出重要部署。2015年10月，国务院印发《关于实行市场准入负面清单制度的意见》，提出按照先行先试、逐步推开的原则，在全国建立市场准入负面清单制度。2018年3月，十三届全国人大一次会议审议批准《国务院机构改革方案》，决定将原工商总局、质检总局、食药监总局合并，组建国家市场监督管理总局，作为国务院直属机构，将政府对流通领域的工商监管、生产领域的质量监管、生产和流通领域的食品和药品监管、价格监管、知识产权保护、反垄断六大市场监管职能归一，实行统一的市场监管。

完善主要由市场决定价格的机制。中共十八届三中全会明确，"凡是能由市场形成价格的都交给市场"，"政府定价范围主要限定在重要公用事业、公益性服务、网络型自然垄断环节"。2015年10月12日，中共中央、国务院出台《关于推进价格机制改革的若干意见》，明确推进价格机制改革的路线图、时间表。随着价格改革逐步向纵深推进，大量竞争性领域和环节价格放开。

针对要素市场发育明显滞后，要素市场化配置范围相对有限，要素流动存在体制机制障碍，要素价格形成机制不健全等问题，国家着力推进要素市场化配置改革。中共十九大明确将要素市场化配置作为经济体制改革的重点之一。中共十九届四中全会提出，健全劳动、资本、土地、知识、技术、管理、数据等生产要素由市场评价贡献、按贡献决定报酬的机制。2020年3月30日，中共中央、国务院印发《关于构建更加完善的要素市场化配置体制机制的意见》，分类提出土地、劳动力、资本、技术、数据五个要素领域的改革方向和具体举措，部署完善要素价格形成机制和市场运行机制。

习近平在《关于〈中共中央关于全面深化改革若干重大问题的决定〉的说明》中强调，我国实行的是社会主义市场经济体制，我们仍然要坚持发挥我国社会主义制度的优越性，发挥党和政府的积极作用。市场在资源配置中起决定性作用，并不是起全部作用。发展社会主义市场经济，既要发挥市场作用，也要发挥政府作用，但市场作用和政府作用的职能是不同的。① 中共十八届三中全会明确指出，政府的职责和作用主要是保持宏观经济稳定，加强和优化公共服务，保障公平竞争，加强市场监管，维护市场秩序，推动可持续发展，促进共同富裕，弥补市场失灵。

---

① 参见《十八大以来重要文献选编》（上），中央文献出版社2014年版，第500页。

为更好发挥政府作用,中国政府不断创新宏观调控方式,逐步形成新的宏观调控体系。中共十八大以来,历次中央经济工作会议都将"稳中求进"作为经济工作的总基调。2014年12月9日,习近平在中央经济工作会议上阐述了"稳中求进"的内涵:"稳"的重点要放在稳住经济运行上,确保增长、就业、物价不出现大的波动,确保金融不出现区域性系统性风险。"进"的重点要放在调整经济结构和深化改革开放上,确保转变经济发展方式和创新驱动发展取得新成效。"稳"和"进"要相互促进,经济社会平稳,才能为调整经济结构和深化改革开放创造稳定宏观环境;调整经济结构和深化改革开放取得实质性进展,才能为经济社会平稳运行创造良好预期。①中共十八大以来,中国探索形成新的宏观调控体系,以稳中求进为总基调,从"区间调控"到"定向调控"再到"相机调控",多种调控方式有机结合、灵活运用,防范化解重大风险,促进经济保持中高速增长,发展质量和效益不断提升。

第三节 高水平对外开放的积极推进

进入新时代,以习近平同志为核心的党中央总揽战略全局,以开放促改革、促发展、促创新,推进对外开放理论和实践创新,确立开放发展新理念,提出共建"一带一路"倡议,加快构建开放型经济新体制,倡导发展开放型世界经济,积极参与全球经济治理,对外开放取得新的重大成就。

一、共建"一带一路"倡议的提出与实施

2013年9月,习近平在哈萨克斯坦纳扎尔巴耶夫大学发表演讲,提出共同建设"丝绸之路经济带"的合作倡议;10月,习近平在印度尼西亚国会发表演讲,提出共同建设21世纪"海上丝绸之路"的合作倡议。同年11月,中共十八届三中全会提出,推进"丝绸之路经济带"、"海上丝绸之路"建设,形成全方位开放新格局。②同年12月,习近平在中央经济工作会议上强调:"建设丝绸之路经济带、21世纪海上丝绸之路,是中共中央统揽政治、外交、经济社会发展全局作出的重大战略决策,是实施新一轮扩大开放的重要举措,也是营造有利周边环境的重要

---

① 《习近平关于社会主义经济建设论述摘编》,中央文献出版社2017年版,第321页。
② 《十八大以来重要文献选编》(上),中央文献出版社2014年版,第526页。

举措。"①2015年3月，经国务院授权，国家发展和改革委员会、外交部、商务部联合发布《推动共建丝绸之路经济带和21世纪海上丝绸之路的愿景与行动》，提出"一带一路"要坚持共商、共建、共享原则，明确以政策沟通、设施联通、贸易畅通、资金融通、民心相通为主要内容。②倡议提出后得到众多国家支持，共建"一带一路"及其核心理念写入联合国、二十国集团、亚太经合组织以及其他区域组织等有关文件中。

构建推动全球发展合作的机制化新平台。2017年5月，首届"一带一路"国际合作高峰论坛在北京成功召开。习近平出席开幕式并发表主旨演讲，强调要将"一带一路"建成和平之路、繁荣之路、开放之路、创新之路、文明之路。高峰论坛举行领导人圆桌峰会，习近平全程主持会议。29位外国元首和政府首脑出席论坛，140多个国家和80多个国际组织的约1600名代表参会。这是"一带一路"框架下最高规格的国际活动。2019年4月，习近平在第二届"一带一路"国际合作高峰论坛开幕式上发表题为《齐心开创共建"一带一路"美好未来》的主旨演讲中提出，面向未来，我们要聚焦重点、深耕细作，共同绘制精谨细腻的"工笔画"，推动共建"一带一路"沿着高质量发展方向不断前进。推动共建"一带一路"高质量发展是习近平面向世界提出的重要理念，反映了参与共建"一带一路"国家的普遍愿望，树立起大家共同努力的目标。领导人圆桌峰会发表的联合公报，展示了与会各国领导人共建"一带一路"的政治共识。中方牵头汇总了论坛期间各方达成的具体成果，共六大类283项。论坛聚焦务实合作，首次举办企业家大会，为各国工商界对接合作搭建平台，签署总额640多亿美元的项目合作协议。

共建"一带一路"的倡议成为中国参与全球开放合作、改善全球经济治理体系、促进全球共同发展繁荣、推动构建人类命运共同体的重要平台。"一带一路"倡议提出以来，成绩斐然、硕果累累，成为当今世界广泛参与的国际合作平台和普受欢迎的国际公共产品。共建"一带一路"倡议的实施，在促进政策沟通、设施联通、贸易畅通、资金融通、民心相通方面取得显著进展。先后成立丝路基金、发起设立亚洲基础设施投资银行，为"一带一路"项目推进和亚洲基础设施建设提供资金支持。秉持和平合作、开放包容、互学互鉴、互利共赢的丝路精神，坚持共商、共建、共享原则，全方位推进同沿线国家间务实合作。截至2020年11月，中国政府与138个国家和31个国际组织签署201份"一带一路"合作文件。

---

① 《习近平关于社会主义经济建设论述摘编》，中央文献出版社2017年版，第247页。
② 参见《十八大以来重要文献选编》（中），中央文献出版社2016年版，第442—455页。

2020年12月30日晚,习近平在北京同德国总理默克尔、法国总统马克龙、欧洲理事会主席米歇尔、欧盟委员会主席冯德莱恩举行视频会晤,中欧领导人共同宣布如期完成中欧投资协定谈判。

在各方共同努力下,"六廊六路多国多港"①的互联互通架构基本形成,一大批合作项目落地生根,高峰论坛的各项成果顺利落实。共建"一带一路"倡议同联合国、东盟、非盟、欧盟、欧亚经济联盟等国际和地区组织的发展和合作规划对接,同各国发展战略对接。从亚欧大陆到非洲、美洲、大洋洲,共建"一带一路"为世界经济增长开辟了新空间,为国际贸易和投资搭建了新平台,为完善全球经济治理拓展了新实践,为增进各国民生福祉作出了新贡献,成为和平之路、繁荣之路、开放之路、创新之路、文明之路。事实证明,共建"一带一路"为世界各国发展提供了新机遇,为中国开放发展开辟了新天地。②

二、自由贸易区战略的实施

加快实施自由贸易区战略,是新时代中国实施更加主动开放战略的重要内容。2014年12月7日,习近平在主持十八届中共中央政治局第十九次集体学习时阐述了实施自由贸易区战略的重要意义。他指出,多边贸易体制和区域贸易安排一直是驱动经济全球化向前发展的两个轮子。全球贸易体系正经历自1994年乌拉圭回合谈判以来最大的一轮重构。加快实施自由贸易区战略,是适应经济全球化新趋势的客观要求,是全面深化改革、构建开放型经济新体制的必然选择,也是中国积极运筹对外关系、实现对外战略目标的重要手段。加快实施自由贸易区战略,是中国积极参与国际经贸规则制定、争取全球经济治理制度性权力的重要平台,中国不能当旁观者、跟随者,而要做参与者、引领者,善于通过自由贸易区建设增强中国的国际竞争力,在国际规则制定中发出更多中国声音、注入更多中国元素,维护和拓展中国发展利益。③

中共十八大以来,自由贸易试验区建设加快推进。2013年9月27日,中国(上海)自由贸易试验区正式挂牌成立。2014年12月,国务院决定推广上海自贸区试点经验,设立广东、天津、福建3个自贸试验区,并扩展上海自贸区的范围。

---

① "六廊",指六大国际经济合作走廊,包括新亚欧大陆桥、中蒙俄、中国—中亚—西亚、中国—中南半岛、中巴和孟中印缅经济走廊。"六路",指铁路、公路、水路、空路、管路、信息高速路。
② 习近平:《齐心开创共建"一带一路"美好未来——在第二届"一带一路"国际合作高峰论坛开幕式上的主旨演讲》,《人民日报》2019年4月27日。
③ 《习近平关于社会主义经济建设论述摘编》,中央文献出版社2017年版,第291—293页。

2016年，国务院决定新设立辽宁省、浙江省、河南省、湖北省、重庆市、四川省、陕西省7个自贸试验区。2018年4月13日，习近平在庆祝海南建省办经济特区30周年大会上郑重宣布，中共中央决定支持海南全岛建设自由贸易试验区，支持海南逐步探索、稳步推进中国特色自由贸易港建设，分步骤、分阶段建立自由贸易港政策和制度体系。[1]2019年7月27日，国务院同意设立中国（上海）自由贸易试验区临港新片区。2019年8月2日，国务院同意在山东、江苏、广西、河北、云南、黑龙江设立6个自由贸易试验区。2020年8月，国务院印发北京、湖南、安徽自由贸易试验区总体方案及浙江自由贸易试验区扩展区域方案，在北京、湖南、安徽新设立3个自由贸易试验区，并扩展浙江自由贸易试验区区域。至此，中国自由贸易试验区数量达到21个，覆盖了中国从南到北、从沿海到内陆的广大区域。

2013年以来，中国积极推进自由贸易区谈判。2013年4月15日，中国与冰岛签订自由贸易协定，2014年7月1日正式生效。2013年7月6日，中国与瑞士签订自由贸易协定，这是中国与欧洲大陆国家签署的首个自贸协定。2015年6月1日，中国与韩国签订自由贸易协定，同年12月20日正式生效。2015年6月17日，中国与澳大利亚签订自由贸易协定，同年12月20日正式生效。2017年5月13日，中国与格鲁吉亚签订自由贸易协定，2018年1月1日正式生效。2017年12月7日，中国与马尔代夫签订自由贸易协定，2018年8月1日正式生效。2020年11月15日，东盟10国和中国、日本、韩国、澳大利亚、新西兰共15个亚太国家正式签署《区域全面经济伙伴关系协定》，标志着当前世界上人口最多、经贸规模最大、最具发展潜力的自由贸易区正式启航。中国仍在推进多个自贸区谈判，包括中国—海湾合作委员会自贸区、中国—挪威自贸区、中日韩自贸区、中国—斯里兰卡自贸区等；中国还在推进中国—新加坡自贸区升级谈判和中国—巴基斯坦自贸区第二阶段谈判。

三、开放型经济新体制的构建

中共十八届三中全会提出构建开放型经济新体制，指出为适应经济全球化新形势，必须推动对内对外开放相互促进、"引进来"和"走出去"更好结合，促进国际国内要素有序自由流动、资源高效配置、市场深度融合，加快培育参与和引

---

[1] 《党中央支持海南全面深化改革开放 争创新时代中国特色社会主义生动范例》，《人民日报》2018年4月14日。

领国际经济合作竞争新优势,以开放促改革。2015年5月5日,中共中央、国务院印发《关于构建开放型经济新体制的若干意见》,对构建开放型经济新体制作出顶层设计。

逐步对外资实施准入前国民待遇加负面清单准入制度。2013年,上海自贸试验区实施负面清单试点之后,准入前国民待遇加负面清单管理制度试点范围逐渐扩展至随后设立的自贸试验区。2015年10月2日,国务院印发《关于实行市场准入负面清单制度的意见》。中共十八届五中全会提出全面实行准入前国民待遇加负面清单管理制度,促进内外资企业一视同仁、公平竞争。2016年9月3日,十二届全国人大常委会第二十二次会议通过《中华人民共和国外资企业法(修订)》等法律,对外商投资企业的相关行政审批条款进行了修改。中共十九大提出全面实行准入前国民待遇加负面清单管理制度,强调凡是在我国境内注册的企业,都要一视同仁、平等对待。逐步放宽外资准入限制。2015年修订的《外商投资产业指导目录》将限制性措施由2011年版的180条减少至93条;2017年版目录进一步将限制性措施减少至63条。从2018年起,《外商投资准入特别管理措施(负面清单)》独立发布,当年限制性措施减少到48条,2019年版减少到40条,2020年版进一步减少到33条。2013年、2017年,中国两次修订《中西部地区外商投资优势产业目录》:2013版目录鼓励领域拓宽至500条,比原目录增加173条;2017年版目录扩充至639条,相比2013年版新增173条、删除34条、修改84条。2019年,《外商投资产业指导目录》的鼓励类部分和《中西部地区外商投资优势产业目录》经过合并和修订,形成了《鼓励外商投资产业目录(2019年版)》。合并后的目录总条目1108条,其中全国目录415条,与2017年版相比增加67条、修改45条;中西部目录693条,与2017年版相比增加54条、修改165条。2020年版《鼓励外商投资产业目录》的总条目达到1235条,比2019年版增加127条,全国目录增加65条,中西部目录增加62条;另外,修改88条,主要是对原条目的涵盖领域进行了扩展。

促进贸易自由化便利化。2013年11月,中共十八届三中全会提出要推动内陆同沿海沿边通关协作,实现口岸管理相关部门信息互换、监管互认、执法互换。2014年12月26日,国务院印发《落实"三互"推进大通关建设改革方案》,着眼于口岸管理部门职责交叉重叠、体制机制障碍导致通关环节多等问题,推动口岸管理相关部门共同简政放权,提升贸易便利化水平。2015年4月1日,国务院进一步出台《关于改进口岸工作支持外贸发展的若干意见》,加大简政放权力度,着力提升通关舒适度。

加快发展服务贸易。2015年1月28日，国务院出台《关于加快发展服务贸易的若干意见》，全面系统地提出服务贸易发展的战略目标和主要任务，并对加快发展服务贸易作出全面部署。2016年2月22日，国务院批复同意商务部提出的《服务贸易创新发展试点方案》，决定用2年时间在天津、上海、海南、深圳、杭州、武汉、广州、成都、苏州、威海和哈尔滨新区、江北新区、两江新区、贵安新区、西咸新区等省市（区域）开展服务贸易创新发展试点，探索适应服务贸易创新发展的体制机制和支持政策体系，形成可在全国复制推广的改革、开放、创新经验。2018年6月1日，国务院批复同意了商务部提出的《深化服务贸易创新发展试点总体方案》，决定用2年时间在北京、天津、上海、海南、深圳、哈尔滨、南京、杭州、武汉、广州、成都、苏州、威海和河北雄安新区、重庆两江新区、贵州贵安新区、陕西西咸新区等省市（区域）深化服务贸易创新发展试点。

举办中国国际进口贸易博览会。2017年5月，习近平主席在首届"一带一路"国际合作论坛上宣布，中国将从2018年起举办中国国际进口博览会。2018年11月5日至10日，首届中国国际进口博览会在上海成功举行，吸引了172个国家、地区和国际组织参会，3600多家境外企业参展，成交额近600亿美元，4500多名政商学研各界嘉宾在虹桥国际经济论坛上对话交流，发出了"虹桥声音"。[①] 2019年11月5日至10日，第二届中国国际进口博览会在上海举行。2020年11月4日至10日，第三届中国国际进口博览会开幕式在上海举行。中国国际进口博览会是迄今为止世界上第一个以进口为主题的国家级展会，是中国首创的经贸制度安排，也是国际贸易发展史上的一大创举。博览会的成功举办表明中国主动向世界开放市场、让各方分享发展机遇的诚意，体现了中国推动构建人类命运共同体的担当。

中共十八大以来，中国积极参与全球经济治理，参与二十国集团、金砖国家等机制建设。2014年11月，亚太经合组织第二十二次领导人非正式会议在北京举行；2016年9月，二十国集团领导人第十一次峰会在杭州举行。进入新时代，中国全面参与国际经济体系变革和规则制定，在全球性议题上，主动提出新主张、新倡议和新行动方案，在国际经贸规则和标准制定中的话语权逐步增强。

---

① 《首届中国国际进口博览会成果丰硕》，《人民日报》2018年11月19日。

第四节　现代化经济体系建设

进入新时代，为实现发展方式转变、经济结构优化、增长动力转换，中国大力发展实体经济，加快建设创新型国家，推动乡村振兴，实施区域协调发展战略，现代化经济体系建设取得重大进展。

一、加快建设制造强国

进入新时代，中国把发展实体经济提升到国家战略的高度。中共十九大强调，建设现代化经济体系，必须把发展经济的着力点放在实体经济上。制造业是实体经济的主体。发展实体经济，重点在制造业，难点也在制造业。2015年5月，国务院印发《中国制造2025》，提出实施制造强国战略。《中国制造2025》提出了实现制造强国的"三步走"战略目标：第一步，到2025年迈入制造强国行列；第二步，到2035年制造业整体达到世界制造强国阵营中等水平；第三步，到新中国成立一百年时，制造业大国地位更加巩固，综合实力进入世界制造强国前列。《中国制造2025》是"三步走"中第一个10年的行动纲领。为实现第一步的战略目标，《中国制造2025》以信息化和工业化两化深度融合为主线，部署了制造业创新中心的建设工程、强基工程、智能制造工程、绿色制造工程、高端装备创新工程五大工程，决定重点推动新一代信息技术产业、高档数控机床和机器人、航空航天装备、海洋工程装备及高技术船舶、先进轨道交通装备、节能与新能源汽车、电力装备、农机装备、新材料、生物医药及高性能医疗器械十个领域突破发展。中共十八届五中全会提出，加快建设制造强国，实施《中国制造2025》。2016年5月13日，国务院印发《关于深化制造业与互联网融合发展的指导意见》，部署深化制造业与互联网融合发展，协同推进"中国制造2025"和"互联网+"行动。2016年，企业数字化研发工具普及率达到61.8%，关键工序数控化率达到33.3%；47%的大企业搭建并运营了协同创新平台，中央企业建成各类互联网"双创"平台110个。2016年4月6日，国务院常务会议决定实施《装备制造业标准化和质量提升规划》，要求紧贴《中国制造2025》的需求，到2025年，系统配套、服务产业跨界融合的装备制造业标准体系基本健全，企业质量发展内生动力持续增强，质量主体责任意识显著提高，有力支撑《中国制造2025》的实施，标准和质量的国际影响力和竞争力大幅提升，打造一批"中国制造"金字品牌。

中共十九大提出，加快建设制造强国，加快发展先进制造业，推动互联网、大数据、人工智能和实体经济深度融合，在中高端消费、创新引领、绿色低碳、共享经济、现代供应链、人力资本服务等领域培育新增长点，形成新动能。促进产业迈向全球价值链中高端，培育若干世界级先进制造业集群。2017年12月召开的中央经济工作会议提出，要推进中国制造向中国创造转变，中国速度向中国质量转变，制造大国向制造强国转变。2018年12月召开的中央经济工作会议对推动制造业高质量发展作出部署，提出要推动先进制造业和现代服务业深度融合，坚定不移建设制造强国。中共十九届五中全会提出坚持把发展经济着力点放在实体经济上，坚定不移建设制造强国、质量强国、网络强国、数字中国，推进产业基础高级化、产业链现代化，提高经济质量效益和核心竞争力。

二、新产业、新业态、新商业模式迅速成长

2015年3月，中共中央、国务院印发《关于深化体制机制改革加快实施创新驱动发展战略的若干意见》。该《意见》指出，加快实施创新驱动发展战略，就是要使市场在资源配置中起决定性作用和更好发挥政府作用，破除一切制约创新的思想障碍和制度藩篱，激发全社会创新活力和创造潜能，提升劳动、信息、知识、技术、管理、资本的效率和效益，强化科技同经济对接、创新成果同产业对接、创新项目同现实生产力对接、研发人员创新劳动同其利益收入对接，增强科技进步对经济发展的贡献度，营造大众创业、万众创新的政策环境和制度环境。2016年5月，中共中央、国务院印发《国家创新驱动发展战略纲要》，提出要按照"坚持双轮驱动、构建一个体系、推动六大转变"进行布局，构建新的发展动力系统。中共十九大提出加快建设创新型国家，到2035年中国跻身创新型国家前列。中共十九届四中全会提出弘扬科学精神和工匠精神，加快建设创新型国家，强化国家战略科技力量，健全国家实验室体系，构建社会主义市场经济条件下关键核心技术攻关新型举国体制。2020年8月，习近平在经济社会领域专家座谈会上指出，要充分发挥社会主义制度能够集中力量办大事的显著优势，打好关键核心技术攻坚战。① 中共十九届五中全会提出，坚持创新在我国现代化建设全局中的核心地位，把科技自立自强作为国家发展的战略支撑，面向世界科技前沿、面向经济主战场、面向国家重大需求、面向人民生命健康，深入实施科教兴国战略、人才强国战略、创新驱动发展战略，完善国家创新体系，加快建设科技强国。要强化国家战略科技力量，提升企业技术创新能力，激发人才创新活力，完善科技创新体制机制。2020年12月召开的中央经济工作会议提出强化国家战略科技力量：充分发挥国

---

① 习近平：《在经济社会领域专家座谈会上的讲话》，《人民日报》2020年8月25日。

家作为重大科技创新组织者的作用,坚持战略性需求导向,确定科技创新方向和重点,着力解决制约国家发展和安全的重大难题;发挥新型举国体制优势,发挥好重要院所高校国家队作用,推动科研力量优化配置和资源共享;抓紧制定实施基础研究十年行动方案,重点布局一批基础学科研究中心,支持有条件的地方建设国际和区域科技创新中心。

新兴产业成长迅速。信息产业快速崛起,智能手机、新能源汽车、工业机器人等产业的市场规模位居世界前列。据统计,2019年,中国智能手机品牌占全球销量份额已超过50%;2015年至2019年,中国新能源汽车产销量连续5年位居全球第一,累计推广超过480万辆,占全球的50%以上。

现代信息网络技术的广泛运用,催生了许多新业态和新商业模式。2015年7月1日,国务院发布《关于积极推进"互联网+"行动的指导意见》。同年9月23日,国务院印发《关于加快构建大众创业万众创新支撑平台的指导意见》,部署大力推进大众创业、万众创新和推动实施"互联网+"行动,加快推动众创、众包、众扶、众筹等基于互联网等方式的创业创新新模式、新业态的发展。

中共十八大以来,分享经济快速发展。2015年10月,中共十八届五中全会提出发展分享经济,促进互联网和经济社会融合发展。2017年7月3日,国家发展和改革委员会等8个部门联合印发《关于促进分享经济发展的指导性意见》,明确进一步营造公平规范市场环境、促进分享经济更好更快发展。随着政策引导作用逐步增强和互联网信息技术快速发展,分享经济已经广泛渗透到生产生活的各个领域,成为拉动经济增长的新路子。

为科学界定新产业、新业态、新商业模式的"三新"活动范围,满足统计上监测"三新"经济活动规模、结构和质量等需要,国家统计局以《国民经济行业分类》(GB/T 4754—2017)为基础,以重点反映先进制造业、"互联网+"、创新创业、跨界综合管理等"三新"活动为基本出发点,在认真总结、梳理地方和部门关于"三新"统计分类意见的基础上,制定了《新产业新业态新商业模式统计分类(2018)》,并于2018年8月正式发布。

三、乡村振兴战略与脱贫攻坚战

以习近平同志为核心的党中央站在全面建成小康社会、实现中华民族伟大复兴的战略高度,把解决好"三农"问题作为全党工作重中之重,着力补齐全面建设小康社会"三农"和贫困地区贫困人口短板。中共十九大提出实施乡村振兴战略,要求坚持农业农村优先发展,按照产业兴旺、生态宜居、乡风文明、治理有效、生活富裕的总要求，建立健全城乡融合发展体制机制和政策体系，加快推进农业农村现代化。2018年，中共中央、国务院印发《乡村振兴战略规划（2018—2022年）》，提出到2050年，乡村全面振兴，农业强、农村美、农民富全面实现。中共十九届五中全会提出，优先发展农业农村，实施乡村建设行动，实现巩固拓展脱贫攻坚成果同乡村振兴有效衔接，全面推进乡村振兴。2020年12月，习近平在中央农村工作会议上指出，从中华民族伟大复兴战略全局看，民族要复兴，乡村必振兴。从世界百年未有之大变局看，稳住农业基本盘、守好"三农"基础是应变局、开新局的"压舱石"。习近平强调，全党务必充分认识新发展阶段做好"三农"工作的重要性和紧迫性，坚持把解决好"三农"问题作为全党工作重中之重，举全党全社会之力推动乡村振兴，促进农业高质高效、乡村宜居宜业、农民富裕富足。总结历史经验并基于现实状况和未来发展的需要，探索形成中国特色社会主义乡村振兴道路，对"重塑城乡关系，走城乡融合发展之路"、"巩固和完善农村基本经营制度，走共同富裕之路"、"深化农业供给侧结构性改革，走质量兴农之路"、"坚持人与自然和谐共生，走乡村绿色发展之路"、"传承发展提升农耕文明，走乡村文化兴盛之路"、"创新乡村治理体系，走乡村善治之路"、"打好精准脱贫攻坚战，走中国特色减贫之路"进行了部署，促进农业农村发展新动能加快培育，乡村振兴阶段性重点工作全面展开，中国人的饭碗牢牢端在自己手中，农村同步迈向全面小康社会。

中共十八大以来，以习近平同志为核心的中共中央把脱贫攻坚摆在治国理政的突出位置，提升到事关全面建成小康社会、实现第一个百年奋斗目标的政治高度。2012年12月29日，习近平在河北省阜平县考察扶贫开发工作时指出，全面建成小康社会，最艰巨最繁重的任务在农村，特别是在贫困地区。没有农村的小康，特别是没有贫困地区的小康，就没有全面建成小康社会。[①]2013年11月3日，习近平到湖南省湘西州花垣县十八洞村时，首次提出"精准扶贫"。2015年10月16日，习近平在2015减贫与发展高层论坛上阐释了精准扶贫方略，注重六个精准，即扶持对象精准、项目安排精准、资金使用精准、措施到户精准、因村派人精准、脱贫成效精准，确保各项政策好处落到扶贫对象身上。[②]2015年10月，中共十八届五中全会提出实现现行标准[③]下农村贫困人口脱贫，贫困县全部摘

[①]《习近平关于社会主义经济建设论述摘编》，中央文献出版社2017年版，第209页。
[②]《习近平关于社会主义经济建设论述摘编》，中央文献出版社2017年版，第212页。
[③] 中国现行农村贫困标准是按照2010年价格每人每年2300元，该标准是根据2020年反贫目标和扶贫策略制定的，是与"保障义务教育、基本医疗、住房安全"相结合的稳定温饱标准。

帽，解决区域性整体贫困的目标，并提出实施脱贫攻坚工程，坚决打赢脱贫攻坚战。2015年11月27日，中央扶贫开发工作会议召开，对脱贫攻坚任务作出全面部署，提出实施"五个一批"工程：发展生产脱贫一批、易地搬迁脱贫一批、生态补偿脱贫一批、发展教育脱贫一批、社会保障兜底脱贫一批。2015年11月29日，中共中央、国务院印发《关于打赢脱贫攻坚战的决定》。2016年11月23日，国务院印发《"十三五"脱贫攻坚规划》。中共十九大强调要坚决打赢脱贫攻坚战，让贫困人口和贫困地区同全国一道进入全面小康社会，兑现中国共产党的庄严承诺。2018年6月，中共中央、国务院发布《关于打赢脱贫攻坚战三年行动的指导意见》。2020年11月23日，随着贵州省宣布紫云县等9个县退出贫困县序列，全国832个贫困县全部脱贫摘帽。

四、区域协调发展战略的实施

进入新时代，针对区域发展差距较大的问题，大力实施区域重大战略、区域协调发展战略、主体功能区战略，推动区域协调发展。

实施国家区域重大战略。中共中央统筹内外、着眼全局，提出共建"一带一路"等重要倡议，以及京津冀协同发展、长江经济带发展、黄河流域生态保护和高质量发展、粤港澳大湾区建设等重大战略，推动形成东西南北纵横联动发展新格局，引领区域经济高质量发展。以"一带一路"建设助推沿海、内陆、沿边地区协同开放，以国际经济合作走廊为主骨架加强重大基础设施互联互通，构建统筹国内国际、协调国内东中西和南北方的区域发展新格局。以疏解北京非首都功能为"牛鼻子"推动京津冀协同发展，调整区域经济结构和空间结构，推动河北雄安新区和北京城市副中心建设，探索超大城市、特大城市等人口经济密集地区有序疏解功能、有效治理"大城市病"的优化开发模式。充分发挥长江经济带横跨东中西三大板块的区位优势，以共抓大保护、不搞大开发为导向，以生态优先、绿色发展为引领，依托长江黄金水道，推动长江上中下游地区协调发展和沿江地区高质量发展。统筹推进山水林田湖草沙综合治理、系统治理、源头治理，改善黄河流域生态环境，优化水资源配置，促进黄河全流域高质量发展。以香港、澳门、广州、深圳为中心引领粤港澳大湾区建设，带动珠江—西江经济带创新绿色发展。同时，强化举措推进西部大开发形成新格局，深化改革加快东北等老工业基地振兴，发挥优势推动中部地区崛起，创新引领率先实现东部地区优化发展。

实施区域协调发展战略。针对区域发展差距依然较大、区域分化现象逐渐显现、无序开发与恶性竞争仍然存在、区域发展不平衡不充分依然比较突出的问题，中共十九大提出实施区域协调发展战略。2018年11月，中共中央、国务院印发《关于建立更加有效的区域协调发展新机制的意见》。该《意见》提出，立足发挥各地区比较优势和缩小区域发展差距，围绕努力实现基本公共服务均等化、基础设施通达程度比较均衡、人民基本生活保障水平大体相当的目标，深化改革开放，坚决破除地区之间利益藩篱和政策壁垒，加快形成统筹有力、竞争有序、绿色协调、共享共赢的区域协调发展新机制，促进区域协调发展。在实施区域协调发展战略过程中，以共建"一带一路"、京津冀协同发展、长江经济带发展、黄河流域生态保护和高质量发展、粤港澳大湾区建设等重大战略或倡议为引领，以西部、东北、中部、东部四大板块为基础，促进区域间相互融通补充。同时，建立与全面建成小康社会相适应的区域协调发展新机制，在建立区域战略统筹机制、基本公共服务均等化机制、区域政策调控机制、区域发展保障机制等方面取得突破，在完善市场一体化发展机制、深化区域合作机制、优化区域互助机制、健全区际利益补偿机制等方面取得新进展，区域协调发展新机制在有效遏制区域分化、规范区域开发秩序、推动区域一体化发展中发挥积极作用。

实施主体功能区战略。经济发展的空间结构正在发生深刻变化，中心城市和城市群正在成为承载发展要素的主要空间形式。2017年，中共中央、国务院印发《关于完善主体功能区战略和制度的若干意见》，指出推进主体功能区建设，是我国经济发展和生态环境保护的大战略，要坚持保护优先、坚持以承载力为基础、坚持差异化协同发展、坚持生态就是生产力等战略取向。完善主体功能区战略和制度，关键要在严格执行主体功能区规划基础上，将国家和省级层面主体功能区战略格局在市县层面精准落地；重点是健全优化开发区、重点开发区、农产品主产区、重点生态功能区等各类主体功能区空间发展长效机制。2019年8月，习近平在中央财经委员会第五次会议讲话指出，要根据各地区的条件，走合理分工、优化发展的路子，落实主体功能区战略，完善空间治理，形成优势互补、高质量发展的区域经济布局。在实施主体功能区战略过程中，按照客观经济规律调整完善区域政策体系，发挥各地区比较优势，促进各类要素合理流动和高效集聚，增强创新发展动力，加快构建高质量发展的动力系统，增强中心城市和城市群等经济发展优势区域的经济和人口承载能力，增强其他地区在保障粮食安全、生态安全、边疆安全等方面的功能。中共十九届五中全会进一步提出，立足资源环境承载能力，发挥各地比较优势，逐步形成城市化地区、农产品主产区、生态功能区三大空间格局，优化重大基础设施、重大生产力和公共资源布局。支持城市化地区高效集聚经济和人口、保护基本农田和生态空间，支持农产品主产区增强农业生产能力，支持生态功能区把发展重点放到保护生态环境、提供生态产品上，支持生态功能区的人口逐步有序转移，形成主体功能明显、优势互补、高质量发展的国土空间开发保护新格局。

第五节　推进生态文明建设

以习近平同志为核心的党中央根据广大人民群众日益增长的优美生态环境需要，对新时代中国为什么要大力推进生态文明建设、生态文明建设的理论意涵与未来愿景、生态文明建设实践的重大战略及任务总要求等一系列问题作出回答，形成习近平生态文明思想。在这一思想指引下，美丽中国建设坚实推进，生态文明建设取得显著成效，促进了经济高质量发展，进一步满足了人民日益增长的美好生活需要。

一、提出和贯彻"绿水青山就是金山银山"理念

2013年9月7日，习近平在哈萨克斯坦纳扎尔巴耶夫大学演讲时强调，我们既要绿水青山，也要金山银山。宁要绿水青山，不要金山银山，而且绿水青山就是金山银山。[1] 2015年，"绿水青山就是金山银山"理念写进《中共中央国务院关于加快推进生态文明建设的意见》。中共十八届五中全会把绿色作为新发展理念的一大理念。"十三五"规划进一步提高绿色指标在"十三五"规划全部指标中的权重，把保障人民健康和改善环境质量作为更具约束性的硬指标。2018年5月，习近平在全国生态环境保护大会上指出，绿水青山既是自然财富、生态财富，又是社会财富、经济财富。保护生态环境就是保护自然价值和增值自然资本，就是保护经济社会发展潜力和后劲，使绿水青山持续发挥生态效益和经济社会效益。[2] 中共十九届五中全会强调"十四五"时期要坚持"绿水青山就是金山银山"理念，推动绿色发展，促进人与自然和谐共生。"绿水青山就是金山银山"，阐述了经济发展和生态环境保护的关系，揭示了保护生态环境就是保护生产力、改善生态环境就是发展生产力的道理，指明了实现发展和保护协同共生的新路径。"绿水青山

---

[1] 《弘扬人民友谊共同建设"丝绸之路经济带"》，《人民日报》2013年9月8日。
[2] 《十九大以来重要文献选编》（上），中央文献出版社2019年版，第450页。

就是金山银山"理念深入人心,深刻影响着经济社会的发展理念、发展思路、发展方式。

推进美丽中国建设。中共十九大报告首次把"美丽中国"作为建设社会主义现代化强国的重要目标,将建设生态文明提升为"千年大计"。十三届全国人大一次会议第三次全体会议通过的《中华人民共和国宪法修正案》,第一次写入"生态文明建设"。十三届全国人大一次会议第四次全体会议,决定组建生态环境部,以整合分散的生态环境保护职责,统一行使生态和城乡各类污染排放监管与行政执法职责,加强环境污染治理,保障国家生态安全,建设美丽中国。

贯彻绿色发展理念的自觉性和主动性显著增强,忽视生态环境保护的状况明显改善。随着生态文明理念的深化,公民环保意识增强,全民行动更加自觉。依托"环境日""世界地球日"等纪念活动,加强生态环境保护宣传;开展主题宣传活动,组织中国生态文明奖等表彰与评选,增强全社会绿色环保意识,引导和激励更多单位和个人主动参与绿色实践;2015年环境保护部发布《环境保护公众参与办法》,拓宽群众参与渠道和参与范围。全国生态状况总体呈改善趋势。

二、坚持和完善生态文明制度体系

2013年5月,习近平主持十八届中共中央政治局第六次集体学习时指出,只有实行最严格的制度、最严密的法治,才能为生态文明建设提供可靠保障。一定要彻底转变观念,再不能以国内生产总值增长率来论英雄,一定要把生态环境放在经济社会发展评价体系的突出位置。如果生态环境指标很差,一个地方一个部门的表面成绩再好看也不行,不说一票否决,但这一票一定要占很大的权重。[①]2013年11月,中共十八届三中全会提出,要紧紧围绕建设美丽中国,深化生态文明体制改革,加快建立生态文明制度。中共十九届四中全会提出,建立生态文明建设目标评价考核制度,实行生态环境损害责任终身追究制。

生态文明制度体系的构建。2015年4月,中共中央、国务院印发的《关于加快推进生态文明建设的意见》将生态文明重大制度基本确立明确为主要目标之一,提出基本形成源头预防、过程控制、损害赔偿、责任追究的生态文明制度体系,自然资源资产产权和用途管制、生态保护红线、生态保护补偿、生态环境保护管理体制等关键制度建设取得决定性成果。同年9月,中共中央、国务院印发《生态文明体制改革总体方案》,明确实施自然资源资产产权制度、国土空间开发保

---

① 《习近平关于社会主义生态文明建设论述摘编》,中央文献出版社2017年版,第99—100页。

护制度、空间规划体系、资源总量管理和全面节约制度、资源有偿使用和生态补偿制度、环境治理体系、环境治理和生态保护市场体系、生态文明绩效评价考核和责任追究制度8个方面的改革。之后中央全面深化改革领导小组通过了一系列配套方案。中共十九大提出加快生态文明体制改革，实行最严格的生态环境保护制度。

完善环境保护法律制度。2014年4月24日，十二届全国人大常委会第八次会议通过《中华人民共和国环境保护法（修订）》。该法增加保护环境是国家的基本国策的规定，规定每年6月5日为环境日。2015年8月29日，十二届全国人大常委会第十六次会议通过新修订的《中华人民共和国大气污染防治法》。从2018年1月1日起《中华人民共和国环境保护税法》施行。2018年10月，十三届全国人大常委会第六次会议再次通过对《中华人民共和国大气污染防治法》的修订，加大了对大气保护的力度。

三、坚决打赢污染防治攻坚战

改革开放以来，中国在取得令人自豪的经济社会发展历史性成就的同时，也在快速发展中积累了大量生态环境问题，这成为制约发展的明显短板，也是人民群众反映强烈的突出问题。例如，一些地方空气污染严重，雾霾成为人们关注的话题。

2013年4月，习近平在海南考察工作时指出，保护生态环境就是保护生产力，改善生态环境就是发展生产力。良好生态环境是最公平的公共产品，是最普惠的民生福祉。[①]2015年1月，习近平在云南考察工作时指出，要把生态环境保护放在更加突出位置，像保护眼睛一样保护生态环境，像对待生命一样对待生态环境，在生态环境保护上一定要算大账、算长远账、算整体账、算综合账，不能因小失大、顾此失彼、寅吃卯粮、急功近利。2019年3月，习近平在参加十三届全国人大二次会议内蒙古代表团审议时强调：要保持加强生态文明建设的战略定力。在经济由高速增长阶段转向高质量发展阶段过程中，污染防治和环境治理是需要跨越的一道重要关口。必须咬紧牙关，爬过这个坡，迈过这道坎。[②]

生态环境保护工作全面推进。2016年11月，国务院印发《"十三五"生态环境保护规划》。该《规划》针对生态环境是全面建成小康社会的突出短板提出：到2020年，生态环境质量总体改善。生产和生活方式绿色、低碳水平上升，主要污

---

① 《习近平关于社会主义生态文明建设论述摘编》，中央文献出版社2017年版，第4页。
② 习近平：《保持加强生态文明建设的战略定力 守护好祖国北疆这道亮丽风景线》，《人民日报》2019年3月6日。

染物排放总量大幅减少，环境风险得到有效控制，生物多样性下降势头得到基本控制，生态系统稳定性明显增强，生态安全屏障基本形成，生态环境领域国家治理体系和治理能力现代化取得重大进展，生态文明建设水平与全面建成小康社会目标相适应。中共中央办公厅、国务院办公厅于2016年和2017年先后印发《关于全面推行河长制的意见》《关于在湖泊实施湖长制的指导意见》，提出实行河长制、湖长制，全面建立省、市、县、乡四级河长体系、湖长体系，构建责任明确、协调有序、监管严格、保护有力的河湖管理保护机制。中共十九大把污染防治作为决胜全面建成小康社会的三大攻坚战之一。2018年6月，中共中央、国务院印发《关于全面加强生态环境保护坚决打好污染防治攻坚战的意见》。2019年6月，设立专职督察机构，实行生态环境保护督察制度。

紧盯环境保护重点领域、关键问题和薄弱环节，以治理工业、燃煤、机动车污染源为重点，蓝天、碧水、净土保卫战全面展开。加强大气污染防治，全面推进蓝天保卫战，全国大气环境质量得到改善，2020年全国337个地级及以上城市平均优良天数比例为87.0%。加强水污染防治，着力推进碧水保卫战，全国水环境质量持续改善，2020年全国地表水Ⅰ—Ⅲ类优良水质断面比例为83.4%，同比上升3.9个百分点。强化土壤污染管控和修复，稳步推进净土保卫战，全国土壤环境风险管控强化，部分地区耕地土壤污染加重趋势得到初步遏制。开展农村人居环境整治行动，农村人居环境明显改善，到2019年底，全国农村生活垃圾收运处置体系覆盖84%的行政村，较2013年提高40多个百分点；全国卫生厕所普及率超过60%；近30%农户生活污水得到处理，乱排乱放现象明显减少。

2020年12月召开的中央经济工作会议要求，抓紧制定2030年前碳排放达峰行动方案，支持有条件的地方率先达峰；加快调整优化产业结构、能源结构，推动煤炭消费尽早达峰，大力发展新能源，加快建设全国用能权、碳排放权交易市场，完善能源消费双控制度；继续打好污染防治攻坚战，实现减污降碳协同效应；开展大规模国土绿化行动，提升生态系统碳汇能力。

四、推动形成绿色发展方式和生活方式

2013年4月，习近平在中共中央政治局常委会会议上关于第一季度经济形势的讲话中强调：我们不能把加强生态文明建设、加强生态环境保护、提倡绿色低碳生活方式等仅仅作为经济问题。这里面有很大的政治。[①]2017年5月，中共中央

---

① 《习近平关于社会主义生态文明建设论述摘编》，中央文献出版社2017年版，第5页。

政治局就推动形成绿色发展方式和生活方式进行集体学习，习近平在主持学习时指出：推动形成绿色发展方式和生活方式，是发展观的一场深刻革命。①

明确推动形成绿色发展方式和生活方式的路径和措施。2015年4月，中共中央、国务院印发的《关于加快推进生态文明建设的意见》，提出了推动形成绿色发展方式和生活方式的路径和措施，包括第五条大力推进绿色城镇化、第九条调整优化产业结构、第三十条培育绿色生活方式、第四十条发展绿色产业。中共十九大提出，要推进绿色发展，加快建立绿色生产和消费的法律制度和政策导向，建立健全绿色低碳循环发展的经济体系。2017年5月26日，习近平在主持十八届中共中央政治局就推动形成绿色发展方式和生活方式进行集体学习发表重要讲话时提出，要加快构建四个体系、三大红线。加快构建科学适度有序的国土空间布局体系、绿色循环低碳发展的产业体系、约束和激励并举的生态文明制度体系、政府企业公众共治的绿色行动体系，加快构建生态功能保障基线、环境质量安全底线、自然资源利用上线三大红线，全方位、全地域、全过程开展生态环境保护建设。2018年6月21日，国家发展和改革委员会印发《关于创新和完善促进绿色发展价格机制的意见》。2019年1月23日，中央全面深化改革委员会第六次会议审议通过《关于构建市场导向的绿色技术创新体系的指导意见》。

推进垃圾分类。2016年12月，习近平主持召开中央财经领导小组会议研究普遍推行垃圾分类制度，强调要加快建立分类投放、分类收集、分类运输、分类处理的垃圾处理系统，形成以法治为基础、政府推动、全民参与、城乡统筹、因地制宜的垃圾分类制度，努力提高垃圾分类制度范围。2019年，习近平强调培养垃圾分类的好习惯，为改善生活环境努力，为绿色发展可持续发展作贡献。②之后，中国垃圾分类工作由点到面逐步启动，成效显现。

随着绿色发展方式和生活方式的形成，中国绿色发展成效显著。主体功能区制度逐步落实，国土空间布局得到优化。大力推动供给侧结构性改革，结构性去产能、系统性优产能持续推进，一大批"散乱污"企业出清，工业产能利用率处在较高水平。

五、深度参与全球气候治理

倡导共谋全球生态文明建设之路。2013年7月18日，习近平在致生态文明

---

① 《习近平关于社会主义生态文明建设论述摘编》，中央文献出版社2017年版，第36页。
② 习近平：《培养垃圾分类的好习惯 为改善生活环境作努力 为绿色发展可持续发展作贡献》，《人民日报》2019年6月4日。

贵阳国际论坛 2013 年年会的贺信中强调，共谋全球生态文明建设，深度参与全球环境治理。2015 年 9 月，习近平在第七十届联合国大会讲话中提出，国际社会应该携手同行，共谋全球生态文明建设之路。2016 年 9 月 6 日，中国作为 2016 年二十国集团主席国，推动二十国集团制订《二十国集团落实 2030 年可持续发展议程行动计划》，得到国际社会高度评价。2019 年 4 月 29 日至 10 月 7 日，2019 年中国北京世界园艺博览会在北京延庆举行。博览会以"绿色生活，美丽家园"为主题，旨在倡导人们尊重自然、融入自然、追求美好生活。共有约 110 个国家和国际组织参展，这片园区所阐释的绿色发展理念传导至世界各地。习近平在开幕式上的讲话中指出："我们应该追求携手合作应对。建设美丽家园是人类的共同梦想。面对生态环境挑战，人类是一荣俱荣、一损俱损的命运共同体，没有哪个国家能独善其身。唯有携手合作，我们才能有效应对气候变化、海洋污染、生物保护等全球性环境问题，实现联合国 2030 年可持续发展目标。只有并肩同行，才能让绿色发展理念深入人心、全球生态文明之路行稳致远。""中国愿同各国一道，共同建设美丽地球家园，共同构建人类命运共同体。"①

积极推进全球环境治理合作。2015 年 11 月 16 日，习近平在澳大利亚布里斯班举行的二十国集团领导人第九次峰会上发表的讲话中宣布，根据二十国集团在数据透明度方面的共识，中方将定期发布石油库存数据。中国将设立气候变化南南合作基金，帮助其他发展中国家应对气候变化。2015 年 11 月 30 日，习近平在气候变化巴黎大会开幕式的重要讲话中庄严承诺，2030 年左右使中国的二氧化碳排放达到峰值并争取尽早实现，2030 年单位国内生产总值二氧化碳排放比 2005 年下降 60%—65%，非化石能源占一次能源消费比重达到 20% 左右，森林蓄积量比 2005 年增加 45 亿立方米左右。2016 年 9 月 3 日，中国向联合国交存气候变化《巴黎协定》批准文书。2016 年 9 月 19 日，李克强总理在纽约联合国总部主持召开"可持续发展目标：共同努力改造我们的世界——中国主张"座谈会，并宣布发布《中国落实 2030 年可持续发展议程国别方案》。2017 年 10 月，中共十九大报告提出要"积极参与全球环境治理，落实减排承诺，为全球生态安全作出贡献"。中国已批准加入 30 多项与生态环境有关的多边公约或议定书，在全球环境治理中的引领作用日益凸显。②2018 年，中国积极参加《巴黎协定》实施

---

① 习近平：《共谋绿色生活，共建美丽家园——在二〇一九年中国北京世界园艺博览会开幕式上的讲话》，《人民日报》2019 年 4 月 29 日。
② 陈吉宁：《着力解决突出环境问题》，载《党的十九大报告辅导读本》，人民出版社 2017 年版，第 382—383 页。

细则谈判，推动联合国卡托维兹气候变化大会达成一揽子全面、平衡、有力度的成果。

中国坚持《巴黎协定》，积极倡导并推动将绿色生态理念贯穿共建"一带一路"倡议。中国与联合国环境规划署签署了关于建设绿色"一带一路"的谅解备忘录，与30多个沿线国家签署了生态环境保护的合作协议。建设绿色丝绸之路已成为落实联合国2030年可持续发展议程的重要路径，100多个来自相关国家和地区的合作伙伴共同成立"一带一路"绿色发展国际联盟。中国发布《关于推进绿色"一带一路"建设的指导意见》《"一带一路"生态环境保护合作规划》等文件，推动落实共建"一带一路"的绿色责任和绿色标准。①

第六节　促进经济高质量发展

中共十八大以来，以习近平同志为核心的中共中央团结带领全党全国各族人民贯彻新发展理念，推动高质量发展，中国经济发展取得历史性成就：经济保持中高速增长，成为拉动世界经济增长的主要引擎；经济结构调整升级不断加快，城乡居民收入持续较快增长，收入差距不断缩小，为开启全面建设社会主义现代化国家新征程、向第二个百年奋斗目标进军奠定了坚实基础。

一、综合国力和国际影响力显著提升

中共十八大以来，中国经济实现中高速增长，经济总量、人均国民总收入②实现新跨越，综合国力和国际影响力再上新台阶。

经济保持中高速增长。2013年至2019年，国内生产总值年均增长6.9%，对世界经济增长的年均贡献率接近30%，成为世界经济增长的"火车头"。经济总量连上新台阶，国内生产总值2016年突破70万亿元，2017年突破80万亿元，2018年突破90万亿元，2019年接近100万亿元，稳居世界第二位，与世界第一位的差距明显缩小，占世界经济比重不断提高。2020年，新冠肺炎疫情蔓延全

---

① 推进"一带一路"建设工作领导小组办公室：《共建"一带一路"倡议：进展、贡献与展望》，《人民日报》2019年4月23日。
② 国民总收入，原称国民生产总值，是指一个国家或地区所有常住单位在一定时期内所获得的初次分配收入总额，等于国内生产总值加上来自国外的初次分配收入净额。人均国民总收入即国民总收入除以年均人口。

球，世界经济遭受重创，中国成为 2020 年全球唯一实现正增长的主要经济体，国内生产总值达到 101.6 万亿元，比上年增长 2.3%。中国经济率先复苏充分彰显中国制度优势，为全球经济复苏提供了样板。

人均国民总收入稳步提高。据世界银行统计，2012 年至 2019 年，中国人均国民总收入分别为 5940 美元、6800 美元、7520 美元、7950 美元、8250 美元、8690 美元、9732 美元、10410 美元。2019 年，中国人均国民总收入首次突破 1 万美元大关，高于中等偏上收入国家 9074 美元的平均水平。世界排名位次明显提升。2012 年，在世界银行公布人均国民总收入数据的 217 个国家和地区中，中国排名仅为第 112 位；2019 年，在公布数据的 192 个国家和地区中，中国排名上升至第 71 位。

全球经济治理话语权提升。中国深入参与全球治理进程，在全球经济制度建设中不断贡献中国智慧、中国方案。中国成功主办第一、二届"一带一路"国际合作高峰论坛、亚太经合组织（APEC）北京峰会、二十国集团领导人杭州峰会、博鳌亚洲论坛。2016 年人民币正式纳入国际货币基金组织特别提款权（SDR）篮子，人民币成为国际储备货币迈出重大步伐。

二、供给体系更好满足人民美好生活需要

中共十八大以来，中国的产业体系逐步升级，经济结构持续优化，人民美好生活需要更好得到满足。

需求结构发生重大变革。消费成为经济增长主要推动力。2019 年，最终消费支出对经济增长的贡献率为 57.8%，高于资本形成总额贡献率 26.6 个百分点。居民消费品质从中低端向中高端转变，消费结构开始由物质型消费为主向服务型消费为主转变，消费结构升级成为经济转型发展的重要驱动力。通信器材、汽车、居住相关商品、文化用品等品质升级类商品消费快速增长。随着移动互联网应用普及的加快，通信类商品销售持续较快增长。大众餐饮、文化娱乐、休闲旅游、教育培训、医疗卫生、健康养生等服务型消费渐成热点。在国家的鼓励和支持下，大众餐饮业逐步实现转型升级，形成业态互补、高中低档协调发展、中外餐饮融合促进的新格局。网络零售新兴业态持续快速增长，发展日趋成熟和完善。2019 年网上零售额突破 10 万亿元。投资结构持续优化。2013 年至 2020 年，高技术制造业投资年均增长 14.9%，高于同期工业投资增速。外贸质量显著提升，双向投资新格局逐步形成。2012 年至 2020 年，一般贸易进出口额占全部进出口总额比例逐年扩大，从 52.0% 提升至 59.9%。2019 年，全年服务进出口总额 54153

亿元。服务业成为中国利用外资的主体；对外直接投资遍布全球188个国家（地区），行业覆盖全部国民经济行业门类。

产业结构不断优化。服务业成为第一大产业，制造业加速迈向中高端，农业基础更加稳固。服务业持续较快发展，对经济社会发展的支撑带动作用与日俱增。2013年至2019年，服务业增加值年均增长10.7%，比国内生产总值增速高3.8个百分点。2012年，服务业（第三产业）增加值首次超过第二产业成为国民经济第一大产业；2015年，服务业增加值占GDP比重首次突破50%，达到50.5%；2020年，服务业增加值占GDP比重为54.5%，比2012年提高了9.9个百分点。"中国制造2025"加快实施，工业化和信息化深度融合，装备制造业和高技术产业增长明显快于传统产业。2013年至2020年，高技术制造业增加值年均增长10.8%，快于规模以上工业增加值增长4.3个百分点。战略性新兴产业快速发展。2016年至2019年，工业战略性新兴产业增加值年均增长9.9%，快于同期规模以上工业增加值增长2.9个百分点。2015年至2020年，新能源汽车产量年均增长51.2%。高铁、核电等重大装备竞争力居世界前列。农业综合生产能力不断提高，粮食连年丰收，主要农产品产量稳居世界前列。根据第三次全国农业普查结果，2013年至2020年粮食总产量连年稳定在12000亿斤以上。2013年至2019年，中国的谷物、肉类、花生、茶叶产量稳居世界第一，油菜籽产量稳居世界第二，甘蔗产量稳居世界第三。

基础设施投资力度加大。基础设施水平持续提高，交通运输能力显著增强。综合运输网络建设加快推进，横贯东西、纵贯通道逐步形成，通达和通畅程度不断提高。2012年至2020年，铁路营业里程由9.8万公里增加到14.63万公里；高速铁路运营里程由不到1万公里增加到3.8万公里，超过世界高铁总里程的2/3。2012年至2019年，公路里程由424万公里增加到501.25万公里，其中高速公路里程由9.6万公里增加到14.96万公里，位居世界第一。城市轨道交通快速发展。2020年末，城市轨道交通运营线路里程已达7545.5公里，拥有运营线路的城市44个。信息通信水平快速提升。截至2020年末，网民规模达到9.89亿，互联网普及率70.4%，比2012年增长了28.3个百分点。2020年全年移动互联网接入流量达1656亿GB，是2012年的近189倍。能源供给能力不断增强。2020年末，发电装机容量22亿千瓦。清洁能源大踏步发展。2020年末，核电发电装机容量4989万千瓦，比2012年增长3倍；并网风电28153万千瓦，增长3.6倍；并网太阳能发电25343万千瓦，增长73.4倍。

三、中国开放的大门越开越大

中共十八大以来,新的比较优势加快形成,高水平"引进来"和大规模"走出去"齐头并进,陆海内外联动、东西双向互济的开放格局逐步形成,中国开放的大门越开越大。

对外贸易由量的扩张转向质的提升。在全球经济贸易低迷的情况下,中国进口需求迅速扩大,货物和服务贸易年进口值均占全球一成左右。2020年,货物贸易进口14.2万亿元,对外贸易显著好于世界其他主要经济体,对国际贸易繁荣作出越来越大贡献。2013年,中国货物进出口总额25.8万亿元,首次跃居全球货物贸易第一大国,也成为首个货物贸易总额超过4万亿美元的国家。2020年,货物进出口总额达到32.2万亿元。随着中国比较优势的变化和产业实力的增强,一般贸易重新占据主流。2013年至2020年,一般贸易进出口占比逐年扩大,分别为52.8%、53.8%、54.0%、55.1%、56.4%、57.8%、59.0%和59.9%。服务贸易快速发展。2013年至2019年,服务进出口总额年均增长7.7%,其中出口年均增长5.1%,进口年均增长9.0%。服务出口迅速增长,2018年增速达14.6%,是2011年以来出口最高增速。

利用外资和对外投资达到新水平,双向投资基本平衡。2013年至2019年,累计实际使用外商直接投资8935亿美元。服务业利用外资快速增长。2013年至2019年,服务业利用外资规模和比重显著提高,累计利用外资5092亿美元。2019年服务业实际利用外资1000亿美元,比2012年增长65.8%,占当年利用外资总额的72.4%,比2012年提高18.5个百分点。制造业中,高技术制造业利用外资显著增长,2019年比2018年增长25.6%。2013年至2019年,累计非金融类对外直接投资8427亿美元。2015年,对外直接投资超过当年吸引外资规模,首次实现直接投资项下资本净输出,步入资本输出国行列。

四、"十三五"规划的完成和"十四五"规划的制定

在即将完成"十三五"规划之际,中共十九届五中全会高度评价"十三五"时期决胜全面建成小康社会取得的决定性成就。全面深化改革取得重大突破,全面依法治国取得重大进展,全面从严治党取得重大成果,国家治理体系和治理能力现代化加快推进,中国共产党领导和中国社会主义制度优势进一步彰显;经济实力、科技实力、综合国力跃上新的大台阶,经济运行总体平稳,经济结构持续

优化，2020年国内生产总值突破100万亿元；脱贫攻坚成果举世瞩目，5575万农村贫困人口实现脱贫；粮食年产量连续5年稳定在1.3万亿斤以上；污染防治力度加大，生态环境明显改善；对外开放持续扩大，共建"一带一路"成果丰硕；人民生活水平显著提高，高等教育进入普及化阶段，城镇新增就业超过6000万人，建成世界上规模最大的社会保障体系，基本医疗保险覆盖超过13亿人，基本养老保险覆盖近10亿人，新冠肺炎疫情防控取得重大战略成果；文化事业和文化产业繁荣发展；国防和军队建设水平大幅提升，军队组织形态实现重大变革；国家安全全面加强，社会保持和谐稳定。"十三五"规划目标任务的完成，为开启全面建设社会主义现代化国家新征程奠定坚实基础。

全会审议通过了《中共中央关于制定国民经济和社会发展第十四个五年规划和二〇三五年远景目标的建议》，明确了2035年基本实现社会主义现代化的远景目标；明确了"十四五"时期经济社会发展的指导思想、基本原则、主要目标；阐述了"十四五"时期经济社会发展和改革开放的重点任务；作出了加快构建以国内大循环为主体、国内国际双循环相互促进的新发展格局的战略抉择。

"十三五"规划的完成和"十四五"规划的开启，标志着中国如期全面建成小康社会，实现第一个百年奋斗目标，并乘势而上开启全面建设社会主义现代化国家新征程。

进入新时代，中国经济发展竖起新的历史坐标。中国坚持以人民为中心，坚持发展为了人民、发展依靠人民、发展成果由人民共享，着力解决发展不平衡不充分问题，以新发展理念引领经济高质量发展，供给体系升级，人民美好生活需要更好得到满足。中国经济实现中高速增长，成为世界经济的增长之源、稳定之锚。中国深入参与全球治理进程，推动贸易和投资自由化、便利化，共建"一带一路"，在全球经济制度建设中贡献了中国智慧、中国方案，为世界各国发展提供了新机遇，为中国开放发展开辟了新天地。

思考题

1. 试述中共十八大以来中国经济发展的阶段性特征。
2. 试论新发展理念的理论意义和实践意义。
3. 试述中共十八届三中全会提出"使市场在资源配置中起决定性作用和更好发挥政府作用"的意义。

4. 试析提出供给侧结构性改革和构建新发展格局的国际国内背景。
5. 试论共建"一带一路"倡议的重大意义。
6. 中共十八大以来推进生态文明建设采取了哪些主要措施?

阅读文献

- 《建国以来重要文献选编》，中央文献出版社1992—1998年版。
- 《三中全会以来重要文献选编》，人民出版社1982年版。
- 《十二大以来重要文献选编》，人民出版社1986—1988年版。
- 《十三大以来重要文献选编》，人民出版社1991—1993年版。
- 《十四大以来重要文献选编》，人民出版社1996—1999年版。
- 《十五大以来重要文献选编》，人民出版社2000—2003年版。
- 《十六大以来重要文献选编》，中央文献出版社2005—2008年版。
- 《十七大以来重要文献选编》，中央文献出版社2009—2013年版。
- 《十八大以来重要文献选编》，中央文献出版社2014—2018年版。
- 《十九大以来重要文献选编》（上），中央文献出版社2019年版。
- 中华人民共和国国家经济贸易委员会：《中国工业五十年》，中国经济出版社2000年版。
- 房维中主编：《中华人民共和国经济大事记（1949—1980年）》，中国社会科学出版社1984年版。
- 《当代中国》丛书，中国社会科学出版社、当代中国出版社1984—1999年版。
- 薄一波：《若干重大决策与事件的回顾》，中共党史出版社2008年版。
- 当代中国研究所：《中华人民共和国史稿》，人民出版社、当代中国出版社2012年版。
- 杜润生：《杜润生自述：中国农村体制变革重大决策纪实》，人民出版社2005年版。
- 刘国光主编：《中国十个五年计划研究报告》，人民出版社2006年版。
- 朱佳木：《中国工业化与中国当代史》，中国社会科学出版社2009年版。
- 武力主编：《中华人民共和国经济史》（增订版），中国时代经济出版社

2010 版。

- 萧国亮、隋福民编著：《中华人民共和国经济史（1949—2010）》，北京大学出版社 2011 年版。

- 武力主编：《中国发展道路》，湖南人民出版社 2012 年版。

- 武力、郑有贵主编：《中国共产党"三农"思想政策史》，中国时代经济出版社 2013 年版。

- 曹普：《中国改革开放全景录·中央卷》（全 2 册），人民出版社 2018 年版。

- 汪海波：《新中国工业经济史》（第三版），经济管理出版社 2017 年版。

- 国家发展和改革委宏观经济研究院：《改革开放 40 年：中国经济发展系列丛书》，人民出版社 2018 年版。

- 中共中央党史和文献研究院：《中华人民共和国大事记（1949 年 10 月—2019 年 9 月）》，人民出版社 2019 年版。

- 《辉煌 70 年》编写组：《辉煌 70 年：新中国经济社会发展成就：1949—2019》，中国统计出版社 2019 年版。

- 当代中国研究所：《新中国 70 年》，当代中国出版社 2019 年版。

- 《新中国经济发展 70 年丛书》，人民出版社 2019 年版。

- 王立胜、赵学军主编：《中华人民共和国经济发展 70 年全景实录》，济南出版社 2019 年版。

- 赵凌云等：《为了人民的利益——中国共产党经济工作 100 年》，北京大学出版社 2021 年版。

- 《中国共产党简史》编写组：《中国共产党简史》，人民出版社、中共党史出版社 2021 年版。

后　记

本教材是在《中华人民共和国经济史（1949—2019）》基础上修订形成的，是在分工基础上集思广益、团结协作的成果。执笔分工是：导论郑有贵，第一章王丹莉，第二章王瑞芳，第三章段娟，第四章陈东林、叶明勇，第五章王蕾，第六章钟瑛，第七章冷兆松，第八章贾子尧、郑有贵；郑有贵对全部书稿进行修改补充和统定稿，贾子尧协助郑有贵统稿和核改。

本教材也是有关专家智慧的成果，姜辉、王灵桂、荆惠民、李捷、朱佳木、张星星、武力、李正华、宋月红、汪海波、董志凯、萧国亮、苏少之、赵学军、王学庆、虞和平、武国友、张神根、贺耀敏、韦莉莉、陈于武、温锐、徐建青、李毅、瞿商、赵云旗、陈洁、石建国、张连辉、欧阳雪梅、李文、黄庆、张蒙等对本教材的编写提出了宝贵的指导意见。科研办和办公室的同志在写作过程中给予了极大的支持和帮助。在此，对所有关心、指导、支持、帮助本教材写作的同志表示衷心感谢。在编写过程中，还吸收了学术界的研究成果，受篇幅限制没有一一加注，在此也一并致谢。

项目组
2020 年 12 月